亚洲3部曲

郭建龙
— 著 —

印度

漂浮的
次大陆

INDIA,
FLOATING
SUBCONTINENT

当代世界出版社
THE CONTEMPORARY WORLD PRESS

汉皮遗址中废弃的神庙建筑。位于西南文明中心，这里曾经是庞大的维查耶纳加尔王国首都，被伊斯兰教联合军队灭亡后，遗址保存至今。

远眺洛塔尔遗址。这里是印度最著名的古文明遗址。

尼泊尔首都加德满都的博大塔。加德满都谷地是连接西藏和印度的重要贸易地，以此为中心，形成了通往印度的第二条道路。

马杜赖神庙门楼上众多的印度神祇。印度教的多神系统是世界上最复杂的神仙系统。

欠奇普拉姆的凯拉萨神庙。在这儿，一位女士告诉我，她快要去凯拉什山朝圣了。

诃菩提塔全景。这座金字塔形的佛塔更像是印度教风格的。

答枚克佛塔。印度少有的保存完好的佛教建筑。

印度各地的耆那教神庙之奇陶加尔的耆那教神庙

鹿野苑古代佛寺精舍遗址全景。

热那克普耆那教神庙的几排大理石柱。

贵霜人头像。从头像可以看出，贵霜人与东亚人种有着许多共同特征，与印度人迥异。

贵霜时期的滑稽人像。带着浓郁的写实风格，这是印度后来雕像中所不具备的。

德里 Kotla Firoz Shah 的阿育王石柱。

安详而神秘的佛头。

那烂陀佛寺遗址。

桑齐大塔全景。

遗址区残留的石柱雕刻。

卡朱拉霍西部寺庙群。白色的寺庙带着伊斯兰风格，是卡朱拉霍建设最晚的一座。

一座典型的北方风格印度教神庙。

科纳拉克太阳神庙全景。

不同样式的神庙群。在同一园中,近处是南印风格,远处是北印风格,展现了遮卢迦王朝的融合性。

哈利比德的霍伊萨拉时期神庙全景。

哈利比德神庙内部各种不同样式的石柱。

古老的凯拉萨神庙。坎奇普拉姆的象征，也是南印度神庙较早形式的代表。

妈妈拉普拉姆的五车神庙。神庙被雕刻成了战车的形式，也预示着科纳拉克巨大战车式太阳神庙的雏形。

清晨的坦焦尔大神庙。朱罗王朝的巅峰时刻。

坦焦尔大神庙的重重城门。这个神庙实际上也是一座堡垒，由重重的城门和城墙保护。

库特卜建筑群全景。这里是德里第一座城市所在地。

图格拉加巴德遗址。这片巨大的废墟仍然保存在德里南部。

阿屈塔拉雅神庙的门楼残迹。

维塔拉神庙遗址。

硕大的比达尔城堡和环绕城堡的现代高速路。

比达尔的可兰经学校遗址。毁于莫卧儿皇帝征服比达尔的战争，一次偶然的火药爆炸摧毁了它。

巴马尼苏丹陵墓群。

马雍陵墓。美丽的胡马雍陵墓是印度伊斯兰风格的代表作，直接预示着泰姬陵的到来。

奇陶加尔全景。

绝色妹儿的金色城堡。

亚穆纳河对岸的泰姬陵。

高尔康达城堡的城门。高尔康达被奥朗则布短暂征服，但随着莫卧儿王朝的解体，重新在新家族的领导下独立。

海滩旁的椰子林和山顶上的查坡拉城堡。查坡拉城堡是葡萄牙人建立的城堡，现已成为废墟。

德里的红堡。由沙贾汗建设。

金奈的火车站。南方铁路的起点。

海德尔·阿里和提普苏丹父子的陵墓。一座兼具伊斯兰和印度风格的建筑。

林伽帕坦城堡内的印度教神庙。清真寺和神庙显示了伊斯兰教和印度教共存的景象。

廖尔城堡的城墙和悬崖。城堡就建立在一个四面都是断崖的平顶山之上。

加尔各答的维多利亚堡。

琥珀堡（安梅尔）。在斋仆儿北方十公里。

德里的印度门。与孟买的印度门不同，德里的印度门纪念的是第一次世界大战中战死的印度军人。

甘地走向死亡地的脚步。

迈索尔皇宫。这座建于 20 世纪初的建筑体现了迈索尔的富庶和优雅。

班加罗尔宫。这里是伍德叶家族的夏宫,至今大王公的后人仍然居住于此。

阿姆利则金庙。

目 录

序言　印度：一个不容忽视的邻居 - 001

引子　漂浮的印度 - 009

第一部　消失的文明和雅利安情结——原始宗教的印度

第一章　英国逃兵和美国疯子遭遇古文明 - 022

第二章　穿越历史的岩画 - 028

第三章　几千年前的白人入侵 - 032

第四章　史诗时代 - 039

第二部　在佛陀和大雄的光辉下——佛教和耆那教的印度

第五章　生自尼泊尔 - 046

第六章　佛陀的苦行、顿悟和反叛 - 052

第七章　与佛陀同时代的大雄 - 060

第八章　希腊人来了 - 066

第九章　孔雀帝国的统一和阿育王的救赎 - 073

第十章　帝国之后 - 082

第三部　从中国刮来的旋风——游牧的印度

第十一章　蝴蝶效应从中国发端 - 092

第十二章　中亚和印度——贵霜帝国的印迹 - 097

第四部 古典主义和中世纪——印度教的印度

第十三章 玄奘的印度世界 - 106

第十四章 北印度的中世纪 - 117

第十五章 西南印度的变迁 - 123

第十六章 最纯正的南印度 - 129

第五部 蒙古？突厥？印度！——伊斯兰教的印度

第十七章 德里的旧城堡 - 138

第十八章 空城汉皮和南印之殇 - 146

第十九章 我来自成吉思汗，也来自帖木儿 - 154

第二十章 阿克巴的种族融合 - 162

第二十一章 普天下最幸福的女人 - 168

第二十二章 吝啬皇帝的帝国黄昏 - 173

第六部 公司、总督、女皇和甘地——从殖民地到独立的印度

第二十三章 西方人来了 - 180

第二十四章 两个东印度公司的战争 - 186

第二十五章 南印度沦陷 - 197

第二十六章 在自己国土上叛乱的皇帝和女王 - 209

第二十七章 甘地与印度独立 - 218

序言

印度：

一个

不容忽视的

邻居

回头来看，"亚洲三部曲"写于一个充满希望的黄金时代。

与现在人们忧心忡忡地担心工作和生计不同，那时候的许多青年人似乎并不太担心自己未来的就业、生活和家庭。他们甚至在还没有毕业的时候，就迫不及待地趁着假期匆匆赶往远方，去体验另一种未知的生活。

的确，那时候的中国人还并不富裕，青年人没有像现在这样动不动就开车或者住豪华的宾馆，而是更愿意选择搭车、徒步、骑自行车、坐绿皮火车、住青年旅舍这样的方式，用最少的钱去更多的地方、看更多的风景、体验更多的生活、交更多的朋友。他们甚至也没有多少背包客的经验，由于中国的改革开放刚刚开花结果，人们刚刚体会到行走的乐趣，特别是上世纪加入世贸组织之后，许多国人才走出了国门，成为第一代的海外游学者。在海外旅行时，他们不免显得天真和经验不足，却足够真诚，并乐于承认自己的不足，乐于向海外学习生活经验，从不固步自封。

只有在听过、看过、体验过之后，他们才会回归到城市生活中，找一份工作。由于互联网正处于生机勃勃的发展时期，带动了许多行业的变革，找工作非常容易，任何人只要有一个健康的身体，都会寻找到属于自己的发光机会。

我碰到太多的人，他们的生活本身就是一个小传奇。一位女孩为了画画放弃了读高中，在尼泊尔、印度、中国西藏等地漂泊了多年。由于画家很难在年轻时混够口粮，当我担心她未来的生计时，她却摇身一变，成了新东方的口语老师，而且是在新东方最大的教室上课。在市场经济当中，总是有一些离经叛道的公司在为有能力的人提供着舞台。而中国加入世贸组织后的勃勃生机，让各种各样新奇的企业如雨后春笋一样蓬勃发展，也让许多的投资人愿意去相信那貌似不着边际的奇思妙想，还真的把它们孵化成了成功的企业。

那时的人们都相信明天肯定比今天更好，也对拼搏的人更加友善。那时真的是处于一个社会的最青春时代，还带着社会初期匮乏的影子，却不缺乏激情和才气。

我本人也是那个时代的受益者。我多次走投无路，却总是峰回路转，每一次都得到了帮助。最大的帮助，莫过于让我从一个没有写作经验的程序员，摇身一变成了一位靠写字为生的记者，还进了全国最好的财经类报社。我之所以进得去，是因为当时人们愿意忽略掉一切的学历和资历，仅仅凭一个人表现出来的热情，就给他证明自己的机会。自然，这样的机构百无禁忌，也是最具活力，一切以业绩为导向，充满了最纯粹的丛林精神。如今，随着媒体业步入了黄昏期，再回头看当年的历练，才体会到我是多么幸运。

不过，算起来，"亚洲三部曲"也仅写于十年前而已！短短十年，社会的面貌已经有了这么大的变化！如今，趁"亚洲三部曲"重版，我想回顾一下当年写作的经历。另外，世界又已经发展了十年，整个世界的环境也与我当初写作时有了一定的变化，在这里，我也会将这十年来我游历地区的发展做一个补充。

漂浮次大陆由来

在写作三部曲的第一部《印度，漂浮的次大陆》之前，我刚刚从报社辞职不久，试图通过写书来养活自己，因此需要一个能够吸引我自己，也吸引读者的题材。由于早年的经历，我一直厌恶无聊的稳定，对不确定性充满了好奇。我最怕的是每天混吃等死的重复式的工作，喜欢的是每天都做新的事情、遇到新的挑战。

在去印度之前，我已经在西藏地区游历了多次，并且总乐于选择一些特殊的方式去旅行。我曾经在珠峰、雅鲁藏布大峡谷和墨脱地区徒步，也曾骑自行车前往阿里，并成为有互联网记录的第一位骑车进入神秘古格王朝的中国人。

我的这些经历也体现了当时游学人群的不羁。比如，现在的人们如果选择骑行，一开始要不断地在城市里练习，然后再小心翼翼地在家周边完成短期骑行，几年后有了勇气，才会胆战心惊地设想前往西藏，但要想找到足够长的时间，往往要等几十年后退休了。而我骑行阿里是在拉萨的临时决定，当时甚至连自行车都没有。朋友们建议我去租一辆车，然后把它骑到两千多公里外的阿里卖掉。因为租车的押金只要两百元，但租车每天需要二十块钱，骑车去阿里需要一个月的时间，这样算下来租车骑过去卖掉是最省钱的。筹划的当天我就实施了这个计划，一个月后，自行车已经躺在阿里的修车摊上了。

第一年骑车上了瘾。第二年，我找朋友组装了一辆自行车，从广东出发，一路经过广西、贵州、云南、四川，进入了西藏，最后到达新疆。进入西藏境内后，我没有选择普通的道路，而是选择两条没有数据记录的路（川藏中线和阿里大中线），经历了重重冒险，进入了无人区。

这几次旅行让我克服了人类恐惧的本能，因为我曾经面对过藏北最荒凉的世界，在无边的星空下畅想着人生的意义，而在方圆上百公里内只有我一个人和无数的动物。我也曾经在深夜的雅鲁藏布大峡谷独自行走，在小雨中，不远处磷火星星点点闪耀。当一个人能够独自面对自然，那么，当他回到城市生活时，哪怕是在最陌生的城市里，他也不会再有恐惧感了。直到后来，我在中东、阿富汗和西非见到了战争带来的疮痍，才又出于自我保护意识找回了一些恐惧感，避免自己过度乱闯。

也是从这时开始，我开始对人文历史产生了巨大的兴趣。比如，在我骑行川藏中线时，和当地人聊天，打听到虽然现在那里成了落后的地区，但在几十年前却是进藏的最大通道，被称为入藏官道。而面对古格王朝的废墟时，自然也会想到从喜马拉雅山对面传来的佛教是怎样在这偏僻的地方扎根，并影响了整个中国历史的进程。

后来，当我在北京暂时租住在画家于彤（也就是我前面谈到的那位画画的女孩子）家中时，我可以自由翻阅她留下的书籍，在这里，我被她带入了印度世界。她曾经与男友游遍了印度，并写了一本关于印度旅行的书，她收藏了很多从印度买来的物品。

当时，我正在规划写作计划，我的小说《告别香巴拉》已经在构思并尝试写初稿，但我还需要一部分能够发挥我的特长的纪实方面的内容。就这样，印度顺理成章成了我的下一个目的地，也成了我纪实写作的首次尝试。顺着印度，我开始规划一个从中国周边国家出发，然后向更远方发散，去观察世界、了解世界的计划，将我的观察记录下来，于是就有了"亚洲三部曲"和后来的"穿越三部曲"。《印度，漂浮的次大陆》就是整个系列最早的作品。

时光机里的印度

印度的旅程是狂野的，那里如同中国上世纪的 80 年代，生机勃勃又缺乏秩序，但社会内部所产生的自我运行规则又将十几亿人捏合在一起，整个社会处于一种柔性的动态中。

我的计划是在两个月内游遍印度，这是一个巨大的挑战，因为这个国家可挖掘的内容实在太丰富了。在印度，但凡一座有点历史的城市，都保留着大量的遗迹，这些遗迹往往处于最真实的状态：点缀在全印度的各种城堡、陵墓、历史建筑群，大部分现在都还在使用之中。

不仅仅是德里，几乎每一个印度城市都有属于自己的历史文物，它们随意地分布在城市之内或者郊野。孩子们玩耍的一个土堆或许就是佛陀曾经讲经的城市残余，十几公里外就是佛教最神圣的佛塔，几十公里外又是玄奘求学的场所，几乎每个城市至今都保存着大量精美的砖石建筑。

一位著名的皇帝给他的皇后在城市里建设了豪华的陵墓，转眼却把自己葬在了一座不起眼的乡村小清真寺里。而在不远处，又是另一个著名国王建设的雄伟的山顶城堡，这位国王把首都从德里迁到了这个偏僻的所在。在几十公里外，又是一千多年前人们开凿的最壮观的石窟。这些遗址在时间上相差了上千年，却毫不违和地同时存在于一个空间。

印度就像是一台时光机，将所有的历史放在了同一个台面上供人凭吊，对于游客来说，每到一个地方，最难的就是确定它的年代，因为稍微不注意，就有可能偏移了上千年。

为了尽可能去更多的地方，在印度我采取了昼夜赶路的形式。白天流连于景点、与人们攀谈、寻找可以写入书中的任何线索，到了夜间就匆匆赶路。印度的道路不如中国，但交通之方便却超过了中国，大量的夜班汽车和火车奔波于各地，让人们的生活可以二十四小时进行。由于特殊的购票和乘车政策，穷人们很容易不花钱就在全国范围内乘坐火车转场，更增加了社会的流动性和活力。这样的便利性也方便了旅行者，让他们可以最大限度地移动。

以我到印度的第一天为例。早上我还在尼泊尔，刚刚坐了一天的夜车从首都加德满都前往边境处的蓝毗尼。清晨到达后，当天上午游遍了蓝毗尼佛陀诞生之处，中午过境印度，并乘了两趟车到达了佛陀去世的拘尸那迦。在傍晚见证了佛逝之处的落日之后，再乘坐两趟夜班车前往著名城市瓦拉纳西，找到了住处。第二天早晨，我已经起床游荡于瓦拉纳西的恒河边上了。

对我来说，这本书就意味着一段值得怀念的青春。那时候，我可以连续一个星期每天在汽车、火车和车站中度过，与遇到的各种人接触，既有工程师、教授，也有士兵、民工、流浪汉。虽然不够深入，却能广泛地了解我能够接触到的印度社会的方方面面。事实上，一本书中能够写出的内容，与作者的实际观察相比，都只是很少一部分，而作者的一些体会也很难通过书表达完全。

在印度旅行过程中，我常常有种感觉，就是中印两国的人民有着太多的相似之处，他们都经受了苦难，经历了物资匮乏，甚至在我访问的时候，印度的整体生活状况还相当于上世纪 90 年代的中国。但是，两国民众的精神面貌又有着很大的差别，整体上，中国人是冷静的、内向的，总是避免和人交往；但印度人却是开朗的、外向的，就算是最穷困的人群，也总是愿意和人分享。他们滔滔不绝、毫无禁忌，从不担心因为自己的话语而受到惩罚。印度人的这个特征也曾经被许多其他的旅行者观察到。

和印度普通人聊天，总是可以通过询问了解到他们社会的各个方面，好的他们会说，丑陋的他们也会说，不用担心因此给自己的国家丢脸，对于外国人也没有防范心。为什么两个相似的民族又有着如此重大的差异呢？也许这正是值得我们思考所在。

一个柔性社会的样本

在我写本书的时候，印度的 GDP 在世界的排名还只是第 11 位，位于美国、中国、日本、德国、法国、英国、意大利、巴西、加拿大、俄罗斯之后。到现在，印度已经成了世界经济排名第五的大国，仅次于美中日德，这样的表现已经很让人刮目相看，但这还不是它最终的排位。在不久的将来，印度肯定会超越日德，成为仅次于美中的国家。

《印度，漂浮的次大陆》对我的意义不仅仅在于去了一个国家，它也第一次呈现出我在写作方面独特的视角。

当我从印度回来给朋友们讲述我的观察，并预言印度的崛起时，收到的更多是怀疑的口气。但是，几年之后，国人逐渐意识到了印度经济发展的迅猛，并开始正视这个竞争对手了。我的一位投资人朋友、经纬创投的合伙人王华东曾经告诉我，他们在印度的投资收益很不错，而为了了解印度，就阅读过我的书。如果人们认真起来就会发现，在国内真正深入描写印度的书实在太少了，大部分旅行书都侧重生活，对于印度社会历史的描述过于欠缺。而除了难读的教科书之外，《印度，漂浮的次大陆》却几乎是近几年唯一一本有足够深度、能够让人系统了解印度前世今生的书。

我在这里只总结印度社会给我们带来的最大的两点深刻启示。

第一点是印度社会的柔性。印度社会的柔性令人印象深刻。其实对于印度，人们首先看到的往往是一次次社会动荡。但是，印度社会的一大特点是，冲突并不会留下长期的社会隔离状态，在冲突过后总是会恢复不同族群之间的正常交往。

诚然，由于历史的原因，印度内部的社会应力还没有完全释放，在未来可能还会有新的动荡发生。但任何一次动荡都不足以让印度产生永久性的社会分裂，也不足以让印度产生不可去除的枷锁，造成社会的僵化和损伤。

印度之所以具有这样的柔性，和它拥有着独立的行政、立法和司法体系，以及知识分子的独立性，有很大关系，这使得没有一个部门能够主导一切。缺乏主导一切的部门，这一点在平常看来虽然低效，但在一个如此庞大复杂的国家，却可以保护任何一方的利益不会被完全牺牲，也避免了一刀切政策所造成的伤害。

印度带给世界的第二点启示，就是人口问题可能是一种被夸大的问题。印度虽然也采取了限制生育的做法，但更多地体现在政策引导上，如第三胎不享受国家的生育福利等，现在来看效果并不明显，人口的年轻化已经成了印度下一个阶段发展的有力支撑。印度众多的年轻人，一是一种消费力量，任何一个消费品牌如果错过了印度的消费市场，损失都将是巨大的；二是优质的劳动力为制造业提供了最基础的资源。

人口的不断增长，将给印度带来几十年的优势，这一点，也许是令人口学家们最尴尬的地方。

2022.9.20

引子

漂浮的

印度

如果在国内见惯了海关，那么从尼泊尔的白拉瓦过境到印度的桑瑙里时一定不习惯。这里没有威武的武警、严肃的大厅和冷冰冰的扫描机，更没有排队焦急等候检查的人流，只是在连接两国的公路上竖了两个门楼，如同北京前门的牌坊一样，行人可以直接从下面穿过，悠闲地越过边境。从尼泊尔到达印度，就像是从村东头走到村西头一样自然。

实际上，这里的大部分过境者根本不需要护照，印度和尼泊尔对于双方的人民是开放的，不需要烦琐的手续。偶尔会看见几个警察在大街上走着，他们更多像摆设，没有太多用处。

对于我这个来自非南亚国家的游客来说，护照还是需要的，但并没有人检查护照和行李，也没有人告诉我到哪里去盖出入境章。于是我背着巨大的行囊，来来回回穿越边境寻找盖章的地方：最初，我还没有找到尼泊尔的移民办公室（在那儿盖出境章），就已经过了牌坊走进了印度境内；我主动走向了一位拿着棍子的印度警察，这位老兄很不情愿地听我询问，告诉我："你走过了，你应该往回走，过了第二个牌坊，向右拐，就能找到尼泊尔人的办公室。"

于是我又背着包回到了尼泊尔，在右手边果然有一个小小的带花园的建筑，一个中年男人躺在椅子上晒太阳。我进了屋，一位年轻女士接待了我，让我简单填了个表格，在我的护照上盖了章，拿着护照找到那位晒太阳的男人。男人接过护照，用笔在上面龙飞凤舞地一画，就算签了名。

有了尼泊尔的出境章，我又返回印度境内，开始寻找印度的移民办公室。办公室并不在入境的牌坊下，而是在距离边界两三百米的地方。在别人的指点下，我在一堆乱七八糟的小卖部中间发现了很不显眼的移民办公室，屋子里如同肉铺一样放着一个案板，案板背后坐着两个不显眼的移民官员。

"你是入境，还是出境？"我还没有开口，一位留着胡子的官员就问道，"入境？你要填一张表。"他给我一张有着密密麻麻问题的表格，不仅要填我的名字，还包括我父亲的名字、入境的动机、返程的机票，等等。开始还是我自己填，后来他不耐烦了，就拿过去帮我填。完事儿后盖了个章，伸出手，说道："欢迎来到印度！"

办完了入境手续，我边走边想，一个外国人如果不是像我这么守规矩，完全可以不办任何手续，大摇大摆地出境玩几天，不会有任何麻烦。不管是尼泊尔一侧，还是印度一侧，移民官脸上写着的都是：你爱办不办，那是你自己的事儿。

这就是印度，我计划已久的目的地。在我脚下的是历史上一条重要的道路：

2700年前，一位夫人带着随从从这附近北上，在一棵大树下，产下了一个婴儿。这个婴儿是印度的第一位脱离了神话的历史人物，然而后世却又将他放回到了神话之中，变成了全世界崇拜的一个符号。

2200年前，一位伟大帝国的国王同样从这附近北上，在夫人曾经产子的小花园里树立了一根石柱：万神宠爱的毗雅达西国王，在他统治的第二十年，拜访了这个地方。佛陀生于此，为了纪念和崇拜，国王立下了这根石柱，并将蓝毗尼村的租税减为八分之一。

1600年前，一位来自中国的僧人经过千辛万苦，从这里经过前去寻找这根石柱和那个废弃的花园。

1400年前，另一个更加著名的僧人再次找到了这个地方，在返回东土后，留下了著名的《大唐西域记》。

1300年前，一位印度的僧人从这附近进入尼泊尔，再翻越喜马拉雅山，进入了一个封闭的世界：西藏，这位僧人也因此被西藏的人们尊崇为第二佛陀。

1000年前，另一位印度的僧人也可能来过这里，后来进入了西藏的古格地区，将在西藏已经遭受了严重破坏的佛教信仰再次带入了高原，完成了"上路弘法"。

几百年前，英国人从这里经过，企图占领尼泊尔，与廓尔喀人作战。

而现代，这里是一个重要的朝圣之路，连接着佛陀的生与死——他生于蓝毗尼，死于拘尸那罗，而口岸恰好在两地的中间。

从地理上讲，印度是整个亚洲大陆最封闭的地区，它屈居在一个半岛上，依靠着高耸的山脉和茂密的丛林，与亚洲的其他部分隔绝，保持着超然的传统。

在1.4亿年前的远古时期，这片广袤的土地并不在现在的位置上，而是属于一个叫冈瓦纳古陆的一部分，这个大陆不仅包括了印度，还包括了澳洲、南美洲、南极洲和非洲大陆。在9000万年前，形成现代印度的那一部分陆地从冈瓦纳古陆分离出来，进入了漂浮状态，不顾一切、一路向北，在5500万年前与亚洲大陆相撞，并形成了高耸的喜马拉雅山脉。

人们普遍以为，到这时它就结束了漂浮状态，然而，它仍然在漂浮，以前是在地理上的，而现在，则是在社会学上的：这里的人文是如此丰富多彩，与其他地方绝不相似；这里的宗教和信仰也是多彩的，一直到现在，人们的宗教生活仍然如此丰富，不管是外界的资本主义，还是各种享乐思潮，都无法将印度人完全同化；他们惬意地保存着自己的生活方式，并把每一次外来文化纳入到自己的体系之中。于是，印度如同一个漂浮的文明出现在人们面前，穿着纱丽、练着瑜伽、谈论着玄之又玄的精神生活……当然，它不是隔绝的，当人们被它的文化所吸引的时候，它却讲着英语、玩着鼠标又出现了。在印度，年轻人忙着玩Facebook，男男女女都喜欢网恋，可他们又是虔诚的宗教信徒。在那儿我最经常被问到，也最难回答的问题是：你们中国人怎么会信无神论？你们难道不相信人死后有灵魂？

这个多面的印度是如何形成的？在路上，我一直在想这个问题。这也许还得从次大陆加入亚洲之后的地理上去了解。

造物主如同是最优雅的艺术家，将这块次大陆打造成人间飞地，几乎与世隔绝，让居住在次大陆上的人民自得其乐。在它的北面是高耸的喜马拉雅山脉，这座世界最高的山峰使得普通的飞鸟也难以飞越。南面则是浩瀚的印度洋。它的西面，在如今的巴基斯坦的西侧，分布着连绵的山脉和沙漠，将它和波斯人的地盘（今伊朗、阿富汗）分开，很少有人能够逾越障碍，前往次大陆。它的东侧除了大海之外，就是缅甸的密林，也是老虎、大象、猴子的天堂，却不利于人的生存。

从理论上，一旦占领了次大陆，就在一个几乎没有外患的环境中生存，印度次大陆也是仅次于澳大利亚的人间飞地。

可历史上这里却是一个遭受入侵最频繁的地区，超过了亚洲的其他地区，甚至比欧洲都要多。欧洲、中亚、阿拉伯的势力都对印度有过入侵，地理上的隔绝和历史上的频繁联系形成了鲜明的对比，使得印度具有了五花八门的色彩。

下一个问题是：既然印度是遭受入侵最频繁、文化交流最频繁的地区，那些入侵者和文化使者又是如何进入与世隔绝的印度的？

答案是：从那几条拥有着长期历史的道路，这几条路连接了印度和外界，也成为外界入侵的桥梁。但是，这几条路由于并不容易到达，一个入侵者一旦占领印度，就能够长期占据下去，直到下一个入侵者的到来。

在飞机发明之前，要想进出印度次大陆只有四条路。

造物主虽然用巨大的山脉把印度隔离出来，但人类的伟大超出了造物主的控制，从远古时期开始，印度次大陆就出现了这四条与外界沟通的道路。这些道路是如此被频繁地使用，才使得印度成为世界上遭受入侵最多的地区。

最频繁使用的一条是位于巴基斯坦西北部，与阿富汗相连的开伯尔山口（Khyber Pass）道。

在印度次大陆的西北部是高山和沙漠，特别是巴基斯坦北部地区，世界上两处最高的山脉在此处会集，喜马拉雅山脉和喀喇昆仑山脉分别拥有着世界第一高峰和第二高峰，也是世界上仅有的两个拥有 8000 米以上山峰的山脉。这两列山脉在中亚打了个结，如同是拴在一起的两根飘带。这个结位于中国、塔吉克斯坦、阿富汗、巴基斯坦境内，结的西部是另一处高山叫兴都库什山脉。

然而，在西北部的万山丛中，却有几条隐秘的通道将印度次大陆和中亚连接了起来。这几条通道中最著名的是开伯尔山口和波伦山口（Bolan Pass）。特别是位于巴基斯坦白沙瓦和阿富汗贾拉拉巴德之间的开伯尔山口，更是进入印度次大陆的最重要通道，它的海拔只有 1000 米，一年四季都可以通过。如今，这里也是反恐战争的最前线，塔利班、基地组织藏身于山口附近的丛山之中，与美国人和巴基斯坦军队打着游击，成了世界的噩梦。

当远古的人们发现了开伯尔山口道后，这里就成为进出印度次大陆的最典型路径。实际上，自古以来所有大规模的入侵都是从这个宽度只有几百米的山口发起的。一旦越过了这个山口，入侵者就如同潮水一样散开，铺向整个印度次大陆。

波斯帝国的大流士一世、希腊的亚历山大大帝、蒙古的成吉思汗、突厥的帖木儿大帝、莫卧儿的巴布尔大帝，甚至更早的，不知名姓的雅利安人都是从这里进入，开启探索甚至征服印度之路的。印度也由此成为一个最多彩的地方，深受世界各地的影响，雅利安人带来了宗教，希腊人带来了艺术，从东亚出发的人在印度的土地上建立了两个伟大的帝国，伊斯兰教也曾经统治印度数百年。印度如同一个万花筒，向人们展示纯粹印度文明的同时，也折射着世界各地的影响。

与此同时，通过开伯尔山口，从印度方向也出现了几次对外扩张。孔雀帝国的旃陀罗笈多、莫卧儿王朝的沙贾汗、锡克王国的国王兰吉特辛格，以及从印度出发试图征服阿富汗的英国人都是从这里出发，向中亚进军。

可以说，开伯尔山口是印度次大陆与世界联系最有名的桥梁，也是一条征服者必须占领的道路。我们不妨称它为"征服之路"。

同时，它还是著名的"朝圣之路"和"文化之路"，法显、玄奘等中土的高僧大多数都是经过此道到达印度的，而希腊风格对于印度的影响、伊斯兰教对于印度的再塑造，也都是通过此路完成。

还有"贸易之路"，也有人称之为"海上丝路"。这是一条印度南方与世界交流的道路。印度的南方从地理上看与世界很难沟通，它三面环海，北面被德干高原、东西高止山脉与北印度隔开。这里的文明也是印度最本土化、最纯粹的文明。不过，要以为这里真的与世隔绝，那就大错特错了。事实上，南印度的财富不亚于北印度，甚至更加发达，它在保留了原汁原味的印度教文明的同时，还产生了繁荣的商品经济。

在南印度产生了发达的航海业，打破了地理的隔绝，使得印度变成了世界贸易体系中不可或缺的一环。正是从这里，西方的金银得以用船只转运到东方，东方的香料、丝绸和瓷器则被卖到西方。以南印度为中间点，这条贸易之路向东延伸到了东南亚、马六甲、印度尼西亚、菲律宾、南中国，向西则延伸到了西亚、埃及、东部非洲，并经过西亚的转运直抵君士坦丁堡，或者经过地中海到达西欧各国。

南印度对于世界贸易影响之大，还反映在印度教对于东南亚的再塑造上，由于印度垄断了通往东南亚的贸易，印度商人遍布东南亚，将佛教、印度教、伊斯兰教带往了东南亚地区，塑造了现代的东南亚文明。东南亚有了另一个名字：印度支那（Indochina）将印度和中国两个词拼接在一起，反映出两个大国对于东南亚的影响。如果继续细分，马来西亚、印度尼西亚、泰国、柬埔寨、老挝、缅甸西部和南部受到印度的影响更大，而越南、新加坡、缅北等地受到中国的影响更大。

如果说，前两条路的影响是世界性的，那么剩下两条路的影响力则是区域性的。第三条，就是我走的中国西藏—尼泊尔—印度之路。这条路沟通了喜马拉雅山两侧，使得另一个更加封闭的区域——西藏——得以和世界交流,并把印度的佛教引入了西藏,使之成为世界佛学的中心。

大约在唐代的时候,西藏在汉地的禅宗和印度的佛教之间,最终选择了后者。之后的一千多年里,西藏的许多高僧大德都来自于印度、尼泊尔地区,从神圣的莲花生大师,到振兴阿里的阿底峡尊者都是如此。其至在北京白塔寺建立了白塔的尼泊尔僧人阿尼哥也是顺着这条路进入西藏,再北上北京的。

正因为第三条路在佛教传播和保存上的重要性,我们不妨把它称为"佛教之路"。需要说明的是,并非只有这条路传播了佛教,东南亚也有许多佛教王国,它们是从第二条路获得了这种信仰的。

第四条路,有人将之称为"南方丝绸之路",自从现代人发明了"茶马古道"一词,也有人将其归纳为茶马古道的一部分,而我更愿意称之为"丛林之路"。这是一条最少被研究,影响也最小的路,它在印度的西北角,经过缅甸的重重密林,到达中国的云南、贵州、四川,或者进入东南亚。

这条路见诸历史,最早是于张骞出使西域时期。公元前128年,张骞在西域见到了中国四川出产的产品,这说明有一条经过四川、云南到印度的贸易之路。他告诉皇帝应该远征云贵,从南部打通和印度的通道。

到了公元69年的东汉时期,已经在如今云南边境地区设置了永昌郡,其辖区进入了现在的缅甸境内。

抗日战争时期,"丛林之路"又变成了另一种传奇,与英美配合作战的中国远征军大都沿着这条路进入缅甸,开展对日军事行动。

这四条路对于印度对外交通的垄断一直持续到了现代,飞机发明后才改变了这样的局面。现在大部分外国人进入印度,是通过飞机进去的,印度使馆在审查签证申请时都要求申请人必须提供返程的机票。而对于从尼泊尔申请签证的外国人来说,大都是准备从陆路进、陆路出的,他们提供不了返程机票,于是,加德满都的旅行社大都开展一项新的生意:代客做假机票。签证官如同与游客有了默契,只要提供机票,不问真假就发签证。这或许反映了印度官僚制的一个侧面:规矩死板,却不得不遵守,哪怕是假装遵守也行。

我的签证也是在尼泊尔获得的，时间只有两个月。印度签证不是从进入印度的第一天开始计算时日，而是从拿到签证的第一天开始，那个小小的计时器就开始嘀嗒作响，两个月后自动过期。为了节省时间，我在拿到签证的当天夜里，就坐汽车去了边境，在尼泊尔的朋友都奇怪为什么我要这么着急。

他们不知道我的计划：印度国土广大，一般来说，没有四五个月不可能将它游过一遍，而我却想用两个月时间完成环游，将它的几大文明区域一网打尽。

当人们看中国历史时，会发现一个大的文明往往包含了几个地理上的区域文明中心：它们是以河南为中心的黄河文明区域，这个区域还包括现在的山东、河北、山西、江苏、安徽、北京等地，最远到达湖北；以西安为中心的关陇文明区域，从西安向西和向北延伸，基本上覆盖了如今的西北地区；以成都为中心的川蜀文明区域，主要在四川，并包括云南、贵州、重庆的一部；以苏杭为中心的江东文明区域，包括了浙江、上海、福建等地；以广州为中心的岭南文明区域，包括了广东、广西，以及福建的一部分。

其中岭南文明区域和川蜀文明区域是最具地方特色、也最少集权官僚制色彩的区域，也是我最喜爱的两个地方。

印度也和中国类似，虽然我们将整个印度次大陆划分为一个文明，可是，其下却又包含了三个区域文明中心。以德里为中心的北印度，在历史上，这个区域文明的中心城市曾经出现过改变，从比哈尔邦境内的王舍城移到了后来的华氏城（今巴特那），再到后来的北方邦境内的马图拉，以及曲女城（今卡瑙季），穆斯林到来后才选择了德里，还曾经定都德里南方的阿格拉（泰姬陵所在城市），最后回到德里。在南方包括了两个文明中心，一个是东南部以马杜赖、坦焦尔为中心的南部文明中心，一个是西南部文明中心（贝鲁尔、哈利比德、汉皮、帕塔达卡尔都曾经扮演过文明中心的角色），一直延伸到孟买一带。

如果继续和中国作比较，那么北部区域文明相当于中国中原文明的地位，而东南文明中心相当于中国的岭南文明，西南文明则相当于中国的川蜀文明。

除了这三大区域文明之外，印度还有许多散落的小区域，最著名的两个是西北部的拉贾斯坦邦和东部的奥利萨邦，它们的地位相当于中国的湖南、东北，历史上相对独立，影响力较小，却留下了缤纷多彩的故事和遗迹。

对我来说，两个月环游印度无异于一次疯狂的挑战，好在，好奇心仍在；好在，印度那多彩的次大陆吸引着我；好在，我想知道这个次大陆是如何从古代走到今天，如何在冲突、融合的背景下崎岖前行，它又将走向何方？

于是，这两个月成了我最繁忙的两个月，我坐了上百次的长途汽车，爬了十几次火车，有五分之二的夜晚是在长途车上度过的，转了70个印度的城市，涵盖了印度全境。在这两个月，我只有三次说中文的机会，却遇到了形形色色的旅行者和背包客，他们遍及世界各地，都被印度的色彩吸引，来到了这个漂浮的次大陆。在这儿，我还遇到了无数的印度人，与他们一起睡过车站、吃过饭，说笑过、开心过、打闹过，在城市、农村、风景之间穿梭着，体会着印度的过去与今天。

回到中国，我花了很久才逐渐从对印度的回忆中摆脱出来，意识到那只是一次旅行。而我，还将生活在中国，给我的朋友们写印度的故事。

第一部

消失的文明和雅利安情结

——原始宗教的印度

来印度之前，我在尼泊尔碰到了一位女士。和我一样，她的目的地也是尼泊尔和印度，不过和我相反，她更喜欢在尼泊尔的旅行。我们在一起游玩的时候，她不停地告诉我印度的脏乱差，不如尼泊尔的精致，甚至不理解我为什么把印度之旅看得这么重要。

其实，深深吸引着我的，不是悠闲的享受，而是印度的文明。这个有着上万年历史、比中国还悠久的文明如今仍然散发着浓郁的古色古香。在印度，穿纱丽的女人比穿现代西方服饰的女人要多得多。这里的人们仍然习惯用手抓饭；他们的宗教观念也并没有随着现代社会的到来而退化，不管在城市还是乡村，印度教的神庙四处可见；穆斯林聚集区里，《古兰经》声随着大喇叭的出现变得更加响亮。

在中国，人们已经习惯了各种一次性的塑料制品，而这里的一次性容器却是陶做的，盛放小吃则用菩提叶，保持着那份乡土气息。虽然城市的街道上已经车水马龙，可是牛儿仍然可以大摇大摆四处穿行，狗儿则在街上睡觉，即便摩托车、汽车、三轮车在四周如闪电般开过，它们仍然可以睡得着，从不担心会被撞到。

这个在现实与历史间保持着平衡的是一种什么样的文明？这是我思考了很多年的问题。当印度和中国都并列金砖四国的时候，这两个国家有什么不同，又将各自走向何方？

即便到了印度，我仍然在不断地问自己。那么，好吧，既然想弄明白，不妨从头开始，从印度历史的开篇去寻找那一丝丝的线索，再回溯到现在。

印度历史的第一章在哪儿呢？在印度河文明，在洛塔尔（Lothal）……

第一章

英国逃兵和美国疯子遭遇古文明

1827年,一位名叫詹姆斯·刘易斯的英国东印度公司的士兵在阿格拉脱离了军队,逃往了印度西北部的旁遮普地区。

旁遮普几乎是这位士兵唯一可以逃亡的地方。当时,印度的大部分地区已经在英国人的控制之下,只有西北部的旁遮普属于锡克教国王兰吉特·辛格的势力范围。这里是印度最富庶的地区之一,从喜马拉雅山流下的五条河流汇集成了印度河,流向大海,形成了丰沃的平原。锡克教徒天性喜爱自由,又崇尚刀剑,兰吉特·辛格也绝不想臣服于英国人,英国人也暂时不敢碰那片自由的土地。

在这儿,逃兵刘易斯被一个名叫约书亚·哈兰的美国疯子搭救,并改名查尔斯·麦森,作为工程师加入了哈兰的行列。

也许会有人对我把哈兰称作疯子提出异议,但他的确是个不折不扣的冒险疯子,这个在美国宾夕法尼亚出生的人生活在公元19世纪,可竟然还相信自己是亚历山大大帝(一个生活在公元前的人)式的人物。在后来的美国人中,也许只有巴顿将军赶得上哈兰的疯狂,巴顿认为自己的前生是汉尼拔,另一个生活在公元前的人。

这位"亚历山大"在被未婚妻甩掉后,突然离开了美国,漂洋过海来到印度,加入了英国人的部队。离开英国的部队后,又跑到了旁遮普,卷入了当地军阀的军事行动之中,在锡克国王兰吉特·辛格手下担任地区的总督,还帮助阿富汗人打过仗,号称古尔亲王。历史就以古尔亲王这个古怪的名字记住了疯子哈兰。

历史总是以一种奇怪的方式呈现自己:它不仅让英国逃兵加入了古尔亲王的队伍,还让他为我们留下了第一份关于古印度文明的记录。

一天，麦森来到了一座印度河谷中的小山前。当地人告诉他，这座小山曾经是一个巨大的佛教城市，城墙有好几公里长。

于是麦森记录下这件事情，并把它写入自己的书里。这个小山在一个叫哈拉帕的村镇旁边。

他虽然做了记录，但不知道自己错过了一个多么伟大的发现：他正站在一个伟大文明的古老都城面前，这个文明比佛教要早近两千年！

但这并不怪麦森，即便是当时最大胆的人也不敢想象这座城市的历史。20世纪之前，对于历史学家来说，印度只是世界文明史中的一个小字辈。人们普遍认为，印度缺乏本土文明，直到欧洲人（雅利安人）经过中亚来到了这片广袤的次大陆，并把这里变成了他们的家。

总之，印度只不过是欧洲人种的一个分支，并掺杂着中亚文明的余韵，属于一个后来的杂交品种。

在印度河流域的平原上，有许多突起的小山丘，每一个小山丘都是一座古代的城市废墟，这些废墟大都属于佛教遗存，最突起的部分往往是佛塔。这些佛教遗存甚至在中国僧人玄奘的时期就有了记载。所以，把它当作佛教遗址是很正常的。

麦森之后，这座遗址归于沉寂，直到迎来了它的下一位客人。这次前来的，是印度田野考古之父亚历山大·坎宁安爵士。

坎宁安时代，锡克国王兰吉特·辛格已经死了，他的锡克帝国也终于被贪婪的英国人用武力征服了，整个印度都臣服于英国，这是英国人的黄金时代。

英国人占领旁遮普之后，开始大修铁路。铁路的路基一般是石块垫起来的，但是英国人却发现了更廉价更方便的材料：古老废墟的砖块。不止一处遗址的砖块变成了从拉合尔到木尔坦铁路的路基。

哈拉帕也遭到了严重的破坏，古人用来建造城市的砖块铺在了上百公里的轨道之下。幸运的是，由于废墟过于庞大，在它还没有被完全破坏时，迎来了坎宁安。

坎宁安出身于东印度公司的军队，擅长于佛教遗址考古，显然，他也把这里当成了印度佛教的遗存，甚至认为是玄奘记载过的一座城市。他的考古工作如同是在与破坏抢时间，修铁路的人在挖掘、村民们修房子也在盗挖，剩给他的东西并不多。经过一系列的挖掘之后，坎宁安失望了，他根据玄奘的记载，认为这里会有四座高大的佛塔，然而挖掘的过程中却一座都没有发现，甚至连一点佛教的气氛都没有。

这个以研究佛教见长的考古学家对于发掘出的一些小珠子、小陶器、小印章并不感兴趣，他想要佛塔，于是他放弃了这里。

不过，出于考古学家的严谨，他发表了那些小物品，特别是一些带有动物纹饰的印章（这是印度河文明的重要特征之一）。

坎宁安走后，又过了半个世纪，1920年，印度考古勘察队的指挥约翰·马歇尔和他的助手再次对这个已经遭遇严重破坏的遗址进行了发掘。这次，他们的关注点已经从佛塔转向了那些奇怪的印章。

第二年，另一项同样伟大的发现在近600公里外的莫亨朱达罗出现了。一位印度的考古学家巴纳吉在寻找佛教遗址时，发现了另一座不为人知的遗址，那儿充满了人的骸骨，也有许多奇怪的小印章、小饰品、小雕像。那儿还有巨大的城堡、复杂的城市系统，甚至还出现了文字。

马歇尔看到了这两处的遗址，终于意识到，他们发现的是另一个不为人知的文明，比西方的更久远、更发达，足以和中东的两河地区、埃及的尼罗河地区相媲美。佛教出现在公元前6世纪，荷马史诗歌唱的时代大约是公元前10世纪，而这两处遗址却是公元前20世纪以前的产物，这个文明的早期甚至可以追溯到公元前5000年。

一个伟大的文明古国就这样被发现了。

后来，人们发现，印度河文明可能与中东的两河文明同一时期，比埃及和中国文明还要早。印度河畔星星点点地分布着上百个聚居点，从公元前5000年一直持续到公元前1000年。

然而现在，哈拉帕却处于巴基斯坦，随着1948年次大陆分裂成为印度和巴基斯坦两个国家，大部分的印度河文明遗址、连同大部分印度河都划给了巴基斯坦。只有在印控克什米尔地区保留了一小部分印度河的最上游，那里的印度河刚刚从中国西藏境内出来，在西藏，它的名字是狮泉河。

为了寻找印度河文明在印度的遗存，我来到了古吉拉特邦一个叫作洛塔尔的地方，在这里有印度最著名的印度河文明遗迹。由于与巴基斯坦的敌对关系，当洛塔尔在 1955 年被一位叫作拉奥的教授所发现时，印度人一定喜出望外，这个遗址的发现证明不仅巴基斯坦是印度河文明所在地，印度同样拥有自己的遗址，更何况这座遗址还是一座海洋港口之城、贸易之城，为印度河文明中所仅见。

洛塔尔在古吉拉特邦最大城市阿迈达巴德（Ahmedabad）的南方。阿迈达巴德是一座属于印度圣雄甘地的城市，甘地在进入德里之前，长期住在这儿，开展纺纱运动，提倡使用印度的土货。如今的阿迈达巴德已经具有了大城市的气派，也成了古吉拉特的经济中心。

从阿迈达巴德坐汽车两个小时后，大胡子的售票员叫醒了打盹的我。下车的地方并不靠近村庄，距离最近的村庄洛塔尔·博奇（Lothal Bhurkhi）也有几公里，只看到一片绿油油的土地，在路的右侧有一个岔道，那就是通往洛塔尔遗址的道路。后来，我去了那个叫作洛塔尔·博奇的村庄，那儿竟然有一条铁路与阿迈达巴德相连，铁路上一天只过四趟列车，两趟去往阿迈达巴德，两趟离开阿迈达巴德。小小的火车站还有一名全职的站长，他住在阿迈达巴德，每天坐早班列车来到这里，再坐晚班列车回去。这个火车站小到一个月的收入可能无法支付他和雇员的工资，却是当地人外出的主要通道。站长已经在这里干了二十多年，依靠工资，他把儿子养大，送他上了学，成了技术工程师。他的理想是再干几年到了退休，就可以靠着退休金与爱人周游全国了。

在如今的洛塔尔，很难想象几千年前这里曾经是一个国际化的大都市、北印度著名的港口。

如今，大海已经退到了十几公里之外，但在公元前 2500 年前，我所在的土地就濒临海边，洛塔尔的人们吹着海风，在印度的蓝天和日晒下装着货物。他们的货物主要是食品和工艺品，销往的对象是巴基斯坦海岸，以及更远处的中东地区。

从下车处走了几分钟，就看到了在一片围栏之后的洛塔尔遗址。印度考古学会在遗址旁边建了一座博物馆，但遗址本身却暴露在阳光之下，接受着风吹日晒。来这里参观的大都是印度人，当他们看见一个背着大包的中国人时，都感到很好奇，纷纷和我打招呼。一位姑娘善意地提醒我：这是印度最著名的文明遗址。

洛塔尔遗址的规模并不大，与其他的印度文明遗迹一样，分成了政治的上城区和生活的下城区。在下城区旁边，还有一个重要的手工作坊区，洛塔尔之所以存在，就是因为这个作坊的产品。然而，到达后的第一眼，我看到的却是一个蓄满了绿色清水的长方形水池。水池的面积比我们通常使用的游泳池大不了多少，可就是这个水池，使洛塔尔显得与众不同。

这个水池是一个船坞，在历史上曾经通过水道与大海相连。水手们来到洛塔尔，会把船驶入船坞进行维修，或者躲避风浪，然后住在城市的下城，购买货物，或者寻欢作乐，等待着下一次的出行。

船坞的发现也证明印度河文明不仅是一个内陆文明，这些早期无畏的人们早已经学会了亲近大海，并利用大海去往远方。洛塔尔也正是在这里成长为一个国际化的大都市。

水池不远处，就是洛塔尔的上城区遗址，人们将两千多年前的砖块建筑发掘出来时，发现它和现代的建筑是如此相似。砖块已经标准化，印度对砖的使用从古文明时代开始，持续到佛教时代，并保留到印度教时代，一直到现代。如果把四千多年前的砖块单独拿出来，甚至与现代的新砖没有区别。

古印度的城市已经有了下水道，还区分了各种功能区。除了上城区之外，下城区和作坊区也在不远处，甚至有的地方保留下了当年的石磨，地表上丰富的陶器说明这里生活的繁荣。

在下城不远处，还有一片墓地，考古学家发掘出的墓葬并不多，却找到了一个奇特的男女合葬墓，在同一个墓穴中，死后的男女紧紧相拥，难分难舍。这到底是一个千年的爱情故事，还是主仆间的殉葬安排？也许永远不会有答案。但我却宁肯相信他们是一对情侣，也许经过了一场罗密欧与朱丽叶式的爱情，最终相聚在了墓穴之中。不管时光如何变化，唯一不变的，是人类的爱情，这种来自于原始冲动的力量不管在何时何地，都有着穿越历史、穿越世事的力量。

参观完遗址后，一个问题一直在我脑海中徘徊：为什么洛塔尔这个地方会成为印度文明的中心城市之一？是什么支撑起它庞大的城市人口？他们以什么为生？

直到进入了旁边的博物馆，我的问题才得到了解答：洛塔尔之所以强大，因为它是整个印度河文明的手工业中心，制作的燧石珠宝销往整个北印度和中东。

在博物馆里展出了各种各样美丽的燧石作品，这些燧石五颜六色，被人们琢磨成小珠子、小项链、小器物，经历了几千年，仍然保持着圆润的形状，展示着古人的制造水平。如果不是亲自到现场，很难想象普通的燧石经过古人的加工之后，能够变得如此美丽。

洛塔尔曾经垄断过附近的燧石生产，并远销到整个印度文明区域，甚至影响到了远方的巴比伦文明区。贸易和工业这两种组成人类社会的原始力量，从公元前2500年前就已经发挥了作用。

除了燧石珠宝之外，考古学家还挖掘出了大量的印章，这是印度河文明的标志，任何一个文明遗址都出土过刻着动物形象的印章，而最著名的动物就是印度的瘤牛。中国的牛的脊背大都是平坦的，印度却有一种脊背长着一个驼峰的牛，仿佛背着个罗锅，又像是一个变了种的骆驼。在印度的大街上，经常看见庞大的瘤牛四处走动着，毫不理会周围的车流和人流。

至于陶制品更是不计其数，从普通的容器和碗，到儿童的小玩具。这些物品的发现，也让一个文明从遥远的过去来到了当下。在这个文明里，孩子们在玩着玩具，大人们在做着手工业，水手们在出海，渔夫们在打鱼。时光虽然经过了几千年，但人性永远是不变的。

我在博物馆中流连忘返，为逝去的古印度文明感到惋惜。也许是因为地理的变化，也许一个文明体制经过上千年的沉淀，自然会因为调整不过来，变得僵化和衰老，也许是因为贸易的变化……但不管怎样，到公元前2000年的时候，整个印度河文明都衰落了，从巴基斯坦的哈拉帕，到印度的洛塔尔。至于具体衰落的原因和过程，成为人类历史上又一个未解之谜。

第二章

穿越历史的岩画

印度河流域的人来自哪里？答案可能是出自非洲。然而，没有人说得清，这些人是怎样到达印度的。

甚至在很长时间内，人们都没有发现这些人到达印度的其他证据。按照传统的"走出非洲"理论，古人类有两次走出非洲，第一次走出非洲后遍布于世界，形成了包括北京人在内的古人类遗迹。但这个时期的人还保留着很多猿的特征，智力相对较低，可以说是一个过渡种。第二次走出非洲的人群已经很类似于现代人，他们再次到达了曾经被近亲祖先占领的地方，并将第一次出走的人们挤出了历史舞台。

在欧洲存在着两次出走的人们相遇的证据，在那儿，叫作克罗马农的新人种取代了尼安德特的旧人种，并最终成为现代欧洲人的祖先。

在印度，新人种到来后发生了什么？是什么导致了印度河文明的崛起？历史的痕迹都已经淹没在了尘埃之中。直到有一天，一位印度的考古学者无意中发现了一个岩画群，我们才仿佛更加了解一点古代印度人祖先的踪迹。

我之所以听说本贝特卡（Bhimbetka），也是因为一次巧遇。我在南印度的海得拉巴游览高尔康达城堡遗迹时，碰到了一位年过七十的德国女士，她一个人来这儿躲避德国的冬天。在印度，我遇到最多的外国人是德国人，这或许是因为德国的冬天寒冷，退休后的德国人总想到国外去猫冬，与价格不菲的地中海比起来，带有异域风情的印度无疑是一个既省钱又温暖的更优选择。

当这位德国女士听说我接下来要去中央邦的桑齐看佛塔，并且要经过中央邦首府博帕尔的时候，立即说道，你一定要去本贝特卡。她笑着告诉我："博帕尔是印度最脏的城市，不过，它周围有不少好玩的地方。"这是我第一次听说这个布满了岩画的小山。

博帕尔果真是一个肮脏的城市，这里曾经发生过仅次于切尔诺贝利的人类灾难。1984 年 12 月 3 日凌晨，位于博帕尔的一家美国企业设在一个贫民区附近的农药厂发生了氰化物泄漏事件，造成 2.5 万人直接致死，55 万人间接致死，另外有 20 多万人永久残废的人间惨剧。关于这次事件的争论至今仍在继续，但是只要到过那儿，就能理解这样的事件并非偶然。破旧的市政、肮脏的环境、贫乏的管理，灾难的风暴迟早会出现，只是何时出现的问题。

本贝特卡在博帕尔南面将近 50 公里的地方，直到登上汽车，我还在好奇，是什么样的地方让德国女士谈到它时显得那么激动。

小山在距离公路 3 公里的地方，汽车停在了岔路口，我背着巨大的行囊进了山。渐渐地，我明白了女士喜欢它的原因。与肮脏的博帕尔不同，这里呈现出一片田园景象，气温凉爽、空气清新，在这片已经被人们过度利用的土地上，如同一块飞地一般令人向往。厌烦了充满尘埃的印度城市的人们，会把这块飞地当作不错的休闲地。

打开印度的地图就会发现，南北印度被一条叫作温迪亚的山脉分开，如同中国的秦岭一样，这条山脉就成了印度地理上的南北分界线。在温迪亚山脉北部还有一块突出的高地，称为温迪亚高原，博帕尔恰好就坐落在高原之上，而本贝特卡所在的山脉就是古老的温迪亚山脉，它有着与其他地方迥然不同的地表：一片黑红色砂岩的小山群，山上有着大大小小的洞穴和缝隙，于是从史前时期一直到印度的中世纪，古人都选择穴居在山洞里，形成了特殊的穴居文化。山洞的生活一定是惬意却又显得有些枯燥的，于是，古人放开了想象的翅膀，开始在自己居住的岩壁上作画。这些画有的是随手涂鸦，有的却又抽象得恰到好处。

随着穴居生活的结束，本贝特卡逐渐不为人所知，唯一的记载是 19 世纪时，有人发现这里曾经有人居住的痕迹，并把它当作一个佛教的遗址。但由于地表发现物并不多，并没有引起人们的重视。

1957—1958 年，一位印度的博士毗湿奴·施里达·沃侃卡发现了这里的岩画，由于古人使用了天然的红色和白色颜料，在一些雨水淋不到的地方，这些不褪色的颜料保存至今。沃侃卡发现岩画后，人们对附近的地区进行了清理，发现在周围的五座小山上，分布着大约400处岩穴，而整个山区则有700处。本贝特卡就是其中一处小山，也是岩穴最丰富的一座，在这里共有243处岩穴，其中133处带有岩画。

最古老的岩画有12000年的历史，比所有的古印度河文明遗址都要早。更难得的是，这里远离印度河，深入到了印度大陆的中央，表明在印度河文明之前，印度的古人就已经居住在印度大陆最核心区域。

除了我是走上山的之外，其余的人大都乘车到达。这里与洛塔尔一样，仍然以印度人为主，他们热情地打开车窗向我挥手，但没有一个人邀请我乘车。当我到达后，他们却纷纷与我合影。

岩画在一座小山的顶部，入口有一条人工铺就的小径，通往一组巨大的岩石，岩石间的缝隙，就是古人用来居住的地方。我去过北京的周口店，那儿的原始人群居在一个山洞里，如今那座山洞虽然顶部已经坍塌，但仍然可以想见当年的规模。本贝特卡却迥然不同，它的山洞和缝隙都很小，有的能容纳几个人，有的只能住一两个人，但是山洞和缝隙的数量足够多，可以形成以家庭为单位的小聚落。

在一片红色砂岩上，我看到了第一幅岩画。颜料是用比石头更红的矿物质做的，在石头上画着栩栩如生的牛、羊、鹿、老虎等动物，还有一些意义不明的符号。最吸引人的是一个手印，据说，这是一个孩子的手印，也许某一天早上，一个顽皮的孩子把自己的手放在岩石上，围着手的轮廓用颜料画出了这个印迹。他没有想到这个手印会穿越时光留到了现在。在我前面的印度人把手掌放在告示牌上复制的手印上，对比着手掌的大小，似乎印证出，古人的手比现代人的更加粗壮。

接下去，就轮到了那块著名的叫作动物园的石头。在石头上密密麻麻地分布着453个图像，其中有252个动物，90个人，及一些战争的场面。这些图像大都是用一种当地的白色颜料画出来的，动物们层层叠叠，向着同一个方向，仿佛非洲大草原上动物迁徙的现场。

在所有的动物中，画得最生动的是大象，在一幅幅岩画中，大象也是最常出现的形象之一，翘起的象鼻、锋利的象牙、粗壮的身躯，说明当地在古代曾经遍布着这种体型庞大的动物。大象也成了印度战争中必备的元素，甚至在冷兵器时代，大象的出场有时足以决定军事的成败，在列阵时，阵前的大象是冲散敌人阵型的最有效武器。

大象还成为宗教的一部分，在南印度的许多寺庙中，除了养牛之外，也会养一两头大象，在祭祀中以大象的鼻子触碰人们的头部，会带来吉祥如意。

在动物园附近，三位印度小伙子看见了我，礼貌地要求和我合影。于是，岩画上的形象仿佛从石头上走下，来到了现实之中，他们也许就是穴居者的后代。当年的穴居人离开洞穴，进入西北的河谷和平原，并散布到南方的海岸线上，遍布全印度，成为印度的主人。接着，雅利安人来了，虽然新的人种占据了印度的主要舞台，穴居人的后代却一直在南方和中部生存着。

整个景区以一块巨大的蘑菇状岩石作为终点，在这块岩石上，画着一个巨型岩画：一个方头方脑、头上长角的怪兽在追逐着一个无助的人。这幅图画想表现的也许就是世界的不确定性，以及人生的苦难。对于古代的印度人来讲，世界显然不是美好的，他们必须与动物、疾病、食品匮乏做斗争，他们没有搭建的居所，只能住在岩穴之中。正是为了躲避这种不确定性，人们发明了房屋和城市，所以有了印度河文明，以及后来的印度世界。

从山上走下来时，我又遇到了那三位印度小伙子，他们三人共乘一辆小巧的摩托车，从我的身边缓缓经过，后面的两个人热情地和我打着招呼，不停地回头招手。

令我感到惊讶的是，摩托车前进了几十米，又在我的前方停下了，坐在最后的一位小伙子再次回头招手让我跟上，他们想让我搭车。不过，我实在看不出这辆小小的摩托车能够坐四个大男人，况且我还背着一个硕大无比的旅行包。

"这就是印度，"最后的小伙子说，"印度的摩托车最多可以载 6 个人。"他的屁股朝前挪了挪，给我腾出了地方，我坐了上去。摩托车歪歪扭扭上路了。

好在一路下坡，司机几乎不用发动机就下到了山脚的公路上，在那儿，我可以搭车回到博帕尔，再乘晚上的车去往卡朱拉霍。我挥手和他们告别的时候，仍然在想着他们是岩画中跳下来的人们。

第三章

几千年前的白人入侵

虽然古印度河文明被发现了，但20世纪初的印度人却并不一定喜欢这个发现。

实际上，这个文明的出现让他们的身世更加复杂了。在发现印度河文明前的100年，印度人一直以为自己是雅利安人的一部分。雅利安，这个光荣的名字把他们和欧洲"高贵"的血统联系在了一起，而不是和亚洲"低贱"的血统相配。

他们相信，几千年前在北欧生活着一群高贵的人种，叫雅利安人，在几千年前，其中的一支从北欧迁往俄罗斯境内，再顺着欧亚草原到达中亚，最后进入印度，占领了这片没有人居住的荒芜之地。所以，印度人和欧洲人一样，都是雅利安人的后代。

19世纪，正好是人种学研究的高峰时期，大部分的人们相信人种有高低贵贱之分，有的人种更聪明，有的则比较笨拙，而当时欧洲人普遍相信，雅利安人是最高贵的。

这种理论后来被希特勒利用，希特勒认为，高贵的雅利安血统在欧洲只存在于德国，而在亚洲则只存在于西藏的某地，有一部分雅利安人曾经顺着欧亚草原到达了西藏，他甚至派人去西藏寻找这些高贵的人，但无功而返。

在这样一个崇拜西方、渴望脱离亚洲的氛围里，印度人却突然被告知，印度有一个土生土长的文明，和欧洲毫无关系，这的确不容易让印度的精英阶层接受。

但这些精英阶层很少意识到，雅利安人，这个被他们视为光荣的名字，也是一位英国人"赠与"印度人的。

在18世纪时，印度的雅利安血统还没有被认定时，人们普遍认为印度人的血统单独成为一体，既不同于欧洲人，也不同于其他地方的亚洲人，有可能来自非洲的黑人，而黑人被认为是最低等的。统治印度的英国东印度公司也把印度人视为低贱的人种，不配享有与英国人同等的地位。

但是，在这时，一位叫作威廉·琼斯的英国人做出了一个令英国人吃惊不已的研究，他宣称印度人和英国人是同种的。

1786 年的加尔各答，琼斯爵士宣布了他的发现，不过，这个发现并不来自于任何实体的文物，而是出自一种语言的奥妙。

琼斯是加尔各答的法官，也是一位著名的语言学家。在他的时代，印度的一部分英国人正逐渐本地化，他们乐于承认自己是印度的一部分，也愿意和印度人接触。这是一种奇特的现象：一方面，东印度公司的军队还在利用野蛮的武力摧毁印度的当地政权，将印度变成殖民地；另一方面，又有众多的英国精英开始学会尊重印度文化。

琼斯爵士是一位语言天才，他精通 13 种语言，另外旁通 28 种语言。在他的倡议下，英国人组成了一个研究机构，叫亚细亚学社，这个学社后来成为英国人研究东方文明的一个中心，并逐渐对印度人开放。

亚细亚学社至今仍然存在，在加尔各答，与现在的加尔各答博物馆比邻而居。甚至博物馆原来就是学社的一部分，用来存放会员们发现和捐赠的各种各样稀奇古怪的东西。直到后来，他们意识到这些古怪东西也是公众财富的一部分，应当对公众开放，于是，加尔各答博物馆成为印度最早的博物馆。

在孟买，距离著名的孟买门不远，有亚细亚学社的一个分部，现在是一个公众性的图书馆。

在成立亚细亚学社后，琼斯突然写文章论述了一个堪称伟大的发现。他学习了印度人使用的古老梵语之后，宣称梵语和欧洲人使用的语言是同一来源的。从语言学角度旁证了印度人和欧洲人有着紧密的血缘关系。

琼斯写道：

梵语虽然古老，但构建得那么美妙，它比希腊语更完美，比拉丁语更丰富，并且比两者都要精致。但不论是在动词的词根上，还是在语法结构上，它们又都表现出非常强烈的共性，这些共性绝不是偶然可以解释的。这些共性如此强烈，没有一个语言学家在检验过三种语言后，会不相信它们是从一个共同的来源演化来的（即便这个来源现在也许不存在了）。同样的原因（虽然不是这么明显），凯尔特语和哥特语虽然有了不同的混合，可也和梵语有着共同的来源，古波斯语也可以加入到这个名单之中。

这样，原本为欧洲人看不起的印度人、中亚（伊朗、阿富汗）人，都获得了身份的正统性。

琼斯爵士的研究掀起了轩然大波，欧洲人对于他的研究成果充满了敌视，认为他不应该凭借对语言的一知半解就胡乱地下结论。与此同时，印度的精英阶层却乐于接受这样的理论，他们的民族情绪正在逐渐积累，琼斯的研究能够给予他们足够的自信心，英国人再也不能以血统低下为借口拒绝授予印度人统治权。

这已经超出了科学的范畴，进入了社会学和政治学的领域。不管是以后的政治学术团体梵社，还是纯粹政治团体国大党，都以作为雅利安人而骄傲。

后来的研究证明琼斯爵士是正确的，现在，人们已经相信，在公元前3000年左右，在茫茫中亚草原上、里海的附近，是雅利安人居住的地方，这里的雅利安人或者由于气候的变化，或者是其他原因，分裂成了两支，一支前往欧洲进化成了现代的欧洲人，另一支进入伊朗、阿富汗，再越过兴都库什山脉，顺着开伯尔山口进入了印度河谷地，最终扩散到整个印度。

印度人的自豪感持续了一百年，却又被另一个事件——印度河文明的发现——击碎了。另一个英国人马歇尔告诉他们：印度大地上有一个更古老的文明，这个文明不是由雅利安人创造的，而是由一个皮肤黝黑的民族创造的。这个民族可能真的来自非洲，雅利安人是一个不折不扣的入侵者。

对于印度的民族主义者来说，这样的事实他们能接受吗？

与全世界的民族主义者一样，他们考虑的不是事实，而是如何将事实变成自己需要的面目。于是，伴随着印度河文明，前前后后兴起了各种修修补补的理论。

首先出现的，是试图证明马歇尔只对了一部分，印度河文明的确存在，但建设印度河文明的人是雅利安人。

然而年代学证据却表明，印度河文明始于公元前 5000 年，雅利安人在印度却只开始于公元前 1000 年，两者之间有着几千年的差距，显然印度河文明更加古老。

当第一条路被堵上的时候，人们开始寻找第二条路：证明雅利安文明与印度河文明的关联性。他们开始千方百计把印度河文明变成"印度河-雅利安文明"，并为此提出了一个新的术语"印度河-萨拉斯瓦提文明"。所谓萨拉斯瓦提（Saraswati River），是雅利安人时代的梵语经典《吠陀》中经常提到的一条河流。每一个文明都会有一批早期的经典留存下来，中国的经典是"四书五经"，希腊的经典是《荷马史诗》，犹太人的经典是《圣经》。对于印度来说，雅利安人到达印度后形成的第一批经典就是《吠陀》，这些亦诗亦文的经典中记载了他们来到印度后征战、生活的片段。在经典中经常提到的是一条叫作萨拉斯瓦提的河流，这条河不能和现在的任何一条河流对应。

但印度人相信这条河的确存在，现在的印度教徒相信萨拉斯瓦提河存在于人的心中或者信仰之中。印度最神圣的两条河是恒河和亚穆纳河，这两条河在阿拉哈巴德汇成一条，继续向西，在加尔各答附近流入大海。印度教徒们相信，在阿拉哈巴德汇合的不仅仅是两条河，萨拉斯瓦提，这条存在于信仰的河流也在这里与恒河汇合，共同流向大海。

但有的考古学家认为，萨拉斯瓦提河实际上是一条早已干枯的河流，在古代曾经非常重要，位于印度河以东并与之平行。这条河流在如今的拉贾斯坦邦城市绝色妹儿（Jaisalmer）的西北方，如今那儿只是一片沙漠。

这些考古学家认为，所谓的印度河文明，实际上是印度河与萨拉斯瓦提河共同的文明，那些文明的城市也大都分布在这两条河流域。直到有一天，萨拉斯瓦提干涸了，只剩下印度河还在继续向南流入印度洋。

关于这条河是否存在，是否就在绝色妹儿的西北方，至今仍然没有定论。但考古学家们之所以非要提到萨拉斯瓦提河，除了考古学之外，更是社会学的需要，因为《吠陀》提到了萨拉斯瓦提河，他们需要找到这样的一条河，把印度河文明纳入到《吠陀》，也就是雅利安的体系之中去，证明印度河与雅利安文化的联系。

经过考古发现，印度河文明的砖结构建筑并不见于雅利安文化之中，印度河文明的代表文物——各种各样的小印章也是独有的。没有太多迹象表明雅利安与印度河的继承关系。

事实仍然是：在雅利安人到来之前，印度大地存在一个更早的、独特的印度河文明。雅利安人入侵建立的政权与印度河文明迥然不同，而现代的印度社会，是在雅利安人重新建造的文明上成长起来的。印度的文字、社会、宗教大都是雅利安化的，而不是印度河化的。

即便再民族主义的人最终也不得不向事实低头。

后来的证据证明，雅利安人到来的时候，更像是哥特人侵入欧洲，或者蒙古人侵入中国那样，是一个半游牧民族（信仰中还带着萨满教成分）入侵成熟文明的典型案例。雅利安人并没有像人们想象的高贵品质，反而更像是一群野蛮人，如同潮水般涌入了印度。

在古文明时期，印度就已经高度社会化，但雅利安人初到印度时，印度社会反而像欧洲中世纪那样出现了组织和文化倒退，直到几百年后才又恢复了繁荣。

历史本无对错可言，只是事实的陈列，把雅利安人入侵神圣化或者妖魔化都没有必要。

令印度人感到意外的是，承认印度河文明的事实也并没有降低他们的身份，反而让印度在人类文明史中的地位更高了。首先，他们拥有了一个比欧洲人更古老的文明；其次，他们还分享着雅利安人的血统。于是，在半推半就之间，他们终于从心理上接受了印度河文明。

当人们承认了雅利安人入侵之后，下一个问题也随之诞生：那个古老文明为什么无法抵抗雅利安人？

答案是：入侵者来到的时候，原来主人的社会恰逢衰败。

仿佛是一个果实会成熟，也会熟透、腐烂一样，从公元前2000年，印度河文明没有继续扩大影响，而是开始收缩，科技上也没有大的创新，最终变得碎片化、无足轻重了。印度河文明的衰落是一个不解之谜，雅利安人只是利用了这样的空档期，在古文明衰落的空档，恰好来到了印度。

幸运的是，从现有的证据看，雅利安人到来并不是以屠杀开篇。证明印度河文明被屠杀的例子并不多，除了莫亨朱达罗出土了不少意外死亡的骸骨之外，其余地区看不到屠杀的痕迹。而莫亨朱达罗的骸骨也不一定是雅利安人干的，很可能来自于印度河文明内部的冲突。

雅利安人是幸运的，他们来到印度时，发现这片广袤的次大陆上虽然已经有人居住，但这些人缺乏抵抗他们的手段，比起他们在草原上的拼杀，印度人是温和的。雅利安人展开了游牧者的天性，尽情驰骋着，赶着马儿开拓着新的领地，凡是马所到的地方，就宣布为自己所占有。开始，他们只在印度的西北部活动，后来渡过了一条条从喜马拉雅山流下的河流，占领了整个印度的北方地区，最后渡过了恒河，向南方的高原和海滨挺进。

几百年后，整个印度次大陆都已经被纳入了雅利安人的控制之中。他们建立了无数的国家，到后来，已经没有新的领土可供占领，于是雅利安人之间开始了南征北伐，互相争斗，这时候，印度历史进入了它的下一个篇章：十六国时代。

在雅利安人征战并接管印度的控制权时，原始的印度河文明的人种又去了哪儿？难道他们也像欧洲的尼安德特人一样，被后来的人种灭绝了？

没有灭绝，他们至今仍然与雅利安人一起生活在印度广袤的大陆上。

在人类历史上，文明和人种是两个不同的词汇。任何一个古老文明灭绝后，它的人民并不会完全消失。比如，古埃及文明因为亚历山大的入侵而衰落，并在罗马帝国时代彻底消亡，但古埃及的人种却保留了下来，即便现在到尼罗河边，看到那些矮小皮肤黝黑的农民，立即会想到古埃及神庙和陵墓里壁画上的人们，几千年来基本上没有变化。

巴比伦、波斯的文明也几经替代，但他们的后裔却还在那儿。

印度河文明的人种也并没有消失。在南印度的广大地区，还是有当地人把自己称为达罗毗荼人的后裔。所谓达罗毗荼人，是与北部的雅利安人相对的概念，他们声称自己存在于雅利安入侵之前的印度，是更加土著的印度人，他们拥有自己的语言系统，并为自己的种族感到骄傲。根据研究，这些人可能与印度河文明的人种是一致的。

在从海得拉巴通往果阿的火车上，一位印度人热情地向我解释印度语言的分类，他告诉我，印度的语言分成两类，这两类语言的出处是不同的。印度河文明遗留下来的达罗毗荼人大多数居住于南方，于是，南方的大部分地区属于达罗毗荼语系，并从中诞生了现代的泰米尔语、泰卢固语等，这些语言至今仍然是南方各个邦的官方语言，比如，泰米尔纳杜邦使用泰米尔语，安德拉邦的语言是泰卢固语。而北方随着雅利安人的入侵，逐渐使用了梵语，又从梵语派生出了印地语、乌尔都语等现代语言。

实际上，到达印度后，我很快发现，印度人的面相可以很容易地分成两种类型：一种带着白人特征，高鼻梁、深眼窝、额头饱满；另一种更像是澳大利亚土著人，鼻翼肥厚、嘴唇偏厚、额头短小。这两种人共享的特点是黑色的皮肤，由于印度阳光强烈，经过几千年，即便白人也变成了黑人。不过，第二种人，也就是所谓的达罗毗荼人，比起第一种显得更黝黑一些。

印度历史的一个神奇之处是，虽然雅利安入侵已经发生了几千年，但是，直到现在，雅利安人和达罗毗荼人的血缘融合还是没有完成。达罗毗荼人还是达罗毗荼人，雅利安人还是雅利安人。这一点与中国多么不同，中国历史上出现过无数次少数民族入侵，但很快入侵者都与被入侵者合为一体，成了汉族的一部分。到现在为止，我们已经分不清哪些人是犬戎、匈奴、鲜卑、乌丸、羯、羌、契丹、女真的后代，也许我们每个人都带着这些民族的血统，但我们已经属于一个共同的民族。

中国的这些少数民族入侵的时代都晚于印度的雅利安人，那么，为什么雅利安人和达罗毗荼人并没有完成最后的融合，而是保持了几千年的隔绝呢？

——因为强大的种姓制度。

第四章

史诗时代

在印度，雅利安人建立的种姓制度是一种为了保持统治阶层文化的手段。由于雅利安人数量少，只能建立上层政权，下层供养统治阶层的，仍然是原来的达罗毗荼人。为了保持统治地位，必须设立一定的游戏规则，阻断达罗毗荼人升到高阶的可能性。

最终形成的四种姓制度显然满足了这样的要求。在四种姓中，担任宗教和精神领袖的是婆罗门种姓，国王和武士则出身于刹帝利种姓，吠舍种姓则主要从事商业，再接下来则是更底层的首陀罗。

然而，除了四种姓之外，还有一些没有种姓的人，被称为贱民，这些人可能就是当初的原住民。

这里还有一个问题必须提及：如果一个人从出生开始，他的一切进阶路线都已经被断绝了，他的子孙也没有进阶的可能，那么这种制度是不可能长久的，因为低阶的人们会通过暴力的手段来打破这种桎梏，完成进阶。

可是，印度的种姓制度一旦建立，就维持了三千年，至今仍然对社会有着广泛的影响。即便到了后来，婆罗门种姓中已经有人衰落，变得贫穷不堪，但他们仍然带着种姓的骄傲，不与富裕的低种姓通婚，也拒绝接触那些贱民。

这种制度为什么能够维持如此久长？

因为虽然制度阻断了贱民们的出路，但给他们开了一扇虚无缥缈的窗，做出了虚假的承诺。

印度种姓制度的成功之处，在于人们把这种制度融入到了普遍的大众宗教之中，并成为其核心内容，这个宗教在早期我们可以称为原始的婆罗门教，到了后期，发展成为印度教。

掌管婆罗门教的，往往是婆罗门阶层，他们与国王们的刹帝利阶层共同组成了统治集团。其核心教义是为了避免贱民们的反抗而制定的，教义强调，人们的灵魂是轮回的，这一世为人，下一世可能成为动物，也有可能升入更高种姓的人类。比如，一个循规蹈矩的贱民在下一次轮回中可能升为刹帝利，成为统治者的一员，而一位不守规矩、充满了野心的贱民则会降格成为动物。

通过把循规蹈矩纳入到信仰体系，使得人们遵从于现世的社会制度不加反抗。于是，庞大的贱民阶层为了寻求来世的幸福，放弃了自己的今世和血缘上的子孙，他们更看重的是灵魂。

世界上的所有宗教一般都包括了信仰和伦理两方面的内容：其中信仰是一种个人化的体验，主要关系到个人与神之间的沟通；而伦理是一种社会化的体验，主要是强调人与人之间的交流。

每一个宗教都有这两方面的特征，但是侧重点并不相同，根据侧重点的不同，世界上的宗教大抵可以分为两类，一类更加强调信仰，另一类更加强调伦理。

基督教、佛教属于第一类，印度教属于第二类。伊斯兰教则介于两者之间。

第一类宗教，也就是侧重于信仰的宗教，传播往往更加广泛，因为个人化的体现更容易在不同民族中产生共鸣，而伦理方面却由于各个民族的生活习俗和传统不同，无法在其他地方复制。

但是，伦理型宗教一旦在一个社会内部铺开，就会产生强大的控制力，这种控制力甚至可以维持几百年、数千年。这就是印度教长盛不衰的秘密。即便产生过佛教、耆那教的背叛，也终归还是要回到印度教本身。

印度教的神祇也在这一时期得到了确立，形成了梵天、毗湿奴、湿婆三大主神，以及无所不包的各种神仙。从印度的神中，我们不难看出萨满教的影响，萨满教相信万物有灵，一座山、一条河、一块石头都能成为神，印度教的神更是多如牛毛，每一个神都可以无数次转世，于是又有了无数的化身。

其中，破坏神湿婆是受到最广泛崇拜的神，湿婆同时也是生殖力的代表，于是，印度有了崇拜生殖，崇拜阴茎的传统。在印度教供奉湿婆的寺庙中，湿婆的化身往往是一根石柱，象征着阴茎和生殖力，叫作林伽（Linga, Lingam），这根石柱从磨盘中戳了出来，磨盘象征着女性的阴部。

由于对湿婆神的崇拜，在遥远西藏的外喜马拉雅山脉中，一座形同男性龟头的山峰也得到了崇拜。这座山在中国西藏被称为冈仁波齐，在印度则称为凯拉什山，被认为是湿婆的化身。冈仁波齐是藏传佛教、苯教、印度教共同的神山，曾经被认为是宇宙的中心。许多印度人都把前往冈仁波齐当作朝圣的极致，就像当年西欧的基督徒们朝圣耶路撒冷一样。

冈仁波齐之所以成为极品，还与它的路途遥远、需要经历艰辛才能达到有关。印度人为了这趟旅程，往往需要花费十几万卢比，折合人民币将近2万元，对印度人来说是一笔巨款。相对而言，我在印度游历了55天，到达了70座城市，加上在尼泊尔还待了十几天，吃喝住行加门票，一共花了5000元人民币。

于是，我们可以想象，一个印度人如果想到冈仁波齐朝圣，他必须努力工作积攒一笔巨款，还要面临签证的不确定性。如果有幸得以前往，他们还必须忍受高昂的花费，从樟木口岸过境开始，必须包价格不菲的吉普车前往，在车上晃悠两天后才能到达。大部分的印度人还不适应西藏的高海拔和寒冷，他们必须忍受高原反应，同时带上大量的装备。由于不习惯西藏的饮食，许多印度人甚至不得不带上硕大的煤气罐。到了冈仁波齐，他们不仅要承担昂贵的门票，还需要雇用牦牛和马匹，开始三天的转山行程。

但不管如何艰难，在冈仁波齐的转山路上，仍然可以看见成群结队的印度人骑着马、带着庞大的行李队，或者步行跋涉着。

在印度的南部城市坎奇普拉姆，有一个叫作凯拉萨的神庙，与凯拉什山有着某种联系。到达那儿时，一位印度的妇女告诉我，她很快就要前往冈仁波齐朝圣了。我祝福她，并告诉她如何省钱。从她快乐的眼神中我看出她压根没有听进去，对于她来说，朝圣这件事本身已经超出了经济的范畴。

这个时期也是印度史诗描述的时期。随着印度最早的梵语经典《吠陀》的成型，印度的传奇史诗《罗摩衍那》和《摩诃婆罗多》也逐渐流传开来。特别是《罗摩衍那》，更是家喻户晓，大神罗摩蓝色的身躯在印度处处可见。

根据史诗，罗摩是一位贤明的国王，也是湿婆的化身，他的妻子西达被居住在斯里兰卡的魔王劫走后，罗摩借助神猴哈奴曼的帮助前往斯里兰卡救出了妻子。猴子之所以在印度如此受欢迎，与神猴哈奴曼有着密切的关系。2000多年后，哈奴曼找到了中国的化身，变成孙悟空出现在了《西游记》之中。正是借助于罗摩，人们对湿婆的崇拜也更加广泛。

虽然罗摩更多是一个神话，但印度人始终在试图寻找那些和罗摩相关的古迹。他们认为罗摩出生在一个叫作阿约迪亚（Ayodhya，古称阿谕陀，拘萨罗的首都）的地方。甚至认定出生地就在一座伊斯兰教的清真寺的下面。这座清真寺由印度莫卧儿王朝的开拓者巴布尔建立，他们相信巴布尔为了建立这座清真寺，曾经毁掉了一个印度教的寺庙，而这个印度教寺庙就是为了纪念罗摩的出生。

当教派冲突最严重的时候，1992年底，印度教的极端分子甚至将清真寺强行拆除，不仅引起了教派的冲突、导致数千人丧生，还引起了这个长达几千年的地方到底属于谁的争论。对于中国人来说，如果一个人持着民国、甚至清代的房产证请求现在的住户搬出去，这样的请求往往是无效的。然而印度由于承认政权的联系性，把事情搞得无比复杂。

当印度教徒把寺庙拆除后，考古学家立即进场，果然从清真寺的废墟下发现了一座印度教神庙的废墟。而更加复杂的是，在印度教神庙之下可能还存在一个佛教的废墟。于是这个官司层层开打，从地方法院打到了高院，印度的法院将这片地方分成了三份，满足各方对土地所有权的要求。但至今，仍然没有最终结案。阿约迪亚仍然是风声鹤唳，遍地军警，成为比克什米尔布防都严密的地方。

关于罗摩的另一个地点在印度和斯里兰卡中间的海峡，这里，现代人把它称为亚当桥。斯里兰卡如同印度的一滴眼泪，孤零零地伫立在次大陆东南部的海水之中。神奇的是，在远古时期，有一条天然的堤坝把斯里兰卡海岛与大陆连接了起来，仿佛是一座桥，沟通了两岸的交通。

随着海水的上涨，这条堤坝沉入了海底。如今，在斯里兰卡与印度之间，只有一连串的小岛还在海平面之上，大部分的堤坝只能通过卫星图片上海水的颜色区分出来。

雅利安人到来的时候，这条堤路或许已经不通，但他们却从前面的文明口中听到过这条堤路的传说。于是，在史诗《罗摩衍那》中，罗摩的妻子被魔王抓到了斯里兰卡的岛上。神猴哈奴曼花了五天建造了一座桥，沟通了斯里兰卡与大陆，救出了她。因此，这里被印度的人们称作罗摩桥。

如同施里曼在《荷马史诗》的启发下，发现了特洛伊和迈锡尼，如今的印度人仍然热心将现实比对史诗。所谓史诗，或许就是人们把现实映射进了传说所创造的文学作品。到这时，印度的历史距离现实已经只有一步之遥了。

印度的历史从神话走向真实的最后一步是由佛教和耆那教来完成的。在这两个宗教的经典中，谈到了印度的历史和社会状况以及国家分布，使我们知道，在佛陀和大雄出现之前，印度的雅利安人已经从部落变成了国家，建立了大大小小的无数国家，其中最大的包括了十六个，这就是十六国时代，也是印度的春秋战国时代。

关于十六国，不同的典籍有不同的记载，目前能够较为确定的国家包括：位于巴基斯坦北部的甘蒲者（Kamboja）和键陀罗（Gandhara）；位于恒河和亚穆纳河河间平原西部的俱卢（Kuru）、苏罗萨（Surasena，首都马图拉）和般庶（Panchala）；位于恒河和亚穆纳河河间平原东部的跋差（Vatsa 或者 Vamsa，首都在俱赏弥 Kausambi）；迦尸（Kashi，首都瓦拉纳西）及其北面的拘萨罗（Kosala）；现在的帕特纳城（Patna）南面的摩揭陀（Magadha）、北面的末罗（Malla）和跋耆（Vrijis，这是一个部落组成的共和国）；比哈尔和孟加拉交界地带的鸯伽（Anga）；印度中部的阿槃提（Avanti，首都乌贾因 Ujjain）和车提亚（Chedi）。另外还有一些国家，如 Videha、Machcha（或 Matsya）、Assaka（或 Asmaka）等。

这些国家中，对接下来的历史影响最大的是四个国家，它们分别是摩揭陀、拘萨罗、跋差和跋耆。这四个国家互相毗邻、互相争战，逐渐变成了恒河平原上最强大的政权。

而摩揭陀又是四大强国中最强大的，它扮演了中国战国时代秦的角色，通过征伐逐渐削弱了其他国家的实力，并最终建立起了一个统一的帝国。

于是，佛陀和阿育王登上了历史舞台，印度进入了史实时期。

第二部

在佛陀和大雄的光辉下

—— 佛教和耆那教的印度

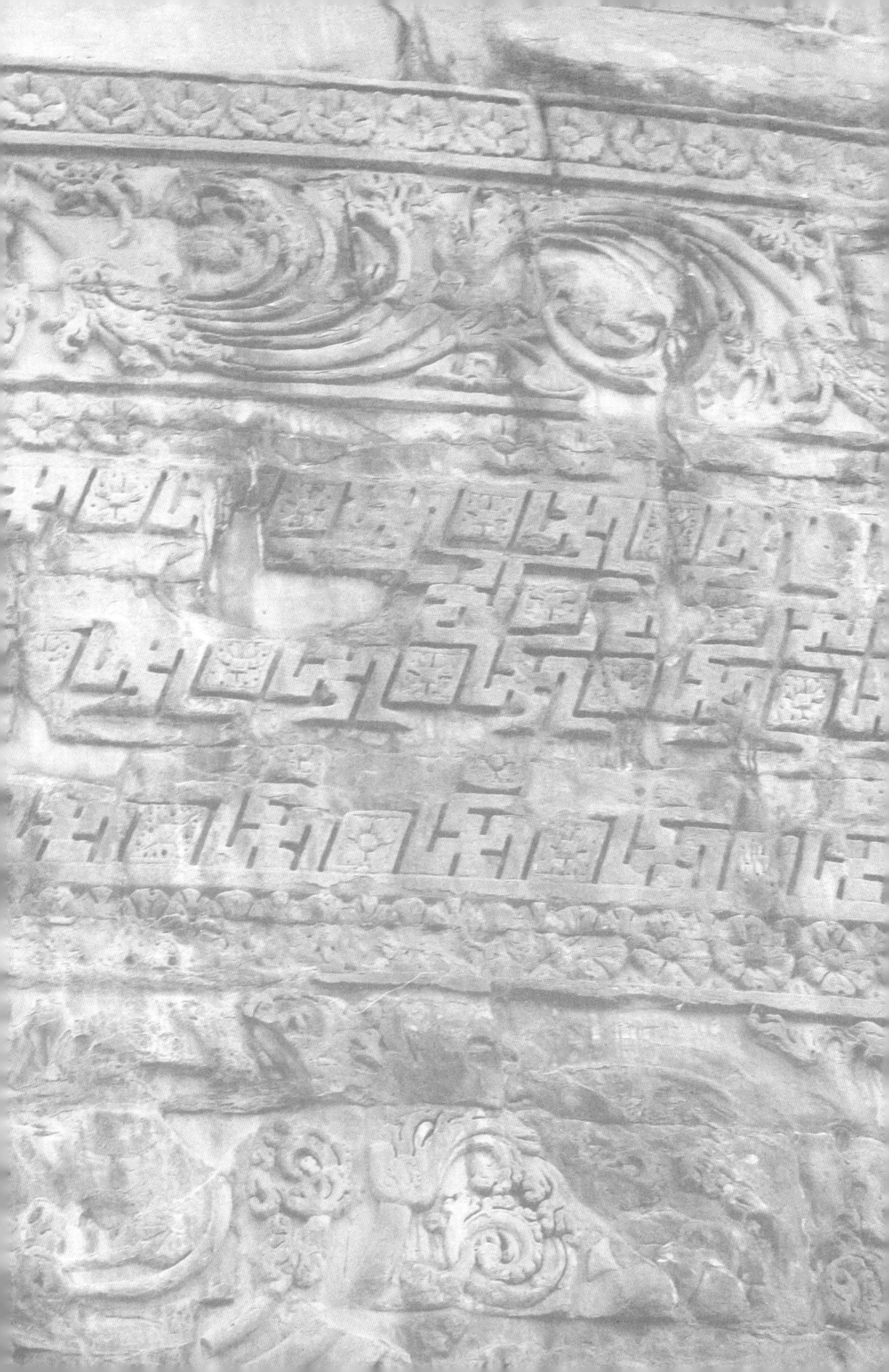

第五章

生自尼泊尔

耸立的阿育王石柱、千年的菩提树,以及一群默默念诵着经文的善男信女们,共同构成了蓝毗尼的回忆。

这里是一个人出生的地方,也是我在尼泊尔的最后一站。上午从蓝毗尼出发到达口岸,我在当天就进入了印度,并在晚上到达了这个人死亡之地——拘尸那罗。一天之内经历了他的生与死,或许是我在印度的第一个惊喜。

到达蓝毗尼时恰好是清晨,坐了一夜班车的我拖着惺忪疲惫的身体从车上下来。我没有预料到,这只是我颠簸行程的开始,在未来的两个月,我有五分之二的夜晚是在汽车、火车、汽车站和火车站度过的,只是为了赶路,体验在路上的感觉。

当一位法国旅客问我为什么要这么赶时,我回答,我喜欢 keep moving 的感觉,除了睡觉之外,其余的时间我渴望一刻不停地 moving。那位法国人与我同行了两天,我们分享最便宜的小旅馆,一同吃饭和游览。在临别时,他告诉我,非常高兴和你一起 move。

蓝毗尼的天空弥散着晨雾,在几十年前,这里还近乎荒芜,处处是沼泽和杂草,使得每天早上都有着不易散去的湿气。如果不是因为一个人,这里也许会和尼泊尔其他低纬度地区一样,只不过是一片无人问津的荒地而已。这个人也是印度第一位从神话中走出来的历史人物,他的名字叫乔达摩·悉达多(Gotama Siddhattha)。

不管是罗摩还是持国、般度,都像《荷马史诗》一样淹没在历史的迷雾之中,他们虽然有名有姓,但更像是神话的一部分,使得我们只能把他们当作文学作品中的人物来对待。

而人们之所以把悉达多当作第一个历史人物，是因为我们几乎知道他的一切：从他的身世，到他的父母，再到他的经历和理论。唯一不能完全确定的是他的生卒时间。我们的兴趣也不仅仅在他本人身上，还在于他将印度介绍给了世界。实际上，到现在为止，他仍然是对世界影响最大的印度人。如果少了他，不仅印度的历史要重新写，就连中国、日本、东南亚，甚至整个世界的历史都要改写。除了叫悉达多之外，人们更愿意称他为佛陀，或者释迦牟尼。

关于他的出生时间有两个版本，有人认为是公元前624—前544年，还有人认为是公元前564—前484年。佛教经典为我们记录了他所有的活动，可并没有记录准确的年份，使得我们不得不留下遗憾。

佛陀出生的时候，恰好是印度的十六国时代。如同中国的春秋战国时代，印度北部当年也有十六个大国和无数的小国，他们或战或和，争夺着北印度的领导权。

不过印度的历史与中国的又不相同。中国的春秋战国各个诸侯国都是从统一的国家中分裂出来的，而印度则更像是处于第一次统一的过程中。随着战争最后统一诞生出孔雀帝国，也就是印度历史上第一个伟大的帝国。

悉达多的父亲是迦毗罗卫国的国王净饭王，迦毗罗卫不是十六国之一，只是印度北部的一个依附于大国拘萨罗的小国，位于如今的印度和尼泊尔边境附近，首都在印度境内。

这是一个由释迦族建立的小国，释迦族是雅利安人种，属于刹帝利种姓，由于族人能征善战，对于周边的大国也颇具震慑力，这是一个小国生存的根本手段。

摩耶夫人为净饭王怀上了孩子，一次，在北上返回娘家时，路过蓝毗尼园时腹痛难忍，在一棵树下生下了一个男孩，起名叫悉达多。

摩耶夫人显然不知道，她此次探亲实际上已经跨越了两千多年后的两个国家，她的丈夫在印度境内进行统治，而她生产的地点距离边境的位置只有不到十公里，却处于尼泊尔境内。未来佛教的朝圣者们不得不走两个国家，才能遍访佛教的四大圣地。除了尼泊尔境内的蓝毗尼之外，其余的三个都在印度境内。

在悉达多出生之处，有一棵巨大的菩提树，这棵树据说是后人补种的，但并没有影响到它的神圣性，每天在树下打坐修行或者朝拜的人们络绎不绝，构成了蓝毗尼重要的风景。

清晨，从尼泊尔首都加德满都出发的大巴车把我放在了蓝毗尼车站。一位当地人告诉我去往菩提树的道路，随着他的指引，我走进了一个大院，顺着一条笔直的道路前行。很快，我遇到了一位从中国内地去的喇嘛，还有一位日本女孩，跟随着他们一起走，到达了一处藏传佛教的寺庙。

事后，我才知道，我所走的并非正门，而是整个园子的东门。在这里只有一座寺庙，就是这个藏佛寺。寺内菩提树参天、挂满了各色的经幡，善男信女们在殿内顶礼膜拜，仿佛到了西藏。

从藏佛寺继续向前，到达了一个方形的围墙，围墙中间就是佛陀出生的大树、阿育王的石碑，以及后世所建的摩耶夫人祠了。进入围墙的大门前，我们必须把鞋脱掉，每个人都怀着虔敬却又好奇的心走了进去。

除了一条裂痕之外，阿育王石柱保存较为完整，不过柱头已经失踪了，只剩下带有完整文字内容的柱体，记载着阿育王的到访，并减轻了蓝毗尼村的租税。在石柱前，一群身着黄色衣服的人在打坐并念诵着经文，剩下的人们在拍照。

石柱的旁边是后来修建的摩耶夫人祠，祠堂内保存着远古的寺庙遗迹，供后人瞻仰。在祠堂外也有大量的砖结构遗址，有佛塔，也有建筑物的墙壁和基址。

在祠堂的后部，有一片水池，水池的对面就是那棵神圣的菩提树。几位印度的僧侣坐在树下念诵着经文，等待着游客的施舍。游客以当地尼泊尔人居多，此外还有不少藏族人、东亚、东南亚来的人，印度人反而不多，说明佛教在印度已经趋于衰微。

从院子里出来向北，就进入了蓝毗尼园的大路，顺着这条路通向园区的正门。整个蓝毗尼园的格局是方圆相间，比如菩提树所在的小园是方形的，这个小园又处于一个更大的正圆形中间，圆形部分用围墙和水塘与外界隔开，在圆形之外，又是一个很大的长方形。

这座藏传佛教的寺庙在圆形之内，也是圆形之内除摩耶夫人祠之外唯一的寺庙。来自世界各地其他国家的佛教徒也建立了许多寺庙，则位于最大的长方形之中。这些寺庙都分布在院子北部的主路两侧。主路有两三公里长，路中间是一条人工渠，渠上架设着一座座桥梁。路的两侧则是覆盖了树林的土地，各地的寺庙就建在树林之中，由于灌木丛生，有的寺庙只有走近了才能看到。

中国寺在主路的东侧，与韩国寺对门。这是一个庞大的建筑群，在我到达的时候，寺庙右侧正在修建一座新的建筑，工地上飘着五星红旗，电锯发出巨大的嘈杂声。中国寺如同国内的建筑一般，强调的是秩序，庞大、中规中矩，看不出一丝轻盈的痕迹。佛陀一生所反对的，就是那无所不在、令人讶异的秩序感，到最终，人们却仍免不了将他变成某种秩序的化身。

实际上，中国的佛教徒往往以入世为己任，强调大乘，对于维护秩序的功夫超乎修行之上，任何一座寺庙都追求如紫禁城一样辉煌，达到的效果却是呆板和无趣。

年轻的王子在皇宫中长大，对于外面的世界既不关心，也不了解，他沉迷于对知识的渴求，以及对情爱的纵容之中，他有三位妻子，并有自己的孩子名叫罗睺罗。

然而，也正是罗睺罗诞生的那一年，悉达多年满29岁，他的一次出行改变了命运。那次，他在路上看到了人的死亡、疾病、困苦和衰老，开始意识到皇宫内的一切虽然值得留恋，但显得那么虚幻、掩盖了真相。他开始考虑人之为人的意义，既然人们都要死，为什么还要活着？

当人生的意义问题困扰着他的时候，他已经不再在意曾经拥有的一切。妻子、孩子、王国都是如影旋灭的东西，那么什么是永恒的呢？

在一个夜晚，迦毗罗卫的王子骑马离开了都城，去寻找他的答案。

但我却怀疑，年轻的王子之所以逃走，不仅仅是为了对个人命运的困惑。我认为他的出走或许还有社会的原因，因此，我们不妨看一看当时的社会背景。

佛教经典很少告诉我们当时世界的混乱。但是，这的确是印度历史上少有的混沌时期。十六国时期的印度如同是战国时期的中国，是一个战事频仍、动荡不安的时代。在这个时代，人们会因为战争、贫穷、饥饿而死亡，死亡是如此频繁，人们总是希望找到一个活着的理由。既然人生如此偶然，死亡总是不期而至，那么为什么人非要出生和生长呢？如果一个人的死亡意味着生时付出的一切都是无用，那么人生为什么要努力呢？任何的宗教和世界观无非是想给人生赋予一个意义罢了。

在面对人生意义这个问题的时候，唯物主义并不一定能够产生好的效果，反而容易导致享乐主义。如果一个人相信死后一无所有，也没有知觉、更没有来世，那么他本能的反应是趁活着赶快多享乐，日日宴饮、夜夜笙歌。希腊的伊壁鸠鲁学派就是这样一个最现实的学派。"对酒当歌，人生几何，譬如朝露，去日苦多""人生得意须尽欢，莫使金樽空对月"，或许这些中国的古诗很好地表达了伊壁鸠鲁的观点。

王子悉达多离开后，遍访人间的各种学说团体，希望建立自己的世界观，他也曾经学过类似于唯物主义的学说，认为一切都归于灭，没有永生、只有永恒的寂静和虚空。当然这些学说并没有像伊壁鸠鲁学派那样唯物到底，认为人生是彻底的无意义。他们认为，人生的意义就是要和大自然这种永恒的虚空合拍，以前是人死了之后才能达到永恒的虚空，而现在，他们要求人在死之前也要达到永恒的虚空，并把这当作修炼的一部分。如果极端一些说就是，人每天都在等死，并努力达到死亡的心态。

悉达多经过学习，摒弃了这种学说。他不相信死后的虚空，而相信死后的灵魂。

相比唯物主义，那些相信灵魂不朽、精神不灭的唯心主义能给人提供更多的安慰，也更加能约束人们的行为。由于灵魂的存在，为了灵魂的未来，人们在本世不敢胡作非为，从而对于形成社会伦理和公平公正更加有利。

这一点，在原始婆罗门教和印度教那儿得到了很好的证明，当低种姓的人们相信灵魂转世的时候，为了下辈子转入高种姓，他们宁愿这辈子吃苦，更谈不上杀人、干坏事了。

但是，原始婆罗门教是否能够提供公平公正呢？

答案也是否定的。原始婆罗门教过于强调安于现状，以及对于贫困者的无视，而这恰好是悉达多想要解决的问题。

在唯物主义中找不到答案，现有的宗教也不能提供慰藉，悉达多需要建立一套自己的学术体系，来解释现实的生活，并为人们提供生活的理由。这个体系是唯心主义的，相信灵魂的存在，同时还要兼顾此生的公平正义。

那么，他如何才能找到这样的一个体系呢？

第六章

佛陀的苦行、顿悟和反叛

每一个佛教徒都有自己的朝圣地,汉族人喜欢去普陀山,藏族人则选择了拉萨,或者去神山冈仁波齐,尼泊尔人选择蓝毗尼。然而,有一个圣地却是全世界佛教徒都向往的,那儿被当作宇宙的中心,它就是位于印度比哈尔邦境内的菩提迦耶(Bodhgaya)。

菩提迦耶的大菩提树下,每天都会迎接无数的善男信女,他们面向着树旁的摩诃菩提塔念诵着经文,或者顶礼膜拜,在这棵树下,佛陀曾经通过顿悟,获得了后来的佛教教义。

我从瓦拉纳西坐火车抵附近的迦耶(Gaya),再转汽车到达菩提迦耶时,恰好前几天刚在这儿举行过一场盛大的佛教法会,此刻,那些参加法会的信徒还没有全部散去。在摩诃菩提塔的周围,各种各样举着转经轮的人们纷纷攘攘,树下的空地上,一群群的人们席地而坐,听着录音带中的法师们诵经。

摩诃菩提塔是一座几十米高的金字塔形佛塔。这座后人所建的塔并不是佛教时期的产物,带着典型的印度教风格。佛教的塔与印度教的塔来历并不相同,佛教的塔是从高僧大德的灵骨塔转型而来,除了中国的佛塔之外,大部分都有坟丘一样的半圆形基部,而印度教的塔则是神庙的一部分:印度北方的神庙往往有一个高耸的顶部,顶部有时像金字塔,有时像梯形,但更多的时候像玉米穗形状;南方的神庙则往往有高耸的梯形门楼。摩诃菩提塔位于印度的北方,是一个典型的金字塔结构,很可能在建设时,佛教传统的塔建筑已经失传,于是参照印度教的样式建立了新塔。

悉达多获得顿悟的菩提树也已经不是原来那棵。老的树已经在100多年前死去,然而,在阿育王时代,王的女儿曾经取走老树的一根枝条带到了斯里兰卡,培育了一棵新树，当老树死去后，人们又从老树的子孙那儿截了一段枝条带了回来，长成了新树，算是有血缘上的继承关系。

在菩提树下，我遇到了一位年轻的尼泊尔喇嘛，他送给我一片菩提叶，请求我接受下来。他在我身边坐下，开始讲自己的故事，他告诉我他从小就开始学习佛经，直到成年，由于过于虔诚，没有时间挣钱，希望得到我的捐助。我将菩提叶还给了他，站起来转身离去。对我来说，一个从来没有尝试过养活自己的人，在学习佛经时是得不到顿悟的。

当年悉达多曾经经受了无数的苦难，才领会到了佛法的真谛。他曾经在不远处的小山上苦行多年，由于饥饿，人变得如同一把枯骨。

在佛教的经典中，常常把佛陀的苦修说成是经受了各种邪魔外道的诱惑，但我想，他的苦难更多来自于内心，他需要一套符合逻辑的完整理论，并且要坚信这个理论，这个过程是最痛苦的。

直到有一天，他决定放弃苦修，步行来到了一条叫作尼连禅河的小河边，沐浴后，他选择了一棵菩提树下打坐静修。一位附近村庄的牧羊女苏佳达给他送来了乳糜，帮助他恢复体力。这件事却被他的五位随从当作是他已经放弃了寻找真理，于是离开了佛陀，到此刻，他已经彻底形单影只了。

然而，这时的他却遇到了转机：他的理论已经快找到了。

如今的尼连禅河只不过是一条几近干涸的小沟渠，河床上布满了沙土，生长着野草，孩子们在玩耍，牛羊在吃草，然而在当年这里一定流水潺潺，充满了宁静和安详。

如同阿基米德洗澡时获得灵感一样，悉达多在这棵树下苦思冥想了三天三夜，望着宁静祥和的一切，终于获得了顿悟，找到了属于自己的理论体系。

悉达多没有像伊壁鸠鲁派那样否认死后的存在，而是继承了原始婆罗门教的传统，相信人死后的精神是不灭的，只是进入了下一个轮回。这种轮回观念是佛教人生观一个基本的假设，也只有在这个基本假设下，人们的此生才有意义。

那么，既然灵魂是不灭的，人们为什么还要这么在意此生呢？

为了使自己死后的灵魂得到永恒，佛教不同于普通的轮回观念，它设计了一定的跳出机制。它认为，轮回本身就是受苦。如果要让灵魂过得更舒服一点，就要跳出这种不停轮回的局面，达到涅槃的境地。

我们把基督教和佛教做一个比较，会发现两者具有类似的体系，基督教认为人死后要到炼狱赎罪，遭受痛苦，而佛教认为人死后会坠入轮回，而人生本身就是苦难，是痛苦。基督教为赎罪设计了跳出机制，也就是说，如果人们活着的时候虔诚，那么可以升入天堂，从而不用在炼狱中赎罪。而佛教认为，遵从一定的修行，人可以在死后达到涅槃，跳出轮回，享受永恒。

那么，如何跳出轮回呢？

悉达多构想了一个"四谛"的理论体系。所谓四谛，就是苦、集、灭、道。

苦谛，是指人生的一切苦难，如生、老、死、愁、苦、忧、恼、怨憎会、爱别离、求不得等等，都是人生必须经受的苦难。

这些苦难之所以产生，是因为贪、嗔、痴三毒，也就是集谛。

如果要消灭痛苦，就必须消灭贪、嗔、痴三毒，也就是灭谛。

而道谛，也就是佛教弟子修行的行为规范，一般来说是指八正道：正见解、正思想、正语言、正行为、正职业、正精进、正意念、正禅定。这些正道是帮助人们消灭三毒的方法，修行得当的人们都可以跳出轮回之苦，从而达到其活着的意义和死后的永恒。

四谛之所以是悉达多理论的核心，还在于这个体系打破了种姓的界限，强调了人生的平等。印度教强调六道轮回的同时，认为人类要想晋升更高的种姓，只有此生安守本分，老老实实干自己种姓的事情。悉达多却认为人生最大的幸福不是置身于高种姓，高种姓同样是一种苦，如果想要获得幸福，必须触发跳出机制，跳出轮回。

而跳出轮回的办法对于各个种姓的人都是相同的。这样，不管是婆罗门，还是没有种姓的贱民，他们修行的方法都是一样的，需要做的事也是一样的。

在满足平等的前提下，他采取了最短路径创造了最简单的理论体系，我们只用上面区区几句话就可以解释清楚了。

然而后世的佛教却在这个简单理论的基础上衍生出了繁杂庞大的体系。经过了两千多年的发展，佛教已经充满了各种各样的学术术语，就像逻辑学家、经济学家、哲学家各有自己的术语系统，外人听上去总是云里雾里一样，佛教的术语起到的作用也只是产生理解障碍，让人们产生敬畏感。

这个体系与各种民间信仰结合，又生出了须弥山（灵魂成佛后的居所）、妖精、夜叉等多种多样的民间体系，反而让人们看不清楚佛教的本源。

然而，佛教的本源却一直没有变，只是为人们找一种寄托，让他们明白活着是有意义的，只要明白这一点，就可以鄙视那些满嘴术语的经学派了。

创立了教义的悉达多并没有马上离开，他在树下继续停留了七七四十九天，直到教义更加完善、经得起质疑的时候，他才离开了菩提迦耶，开始了他的传教之路。顿悟之后的他不仅没有轻松，反而面临着更大的困难。如同每一个宗教创立者一样，他面临着人们的敌意与怀疑。在印度，居于主流地位的是原始的婆罗门教，大部分人信奉它、遵守它，如何让这些人归顺一个无法检验的新教义呢？

悉达多来到了一个叫作鹿野苑（Sarnath）的地方，在那儿吸收了第一批信徒。

如今的鹿野苑只不过是印度圣城瓦拉纳西的一个附属小镇而已。印度人相信，在没有世界之前，就有了恒河和瓦拉纳西。每天有无数的印度人来这里朝圣、洗浴，哪怕死也想死在这儿，在恒河的岸边焚烧，将骨灰抛洒入永恒的河流。瓦拉纳西永远是那么喧闹、那么多彩，而与之相比，鹿野苑显得毫不起眼，仿佛只是一个庞大城市的郊区而已。

两千多年前的鹿野苑仍然保持着山清水秀的自然风光，佛陀到达这里的目的是寻找他的随从。

在迦毗罗卫国的王子离家后，他的父亲曾经派了五位宗室子弟跟随着他、侍奉他，当悉达多接受了牧羊女的供养，开始吃乳糜的时候，他的随从以为他放弃了修行，愤然离去。五人来到了鹿野苑的一片竹林中继续苦修，悉达多要寻找的就是这五个人。

在鹿野苑，他找到了五位也在苦苦思索的侍者，并向他们传授了四圣谛。对于佛教来说，这是一个神圣的时刻，意味着悉达多所获得的佛法能否准确地传达给别人。在各种佛教传说中，也充斥着种种神迹的记载，仿佛离开了神迹，就不会有人相信。

但在现实世界中，实际打动五位侍从的必然不是神迹，而是悉达多体系中逻辑的力量。在弗朗西斯·培根之前，人类社会注重演绎而忽略验证，当遇到问题的时候，往往依靠苦思冥想而不是试验来获得答案，这个答案往往是一整套的理论，只要逻辑上没有纰漏，他们就认为找到了答案。在悉达多和曾经的侍从之间一定也出现过辩论，审视他理论的可靠程度，当侍从们发现这是一个经得起逻辑考验的体系，怀着喜悦接受了它。

这五人成为佛陀的第一批信徒，并出家为僧，成为佛教史上有名的五比丘，也从此刻开始，佛教的佛、法、僧三宝已经圆满集结，迦毗罗卫国的王子乔达摩·悉达多也正式成为了佛陀。

在鹿野苑，已经成为佛陀的悉达多继续传教，共吸收了六十名信徒。之后，他开始走向全国各地。

如今，从瓦拉纳西去往鹿野苑只需要二十卢比的车费。我和一位意大利游客拦了一辆三轮助动车，车的后座已经坐了三位印度人，我们只能坐在司机的身边，一边一个，半个身子探在了车外，迎着风散着发。印度的三轮车价格便宜、行走方便，一公里平均只需要两卢比，折合人民币不到三毛钱。不过便宜的交通工具往往不是独占式的，小小的三轮车招手即停，往往能够拉七八个人，我见过最厉害的司机曾经让车上挤了十七个人，人们以怪异的瑜伽姿势堆在车里，但都谈笑风生，谁也不在意。

如同蓝毗尼一样，鹿野苑如今也只剩下一片废墟。印度佛教的建筑在印度教统治的时期大都保存完好，但到了伊斯兰教入侵的时期，大部分都遭到了破坏，鹿野苑也不例外，12世纪，这里曾经被突厥人侵袭。在佛陀曾经修行的精舍原址上，一座座红砖的建筑残基被埋入土中保存了下来，又被考古学家挖了出来。这座废墟唯一的地上遗存，是体积巨大的答枚克佛塔，任何一位来到这里的人都会对这个高几十米，直径近三十米的巨大建筑感到惊叹。这个建筑最早建于阿育王时代，距今已经有两千多年的历史，它躲过了历次劫难，至今仍然高耸入云，与其他的佛教景点一样，善男信女们围绕着佛塔不停地转着圈、念诵着经文。几只绿色的鹦鹉把佛塔上面的几个小洞当成了家，不停地伸出脑袋望着下面的人们，对它们来说，尘世的喧嚣只是它们生活的一个背景，所谓虔诚，只不过是一种生活状态罢了。

现代人为了纪念佛陀在鹿野苑的传法，在 20 世纪 30 年代重新修建了一个香室精舍，供奉着佛陀的塑像，并在两侧的墙壁上用精美的壁画展示着佛陀的生平。一群身穿白衣的日本游客虔诚地听着导游的讲解，他们的虔诚令人肃然起敬。

我无意追溯佛陀一生传教的行踪。我一直在思考：佛陀一生中，他的教义真的被普遍接受了吗？还是如同耶稣基督一样，在他死后才获得了人们普遍的尊重和崇拜？

事实可能更接近后者。于是，我宁愿略去他传教的一生不谈，直接去他涅槃的地方看一看，在那儿或许隐藏着某些线索。

入境印度的第一天，清晨刚刚离开尼泊尔的蓝毗尼，中午出了境，踏上了去往古拉堡的汽车。几个小时后，我从古拉堡转车去了一个叫作拘尸那罗的地方，这里之所以有名，是因为它是佛陀死去的地方。

晚年的佛陀带着他的少量弟子来到了拘尸那罗，在这儿，佛陀一病不起，不久就圆寂了。佛教经典也不得不承认他死时的凄凉。

虽然他一生中建立了好几个精舍来传授理论，并且得到过几个帝王的支持，但与广大的世界相比，他的信众还是太少了。到老年，除了一小部分人追随他之外，大部分人仍然用一种怀疑的目光看他。

更令世俗人士感到凄凉的，是他的族群释迦族也已经灭亡了，他曾经度过了童年和青年时光的迦毗罗卫国已经不存在，族人都被杀光，而佛陀除了将之归咎于此生的命运之外，无法做任何有效的拯救。

灭亡释迦族的，就是它曾经的宗主国拘萨罗。据说一位叫毗琉璃（Virudhaka）的拘萨罗王子是由一位释迦族的女人所生。他的父亲向释迦族求婚时，释迦族将一位侍女冒充公主嫁给了他，这位侍女生下了毗琉璃。在毗琉璃年轻时回姥姥家受到了同伴们的嘲笑，说他是侍女的儿子，于是他决心报复。

回到拘萨罗，他篡夺了父亲的王位，并发动了对释迦族的战争，佛陀为此劝阻了三次，均以失败告终。释迦族的男子被战象践踏全部死去，女子因为拒绝出卖自己的身体，都被活埋了。

据佛经记载，晚年的毗琉璃王荒淫好色，最后落水而亡，曾经雄霸一方的拘萨罗被摩揭陀国所灭，为印度的统一打下了基础。但这一切对于释迦族来说，来得太晚了。

拘尸那罗是一个微不足道的小镇，在佛陀时代，甚至连人家都没有，他就这样死在了荒郊野外，没有人崇拜，没有人祭奠。这样凄凉的晚景在普通人看来，都显得悲伤，用中国"叶落归根"的眼光看，国破家亡的佛陀到老年甚至不知道该死在何处、埋骨何处，死在路途上，与其说是一种幸运，毋宁说是一种惩罚。

作为印度第一个历史人物、对世界影响巨大的人，就更显得让人感伤。他甚至没有耶稣基督式的悲壮色彩，反而更像孔子，一生追求完美，却无法达到目标，最终像一个平常人那样死去。

当我到达拘尸那罗时，太阳已经快要落山，下车后还要走十几分钟才到他圆寂的地方。那是一个风格独特的小庙，前面是桶状的，后面有一个穹隆型大殿，坐落在一片红砖废墟之中，这些废墟与鹿野苑的很相似，都是佛陀死后所建，又随着佛教的衰微而被废弃、埋于地下。

在小庙的门口，二十几位信徒正拿着一块黄色的绸缎等待着，一位僧人向我招手，让我加快速度。在庙门外，有的人已经点着了蜡烛。这时我才明白，他们在举行一个仪式，迎接夜晚的到来。

太阳落山的那一刻，人们拉着黄绸缎进入了庙内，没有诵经声、没有音乐，他们默默地为一座涅槃像盖上了黄色的绸缎。这座涅槃像已经有上千年的历史，用当地的黑色石头雕刻而成，在混乱的年代里，信徒们曾经用沙子将佛像覆盖，数百年后又再次被发现。

如今，黑色的石像已经被信徒们用金箔包裹，变成了金灿灿的颜色，加上黄绸缎的被子，在蜡烛的映衬下显得极为安详。

在一天之内经历了佛陀的出生与死亡，世界在我的面前已经停滞、回转，我仿佛回到了几千年前，那一夜，一位叫悉达多的人默默死去。他没有想到自己的宗教会穿透千年的混沌、一直影响到现在。

等人们从佛寺中出来，天色突然间黑了很多，一位喇嘛仍然在寺外的角落里点着蜡烛，摇曳的烛光显得如此孤寂，也许在佛灭的那一天，他的弟子也是如此点燃油灯，伴随着他走完最后一程。

第七章

与佛陀同时代的大雄

佛陀生活的地域主要集中在北印度一代，也就是传统的摩揭陀国影响力辐射的地区。在这儿，分布着印度最著名的两座城市：王舍城和华氏城，这两座城市都长期是摩揭陀国的首都所在。

如今的王舍城只是一个遗迹遍布的小镇，曾经的城墙变成了一个长条状的土丘，如果一个对历史一无所知的人来到这里，只会把它当作一个自然形成的小土包。城墙之内，印度少年们在打着板球。后来，当摩揭陀的国王把首都从王舍城迁往几十公里外的华氏城时，这里衰落了。

华氏城目前变成了印度比哈尔邦的首府，现在的名字叫巴特那。在巴特那，我试图寻找当年华氏城的遗迹，发现地图上一个叫华氏城的地方，连忙徒步前往，却被告知，这里已经没有任何的遗存了。

一位印度的少年带我回到了火车站，等待着去往加尔各答的列车。由于时间还太早，他带我去了一座耆那教的寺庙，这是我行程中第一次邂逅耆那教。之后的旅途中，我发现耆那教寺庙遍布印度，从南方的 Sravanabelagola（阿育王的爷爷，孔雀帝国的开国君主，就退隐到了这儿），到北方的阿布山，都有宏伟的耆那教造像和寺庙。在阿旃陀、埃洛拉这两个最著名的石窟，也都有耆那教的洞窟。即便在印度教曾经的中心卡朱拉霍，也有一座巨大的耆那教神庙，夹杂在众多的印度教神庙之中。

耆那教这个信徒很少的宗教，在印度却有如此重大的影响力，于是好奇的我开始了解耆那教的历史。

耆那教的创始人叫大雄，他的活动范围与佛陀的活动范围重叠，也在摩揭陀的影响域之内。大雄的生卒年代同样存在着分歧，有人认为他生活在公元前 599 年到公元前 527 年，也有人认为是从公元前 549 年到公元前 477 年。

耆那教对于祖师的传说和佛教有太多的相似之处，我们很难分清这个人是否存在，还是佛陀的另一个在传说中的化身。根据耆那教经典，我们知道大雄出生于比哈尔邦的吠舍离附近，他的父亲也是一个小国的国王，名字也叫悉达多。

在王子出生之前，整个国家就已经有了各种祥瑞的征兆，鲜花绽放、香气宜人，预示着一位圣人的到来。

王子虽然出身于富贵人家，却始终保持着沉思和内省的习惯，到 30 岁时终于离家出走。他经过苦修后，成就了自己的宗教。

两位王子虽然都离家出走并创始了新的宗教，但他们的修行又有着区别。佛陀最后放弃了苦修，来到了河边的菩提树下，悟出了一种过质朴生活、清心寡欲的修行之路。所谓质朴，指的是不匮乏，但并不主张故意去吃苦。而大雄的苦修比佛陀更加极端，为了达到完全断绝物欲的地步，甚至光着身子拒绝穿衣服，身上沾满了屎尿也毫不在意，他直到去世时，仍然坚持苦修的生活。

从基本教义到修行上，耆那教和佛教也有很多相似之处。

在教义上，耆那教也承认灵魂的存在，有来生和今世。在耆那教的理论中，大雄本人也有前生，耆那教一共承认 24 代祖师，创始人大雄只是第 24 代。之后，由于大雄已经修行圆满，他的灵魂已经不需要转生，所以，耆那教的祖师就止于 24 代了。

在修行上，耆那教也同意善行和正见。它也认为人类只有通过修行才能摆脱轮回之苦，达到极乐的境界。

有人甚至认为，耆那教就是佛教的一个变种，甚至可以说，是一种小佛教，这样的看法不无道理。但为什么到最后，耆那教非但没有被纳入佛教，在印度的影响力反而可能超过了佛教呢？这可以从两方面来说明。

一方面，之所以没有纳入佛教，是因为耆那教比起佛教来，是一种更思辨化、更绝对化，更强调苦行的宗教，它对于人的要求更高，更小众，从而使得虽然接受它的人少，却更加坚定。

在世界观上，与佛教相比，耆那教更加接近于唯物主义，他否定了创世论，认为世界不是神创造的，而是由原子构成的。而灵魂也是世界的一部分，也是由原子构成的。不过，正因为耆那教否定了神，反而让它产生了一种"万物皆有灵"的泛神论思想。不仅人类有灵魂，所有的动物和草木都有灵魂，因此都要保护，从这个方面讲，耆那教的泛神论和慈悲论比起佛教更加彻底。

耆那教认为，每一个灵魂都是不自由的，为什么不自由？这里，它引入了一个"业"的概念，所谓业，就是对于物质世界的留恋，对物质的留恋会产生各种喜怒哀乐，并将灵魂束缚住，无法自由地飞翔。这里可以与佛教做一个对比，佛教是从人们的现实遭遇出发，因为现实中的人们遭受了太多的苦难，所以，佛陀教给了人们如何摆脱这种苦难的方法。而耆那教则更理论化地强调，不管人们的遭遇如何，都要主动摆脱人世的束缚。佛教的"苦难"是被动的，耆那教的"自由"则是主动的追求。

为了摆脱"业"的束缚，耆那教强调了比佛教更加严格的苦修，甚至到了不洗澡、对于自己的屎尿都毫不在意的地步。这就与希腊哲学中的犬儒哲学有点儿类似了。

到了后来，耆那教分裂成了两派，分别称为白衣派和天衣派。所谓白衣派，就是信徒只准穿一件白袍，表示舍弃了人间的一切享乐。而天衣派则做得更加决绝，他们拒绝穿任何衣服，整天赤身裸体、以天地为衣。

另一方面，耆那教之所以在现代印度比佛教的影响还大，偏偏在于它的不国际化。国际化后的佛教已经脱离了印度色彩，虽然被世界接受，但印度人已经开始感到陌生了。

耆那教在很多方面仍然保留了印度教色彩，比如，它的寺庙建筑风格类似于印度教、它对印度教神灵的包容，都使得印度教的人们并没有把它当作外来户予以排斥。于是，耆那教的人数虽然无法和印度教相比，分布的地域却极其广大，在印度几千年的文明中幸存了下来。

另外，生活上的苛刻教条也是一把双刃剑，对于大部分人来说，耆那教的生活教条是无法达到的，这使得耆那教变得小圈子化，并远离了大众。但这少数的信众是如此坚定，以至谁也不能消灭耆那教。它甚至又反向影响了主流宗教，印度教的苦行也有一部分来自于耆那教的影响。

这种影响甚至深入到了现代政治之中。在印度近代史上，从著名的圣雄甘地身上就能够看到耆那教的影子。大雄几千年前创造的苦行精神在这个现代圣徒身上得到了重现。甘地到老年，同样只穿一件白色的袍子，以最简单的方式生活，拒绝一切享乐，其思想的源泉无疑来自于大雄。

在印度，耆那教最著名的神庙在热那克普。这座位于拉贾斯坦邦的神庙拥有着最独特的外观和最华丽的装饰。

如果要到热那克普，必须先到乌黛仆儿，这个由拉其普特人建立的美丽城市有着豪华的湖上宫殿，以及荣耀的历史。这是一座从来没有被攻陷过的城市。然而，到达乌黛仆儿时，我已经走遍了南印和中印，由于旅行的疲惫，我已经意兴阑珊，心中想着的只是去热那克普，去看那耆那教的人间仙境。

热那克普位于印度西部的山区之中，距离乌黛仆儿大约三个小时的车程。这一片山并不高大，却很崎岖，汽车在盘山公路上绕了半天，方才到达了一个前后没有村庄的地方。

当帝王将相们在为分割天下而终生忙碌、才子佳人们为了情感纠葛而撕心裂肺的时候，耆那教徒们的理想却是找一个寂静的地方默默修行。在修行之外，他们就从事建筑，并且狂热地献身于建筑和雕刻艺术。他们没有如同莫卧儿帝王那样的财富，无法建造泰姬陵那样辉煌的建筑，然而他们却有一双勤劳的手，和世世代代人的努力。

由于崇尚简朴，耆那教神庙的外部往往追求简洁，能用光面的地方就不用纹饰，这一点与印度教神庙形成了鲜明的对比。从外表上看，印度教与耆那教神庙有相似之处，如果一时区分不了，就看外部的花饰，如果花饰简单，就一定是耆那教的。

耆那教和印度教神庙的区别还在内部。印度教往往追求华丽和高大的外表，但是内部的装饰却极为简单，仿佛是用最简朴的石板搭造的。耆那教正好相反，在反对外部过于奢华的同时，由于教徒们的创造力需要发泄，将天赋完全用在了内部的装饰上，每一根柱头都有无数的花纹，每一个花纹都是独一无二的，将神庙打造得奢华无比。

当我带着充分的心理准备站在热那克普神庙外的时候，第一感觉却带着一点点失望，这座神庙虽然有气势，却并没有使人拥有强烈的融入感。实际上，这是一座独特的神庙，庙宇由乳白色大理石雕刻而成，坐落在绿树青草的一块平地之上。

到后来，我把来之前吊起的胃口稍稍放下，开始用一种平常的心情欣赏着这个算得上杰作却并非一流的作品，已经看过了南印度的伟大建筑，许多神庙比它的规格大得多。

旅行的人很多，一车车的人流簇拥在门口，庙宇两侧摆放的是一排排的鞋。我也把鞋脱下来，放在了门口的台阶下。在门口还有人检查着游客的行李，他们不是在检查危险品，而是在检查人们是否带着酒精、烟草、巧克力，或者带着刀具、穿着毛皮制品，这一切都是与耆那教义相背离的。

然而，当我走进内部的一刹那，感到被扼住了喉咙，那种感觉令人难忘：从见到第一根柱饰开始，我已经明白，世界上很难再存在更华丽的作品了。

这是一种洛可可艺术的变形，美丽的花饰已经超越了建筑本身，成为最重要的艺术形式。这里的每一个柱头、每一个花纹，或许就意味着一位工匠一辈子的心血。

大理石的材质感也被利用到了极致。这种半透明的石质让整栋建筑带上了一丝柔和的情绪，仿佛整栋建筑是蜡质的，处处都能透过一丝丝阳光，仿佛置身于一个玉石的世界。

如果仰头，能够看见圆形的顶部，不过，由于神庙有许多个小型的拱顶，每一个拱顶也是不一样的，比如，正门口面对的拱顶共有10重花饰，每一重的花饰也是截然不同，如同一层层的莲花瓣，烘托着中心的柱蕊。

支撑着拱顶的，是八根石柱，这些石柱又向四个方向延伸，与其他的柱子一起排成数列，整个神庙群一共由1444根柱子支撑，每一根都不相同，共同组成了这座千柱殿。

任何一个地方都是艺术，进来的游客们都感慨着，纷纷开动相机，对着庙内的每一个地方拍照。

我在庙里静静地坐了两个小时，望着来来往往的人群。此刻，我仿佛更加理解了耆那教，这种宗教在强调外形简朴的同时，却有着丰富的精神生活。他们穿简单的衣服，不杀生，哪怕是一只小小的蚂蚁都要放过，他们对于生活的要求也近于苛刻，不喝酒，不吸烟，然而正是这样苦行的环境，使得教徒们开始转而追求内心，要知道，人类的精力是无法完全被压抑的。所以，一个好的耆那教徒，一定是一个内心强大、丰富多彩的人。

第八章

希腊人来了

如果加上一个横向的坐标，我们就会发现，佛教、耆那教兴起的时间，与中国的诸子百家、希腊哲学艺术发展也处于同一个时段，相差不会超过两百年。

耆那教与中国的道学、希腊的犬儒主义有一定的相似之处，却各有侧重点。中国的道追求简单，却并不强调苦修，耆那教强调简单和苦修，而犬儒主义注重苦修，却并没有说不能杀生，后期的犬儒主义甚至带上了玩世不恭的色彩。

佛教从某种程度上与基督教相似，但在思辨上，却与柏拉图有关联。儒学在强调社会秩序观念上则类似于印度教。

总之，在几个不同的社会中，宗教和哲学都有着或多或少的相似之处，这是因为各自的社会虽然独立，但处理的问题有极大的相似性。比如，在印度十六国时代，恰好是中国的春秋战国时期，人们都为分裂所苦，只能通过哲学和宗教获得一定的排遣。而此时，希腊世界也是分裂的，这样的时代有助于各色哲学的诞生。

中国对印度的影响要到公元前后到达，在这之前，对于印度影响至深的，是一次从希腊传导过去的事件：亚历山大的东征。这个事件不仅重塑了中亚的面貌，还直接影响了印度，为孔雀帝国的出现创造了条件。

在西方的希腊化文明伴随亚历山大的东征而统治世界之前，西亚的另一个文明——波斯文明有一个主导全世界的强大政权。

当西亚的新巴比伦帝国衰落之后，从现在的伊朗境内兴起了一个新的帝国：波斯的阿契美尼德王朝，这是后来统治中亚的历代波斯王朝中的第一个。波斯王朝的兴起也表明西亚的政治中心从伊拉克两河流域转移到了伊朗境内，在阿拉伯人和伊斯兰教兴起之前，伊朗一直保持中心地位。

波斯王朝的创始人叫阿契美尼德，他大约生活于公元前 7 世纪，当时整个波斯在米底人的统治之下。阿契美尼德死后，他的儿子脱离了米底王国。经过了数代的继承，到了居鲁士二世统治时期，不仅消灭了米底人的政权，还将西亚的另一位前霸主也消灭了。这位前霸主是首都在巴比伦的新巴伦帝国，公元前 539 年，居鲁士二世进军巴比伦，将其并入了自己的版图，成为整个西亚名副其实的霸主。

居鲁士二世的儿子冈比西斯二世开始大举进军埃及和非洲，征服了大片领土。他的继承人大流士一世则改变了方向，将征服的重心从西方转移到了东方，越过了开伯尔山口，进军印度，占领了印度河平原的广大地区。

如今的印度河平原加上西部的沙漠和北部的山地，已经不再属于印度共和国，而是构成了现代巴基斯坦，然而在古代，却是印度文明重要的组成部分。

占领印度河流域后，大流士一世的自信心更加充足，他第二次改变了战略进攻方向，调转军队恢复了向西的攻势，侵入了希腊人的领土。这次战争也将原本不起眼的希腊和欧洲带入了世界历史舞台。

在大流士入侵之前，希腊在强大的东方眼里只是一个个的小沙粒，它们每一个城邦的力量都很小、很分散，他们只是一群无孔不入的商人，航海前往世界各地，发现哪儿有机会，就建立一小块殖民地。但这并不是为了领土扩张，而是为了做生意。

通过地中海和博斯普鲁斯海峡的航道，黑海沿岸和小亚细亚（土耳其的小亚细亚半岛）都遍布着希腊人的殖民地。他们与当地人开展贸易，将希腊本土的陶器和葡萄酒销往世界各地，换回自己需要的奢侈品。他们还试图涉足中间贸易，将黑海的货物运到意大利或西西里进行销售。

当大流士发动对土耳其小亚细亚的入侵时，最初的目的是把讨厌的希腊人赶走，将土地收归己有，他需要的是土地，而不是商人，并对希腊人造成的社会混乱感到不满，认为他们不利于维稳。然而，当他的军队前往小亚细亚后，却遭遇了乌合之众的抵抗，这令他感到吃惊。

君王的愤怒最终变成惩罚，降临到了小亚细亚的希腊人头上，波斯大军是不可抵御的，所到之处皆为平地。小亚细亚的希腊人求助于本土的同胞，但这并没有挽救他们覆灭的命运，反而让强大的君王更加讨厌希腊人。在扫荡了小亚细亚之后，他决定带领军队渡过亚欧之间的黑海海峡，进入欧洲，摧毁希腊本土，从根本上解决问题。

波斯的入侵如同是噩耗一样传遍了希腊，原本看上去一盘散沙的希腊人在面临强大的入侵者时，各个敌对的城邦突然抱成了团，以搏命的心态迎接敌人。

不自由，毋宁死，这种死士的精神爆发出了顽强的力量，强大的波斯人被打败了。希腊人不止一次教训了狂妄的波斯人。第一次是在大流士时期，战场在雅典以北的马拉松，这次战役不仅挽救了希腊，还带来了一项持久的运动：马拉松长跑。

大流士死后，他的儿子薛西斯发动了第二次入侵，希腊人在海上的萨拉米以及陆上的普拉提亚双双击败了波斯人，使得薛西斯不得不撤兵。

对于一个集权国家来说，要么扩张，要么衰落。被希腊击败后的波斯也进入了衰落期。与此同时，在西方兴起了新的霸主。

击败了波斯人使得希腊爱国主义热情高涨。然而，这种爱国主义的团结只保持了很短的时间。当波斯人退去，希腊的内讧随之产生，两个最大的城邦国家——雅典和斯巴达——开始了争夺希腊领导权的战争。它们各自拥有大量的从众，组成了联盟，希腊半岛上的城邦国家不是属于这个联盟，就是属于那个联盟，没有中立的国家，谁也不能置身事外。

民主的雅典本有机会取得胜利，但由于民主制本身的缺陷，雅典做出了错误的决策，远征西西里损兵折将，大伤元气。最终，依靠波斯人的帮助，集权制的斯巴达打败了雅典。然而，这样的战争实际上并没有胜利者，双方都已经精疲力竭，尝到了两败俱伤的滋味。

在他们争执的时候，一个希腊人看不起的政权在希腊的北部兴起了，这就是马其顿。马其顿属于广义的希腊文明，但由于文明发展较晚，一直被纯正的希腊人当成野蛮人看待。

在马其顿国王腓力二世治下，马其顿的军事实力飞速增长，他打败了斯巴达和科林斯的强权，把整个希腊半岛统一在了同一个旗帜下，这是希腊历史上的第一次统一。

腓力二世死于一次刺杀，他的野心传给了他的儿子——著名的亚历山大大帝。

亚历山大即位时，马其顿已经拥有了整个希腊。那个吵吵嚷嚷、一盘散沙的希腊已经被纳入了他的战争机器之中。这个年轻人虽然被有些人当成年幼无知，但在父亲的军队中已经训练成为最机敏、最冷酷的战士。在他短暂的统治岁月里，这个不知疲倦的年轻人率领着自己的军队首先进军了小亚细亚，再把埃及纳入了他的版图，埃及古老的文明从此消失。虽然法老的统治被短暂恢复，但担任法老的人是亚历山大的大将，可以想象，这是一个已经希腊化的埃及，从独立文明的角度，埃及已经不存在了。

征服了埃及后，亚历山大开始进军曾经让人瑟瑟发抖的波斯王朝。在高加美拉（今伊拉克境内）的战场上，亚历山大率领不到5万人的部队击溃了号称百万的波斯王大流士三世的部队，10万人死于非命。

流窜的大流士三世逃往中亚的里海岸边，被部将所杀，汹涌一时的波斯帝国覆灭了。

亚历山大挥兵中亚，向着阿富汗、塔吉克斯坦等地进军，一直打到了新疆边境以西的河中地区。他还在身后建立了一系列的以亚历山大命名的城市，比如，因为美国反恐战争而蜚声世界的阿富汗城市坎大哈，在建立之初的名字就是亚历山大里亚。

这时，这位希腊人的皇帝突然做了一个决定：向印度进军。

当亚历山大向印度进军时，印度刚刚开始庆幸波斯帝国的覆灭，这个雅利安人入侵之后的第一波入侵者再也无法对次大陆造成新的威胁了。至于遥远的地方所来的亚历山大，由于印度人很少听说，反而无暇去琢磨他的实力。

印度对于亚历山大知之甚少，还在于这个次大陆内部也在进行着激烈的整合。最初存在的十六国已经改变了疆域，有的已经不存在了，有的变得更加强大。

十六国为首的，是那个叫作摩揭陀的国家。它的疆域主要在如今的印度比哈尔邦、北方邦，在它的四周，曾经是强大的拘萨罗、跋差和跋耆，四个大国合纵连横、交相攻伐，到最后，摩揭陀成了胜利者，几乎统一了全国。

然而摩揭陀并非像中国的唐朝、宋朝一样，仅仅是一个朝代，它实际上包含了许多个朝代。如果和中国做一个对比，摩揭陀就像中国的南朝一样，南朝包含了宋齐梁陈四个朝代，但所谓的朝代更替，只不过是换了统治家族而已。

历史上有很多家族获得过摩揭陀的王位，每一个家族统治的时期就成为一个王朝。最初的王朝叫布里哈卓瑟王朝，之后被普拉迪奥塔王朝取代。

接下来的河黎王朝时，恰好是佛教和耆那教兴起的时候，这也是摩揭陀国南征北战扩大疆域的关键时期，它打败了另一个大国拘萨罗，成为印度的霸主。而佛陀和大雄的事迹也大都在摩揭陀的国境内发生，使得这个国家成为印度典籍中出现最频繁的国家。

河黎王朝又被幼王朝取代，接下来就到了著名的难达（Nanda）王朝。难达维持了103年（公元前424—公元前321），是一个非常重要、承上启下的朝代。有人认为，难达王朝是印度史上第一帝国的建立者，而孔雀王朝只是因时随势、继承了这个大帝国，并把疆域进一步扩大罢了。难达王朝的疆域已经有了目前印度领土面积的一半大小，将整个北印度囊括在内，也包括了现在的孟加拉国和一部分缅甸。

也正是在难达王朝时，亚历山大挥师进军印度。这次出征，也是印度在被雅利安人征服之后、16世纪西方人征服之前唯一的一次直接与西方的军事势力对垒，更显得不同寻常。

亚历山大面对的，首先是西北部那些还没有纳入难达王朝统治的国家，十六国中的塔克西拉和键陀罗首当其冲，这两个国家无力抵抗，臣服于压力山大的铁蹄之下。亚历山大接着渡过了印度河，向恒河平原进军，此刻，他已经直面印度最核心的国家——摩揭陀了。

一个是势头正猛、灭亡了波斯帝国的西方军事大国，另一个是正处于上升期的印度本地豪强，这两方的对决将会以什么结局收场呢？

现实有时候总是让人出乎意料，更出乎亚历山大的意料。

亚历山大没有想到的是，世界有这么广大，当他征服了波斯之后，向北还有一个广袤的中亚地区，中亚的征战让他的士兵越来越疲惫、思乡之情越来越重。很幸运的是，他没有从中亚继续向东，与中国遭遇，否则他会发现另一个更加广大的空间，无法收场。但他又是不幸的，因为虽然避免了向东，但他却选择了向南进军印度。

印度的广阔同样让人印象深刻，更重要的是，印度作为一个碎片化的地区，让人无法对未来做出预期，不知道下一个对手是谁。虽然摩揭陀在很大程度上完成了统一，但外围地区的许多地方是臣服于摩揭陀，而不是被它并吞，在军事上仍然保持着自己的部队，在抵御外辱时，各个地方仍然有单独作战的实力。

于是，征服了印度西北部，亚历山大还要面临更强大的摩揭陀，即便击败了摩揭陀，未来还有其他的国家等待着他。这种状态已经不再像他当年碰到的埃及和波斯了，他只要通过一两次战役击溃了埃及和波斯的主力部队，就可以击溃整个政权，拿下整个帝国。但在印度他面临的如同游击战，陷入了全民作战的汪洋大海。

从印度的北部到南部，几千公里的路程也绝非他的部队能够忍受，更何况这里的酷暑和雨季会让人崩溃，热病和瘟疫横行，都是从希腊来的征服者无法预料的。

在亚历山大还想继续进军时，首先反抗他的竟然是自己的部队。他跨过了印度河，却无法征服一条叫作双鱼河的小河，在这儿，他的军队哗变了，要求返回家乡。在军队的胁迫下，亚历山大最终被迫勒马回头，不再向前。这里成为亚历山大征服的最东疆。

即便暂时退兵，印度的危险警报仍然没有完全解除，作为征服者的亚历山大只要还活着，就会记得自己被迫退兵的耻辱，刚过30岁的他还有多半辈子的时间用来准备下一次入侵。

然而，这时历史又开了一个玩笑，年仅33岁的亚历山大在巴比伦得病去世了。他的死亡也为希腊人的征服画上了句号，从此，他创造的庞大帝国在他的将领手中分崩离析，分成了三个部分，这些将领忙于瓜分，却不善于新的征服。这个历史上最伟大的世界征服者之一留下的，除了遍地名叫亚历山大的城市、希腊化的世界外，其余的都成了传说。印度如同神佑一样度过了此劫。

自此以降，直到近代西方人再次乘船来到亚洲，印度再也没有受到直接来自西方的侵略。虽然在统一帝国崩溃后，还会有一些号称希腊人的侵略者从西方到来，但他们实际上居住在中亚，是当初亚历山大遗留在亚洲的希腊人的后代，已经不算纯粹的西方人了。

侵略印度的大旗被交给了波斯人、贵霜人、白匈奴人、蒙古人、穆斯林、突厥人等从中亚来的力量，在印度完成了一次次英雄伟业。

亚历山大来到印度并非什么都没有留下，实际上，他对于印度的艺术留下了深刻的影响。在此之前，印度的雕塑艺术独特而简单，带着原始风味，希腊入侵之后的印度造像艺术却进入了一个快速发展的时期，带着希腊化色彩的雕塑在各地被纷纷发现。特别是后来贵霜帝国建立后，印度的佛教造像艺术已经达到了很高的水平，成为世界雕塑艺术重要的一极。

亚历山大的入侵对于印度的政治影响，也间接促成了一个本土化的伟大帝国出现，印度第一次统一了。

第九章

孔雀帝国的统一和阿育王的救赎

在北印度的旅行者会发现,在许多地方都能发现阿育王石柱。这种石柱每个大约有 50 吨,高十几米,打磨得异常光洁,再刻上铭文,出现在各个佛教圣地或者博物馆里。有人算过,跨越了两千多年留存到现在的石柱只有 19 根,至于最初有多少,已经不可考。

如同中国的石碑都有碑首,这些阿育王石柱也都配着雕刻精美的柱头。只是由于年代久远,只有少数的石柱还保存着柱头,大部分柱头已经消失了。

这些石柱以及一些刻在石头上的铭文,几乎构成了我们对于阿育王的所有知识。实际上,如果不是这些铭文,也许这个伟大的国王已经消失在历史的尘埃之中了。

第一次接触阿育王石柱,是在佛陀的出生地蓝毗尼。那根石柱的柱头已经不在了,但柱身的铭文仍然保留着,用庄重语言记载了阿育王对蓝毗尼的探访,并许诺给当地的人民减轻税负。一群穿着橙色衣服的僧人在柱头下念诵着经文,这里的热闹程度丝毫不亚于那棵菩提树下。

实际上,每个印度人每天都能见到一个阿育王石柱头的形象:他们拿出硬币时,都会看到硬币上的国徽图像。印度的国徽就是一个阿育王的柱头雕塑,这个柱头保存在鹿野苑的博物馆里。

这根阿育王石柱本来树立在鹿野苑答枚克塔的旁边,随着岁月早已经残缺不全,只有底部的残桩还留在原地,石柱的柱头幸运地保存下来,被人们搬进了博物馆。

鹿野苑除了那座庞大的古塔之外,最吸引人的莫过于当地的博物馆了。博物馆票价只需要 5 卢比，折合不到 1 元人民币。印度的博物馆价格都很低，并且由印度考古协会（Archaeological Survey of India）统一管理，除了少数几个大型的博物馆外，基本上都是 5 卢比。

虽然票价便宜，但在进门的时候却遇到了小麻烦，原来，随身带的包和相机、手机都不能带入，只能存在门口的免费存包处。但存包处的箱子是有限的，我们必须等待有人出来，取走了行李，才能把自己的放进去。

等了十分钟，我才进入了博物馆。一进门就看见了那座最著名的阿育王柱头。柱头比我想象的要大，大概有半个人高，顶端坐着四只背靠背的狮子，柱头的下端装饰着倒垂的莲花，中间隔着的饰带上，雕刻着一头大象、一匹奔马、一头瘤牛和一只老虎。每一个动物都栩栩如生，让人难以相信 2000 多年前的古人就能够雕刻出如此完美的形象。

在印度的艺术品中，北印度的阿育王柱头和南印度的舞王湿婆铜像是两件最具代表性的作品，也可以视为古印度造像艺术的最高峰。

除了阿育王石柱之外，还有着无数的造像艺术，佛教、印度教……由于鹿野苑是佛教的中心之一，这里的雕塑也都是珍品，代表着印度最高艺术成就。我在博物馆流连忘返，想象着阿育王时代这里该多么繁华：一位皇帝带着随从来到这里，监督着工人们树立起一座无与伦比的石柱，为了纪念两百年前死去的佛陀。这不由人不对阿育王产生好奇心。

在印度中部的一座小城桑齐，也有一个断裂的阿育王石柱，桑齐的佛塔是佛教徒们的另一个朝圣地，来自其他国家的朝圣者们一群群地向着这个宁静的小城涌去，打破了当地人的生活。当我独自到达桑齐的塔园时，在我的前方是一群虔诚的日本佛教徒，许多人都在向着桑齐大塔朝拜。当我转了一圈回来，日本人已经变成了一群藏族（或者是锡金）人，他们比日本人更虔诚，用额头触着大塔，再跪在地上做着朝拜。

那根断裂的阿育王石柱相比大塔，显得那么平凡、不引人注目。石柱分成了三部分，下部的柱基仍然立在大塔的旁边，上部断开的两段放在了一边，印度人修了个简单的亭子，放在了亭子里。

但是，几乎每一个认出了石柱的人，都会在它的面前驻足观察着，再双手合十，肃立表示崇敬。

不仅是佛教徒对阿育王石柱感兴趣，就连其他宗教的信徒也对阿育王石柱表现出尊重。在他们的眼里，阿育王石柱不是宗教的代表，而是代表了印度历史的正统血脉，继承了阿育王，就是继承了统治者的资格，是一种权力的象征。

在 13 世纪，当时统治印度的德里苏丹国有一位穆斯林统治者叫费罗斯·沙·图格鲁克，他本人就是一个阿育王石柱的粉丝。现在印度首都还保存着两根阿育王石柱，都是由费罗斯·沙从外地移来。

在旧德里的南面不远，有一座费罗斯·沙建立的堡垒，叫作 Kotla Firoz Shah。在古代，它的名字从属于它的创建者，叫费罗扎巴德。按照官方的记载，德里历史上一共出现了八座城市，目前英国人建立的新德里，是其中的最后一座，而费罗扎巴德是德里的第五个化身。

令人欣慰的是，德里的八座城市都有不少的遗迹保留了下来。费罗扎巴德留给世人的，是一片巨石建筑群，有清真寺，也有皇宫区。除了旅行者之外，那儿至今仍有许多穆斯林前往，他们在坍塌的清真寺广场上虔诚地聚集、朝拜，仿佛在回忆着当年伊斯兰在印度统治时期的辉煌。

不过，对于游客来说，遗址内最令人向往的不是皇宫和清真寺，而是一个奇怪的金字塔状建筑。这种建筑形式在印度的其他地方都无法见到，可以说是费罗斯·沙独创的。金字塔状建筑高大雄伟，从远处就可以望见，但它的用途只有一个：存放阿育王石柱。

在建筑的顶部，如同定海神针一般，一根石柱耸立在最高端，睥睨着整个世界。费罗斯·沙显然想通过庄严的设计，让人们相信他的正统地位，并炫耀自己的实力。

我原以为游客们只能远观石柱，但走到金字塔前时，一位在旁边清真寺废墟做祈祷刚出来的穆斯林告诉我可以通过旁边的阶梯上到顶部。从小门进去，拾级而上，我才发现原来这座建筑已经被印度教占领了，处处都有蜡烛和焚烧祭品的痕迹，还有一些印度教的小饰品。偶尔还有一两个印度教徒在虔诚地祈祷，见我来了，用目光示意我绕行，以免冲撞了神。

在这个遗址中，印度教和伊斯兰教就这样和谐地共存着，每一家占领了一个主要建筑。只是，阿育王尊崇的佛教却缺席了。

除了这里的一根阿育王石柱之外，在旧德里还有另一根石柱，也是由同一位苏丹从外地迁移过来。或许，对于这位苏丹来说，阿育王是他一生比照的偶像，阿育王的文治武功已经变成一种精神，进入了这个穆斯林的思想深处。

公元前323年，亚历山大死于巴比伦，一代豪杰的梦想就此打住。他在印度河建立的前哨站也逐渐被印度人征服。

然而，亚历山大撤退了，使得整个西北印度陷入了权力真空状态：一方面，原有的政治势力都破坏掉了，塔克西拉、键陀罗等国家都曾经被征服；另一方面，难达王朝还没有将控制力延伸过去。

这就给一个叫旃陀罗笈多·孔雀的人留下了可乘之机。关于这个家族为什么以孔雀为姓，有传说他的祖上是卖孔雀的（这也表明，他是一个从事体力活儿的贱民），还有人传说孔雀的谐音与他母亲的名字相似。有记载说他曾经被难达王朝赶出了首都华氏城。还有记载说，这位青年曾经谒见过亚历山大大帝，并被大帝的威严所感动，醉心于建立一个庞大的王朝，总之，他是一个心怀大志的人。

关于旃陀罗笈多如何发迹，已经没有了准确记载，我们只知道他很快变成了一个西北部的征服者，并汇集了大军向摩揭陀的难达王朝进军。他的军队包括了键陀罗人、塔克西拉人、印度人，甚至摩揭陀的青年们也纷纷从城里逃出来，加入他的部队。这时的难达王朝因为腐败和无能，很不得人心，人们希望一个更加英明的君主来接管。

如果我们把视野放开，就会更明白孔雀征服的意义。当时的印度还从来没有统一过，印度有史以来，就是个小国林立、战事纷纭的地方，对于经济、生活的破坏极大，人们一方面遁入宗教中寻求慰藉，另一方面，也希望国家能够和平、政府能够开明。所以，当孔雀王朝以一个解放者的姿态出现时，给了人新的希望，受到了人们的普遍欢迎。

当大军压境时，最后的难达王选择了退位，将权力禅让给了旃陀罗笈多，避免了一场血腥的战争。孔雀王朝继承了难达王打下的江山。

如果人们询问为什么游陀罗笈多的孙子阿育王会在后来选择皈依佛教，那么至少可以从这个家族的性格中去寻找。实际上，阿育王不是第一个寻找宗教安慰的孔雀王朝国王。开国者游陀罗笈多虽然获得了江山，但到了老年开始一心赎罪，为自己年轻时的杀戮忏悔不已。

他把王位让给了自己的儿子频头娑罗（Bindusara），自己前往遥远的南方朝圣。在南方卡纳塔克邦境内、班加罗尔以西150公里外，有一个地方叫斯拉瓦纳贝拉格拉，这里距离孔雀帝国的首都有两千多公里。在这儿，游陀罗笈多在一个山洞里默默修行。他不信奉佛教，而是信奉更加苦修、更加虔敬、更强调不杀生的耆那教，他一直默默地忍受着贫穷和孤独，直到自己死去。

在游陀罗笈多和他的儿子频头娑罗统治期间，孔雀帝国的疆域继续扩大。而最终确定帝国疆域的却是他的孙子阿育王。在阿育王手上，孔雀帝国几乎覆盖了印度全境（只有最南方的一个小角例外），并包括了孟加拉、尼泊尔、巴基斯坦、阿富汗，还有缅甸、伊朗、中亚的一部分，帝国的面积超过了500万平方公里，是当时独一无二的大帝国，一直到现在，印度再也没有其他的王朝（包括现在的印度共和国）在疆域上超过孔雀帝国。

阿育王继承王位并不容易，他是在一场骨肉相残的战争中掌权的。国王频头娑罗去世的时候，他的儿子们纷纷觊觎帝国的宝座，一场王位继承战打响了。这是一场谁最疯狂谁获胜的游戏。最终，阿育王杀掉了自己99个亲兄弟，才登上了孔雀帝国的宝座。

这个年轻人似乎天生就为杀戮而生，他性格冷酷、脾气暴躁，一生中充满了不可胜数的暴行。除了杀掉自己的亲兄弟之外，他还杀掉过自己的500名官员，甚至在自己的后宫中采取暴政。他的后宫有500个女人，不过，如果他认为谁的言行有侮辱他的意思，就把谁活活地烤死。

对于摩揭陀甚至整个印度的人来说，阿育王制造了人间地狱，仿佛是神对于人世的惩罚。那些曾经背叛过难达王朝、引进了孔雀王朝的家族为此感到悔恨万分。但是，他们已经被绑上了一辆高速行驶的战车，在阿育王与他的兄弟争夺王权的斗争中，不加入这一帮，就加入那一帮，任何中间派和骑墙行为都只能招来杀身之祸。

阿育王的前半生就在杀戮中度过，也许正是他的前半生与后半生戏剧性的差异，使得他成为印度历史上最著名的国王之一。

现代的印度人曾经把这个颇具争议的人物搬上了电影，在广受欢迎的电影《阿育王》中，扮演阿育王的是著名男影星沙鲁克·罕。在沙鲁克演绎的版本中，阿育王被塑造成一个悲剧英雄，而他的兄弟们、那些王位觊觎者都成了不择手段的小人，他们总是试图杀掉阿育王，还杀掉了阿育王的母亲，怒火中烧的阿育王开始了对世界的报复，变得血腥残忍。

沙鲁克之所以能够这么塑造阿育王，是因为现代人对于阿育王所知实在有限，除了从少量的铭文中能够一窥这个名王的风采，他的大部分事迹都隐藏在层层的历史迷雾中不为人知晓。

但沙鲁克的演绎已经深入人心，即便是中国人也都是从这部影片、而不是历史中去了解阿育王。在坐车前往拘尸那罗时，我碰到了一个印度的小女孩，和她聊了起来，她谈到了中国的李连杰和成龙，问我知道的印度影星都有谁，我回答阿米尔·汗和沙鲁克·罕，这让她感到吃惊，她原以为我一个都不认识。我告诉她，中国的学生都喜欢看阿米尔·汗的《三傻大闹宝莱坞》，哪怕记不住演员的名字，也记得住演员的面容。至于沙鲁克，更像是印度版的成龙。

当我们分手时，已经成了朋友，她送给我一枚1卢比的硬币作纪念，从那时候开始，我注意收集印度的各种版本的卢比，只是她送我的那枚，我从来没有再碰到过。

杀气腾腾的阿育王到了晚年，却成了和平爱好者，大力倡导佛教，并不惜为自己年轻时的杀戮而忏悔。这到底是怎么发生的？

这一切，都和一个叫羯陵迦的国家有关。当阿育王几乎完成了庞大的征服之后，一个小国成了最后一个独立王国。羯陵迦位于印度现在的奥利萨邦。奥利萨的四周分别由大海、高山和丛林与印度的其他地方隔开，可以说，从古至今这里就是一块典型的飞地。在这片土地上，当其他地方纷争不断的时候，这里却往往维持着相对的和平。

阿育王时期,羯陵迦正明智地实施着君主立宪制,开明的国王、推举的议会使得这里如同是古代的罗马。

大约在公元前261年,当阿育王对羯陵迦开战之后,一切都结束了。10万人死于战争,15万人流离失所。战争总是将和平之地变成地狱。

当骑在马上的阿育王以胜利者的姿态进入羯陵迦时,他看见的是烧焦的土地、堆叠的尸体、无处藏身的人们、争抢着食物的秃鹫和乌鸦,一种怜悯和后悔突然从心底油然而生。

他发自内心的独白让我们知道他都想了什么:

我都做了什么啊?如果这是一场胜利,那什么又是失败?这到底是胜利还是失败?这是正义还是非正义?这是英勇还是溃败?这难道是屠杀无辜妇女和儿童的勇气?我这样做是为了扩大帝国的疆域与荣耀,还是为了摧毁别人的国家和辉煌?他们有的失去了丈夫,有的失去了父亲,还有的失去了孩子以及没有出生的婴儿……这些尸体的碎片到底是什么?它们代表了胜利还是失败?这些秃鹫、乌鸦、老鹰不就是死亡和邪恶的信使吗?

从这时起,他皈依了佛教,开始在帝国境内大力倡导佛教。

然而,历史虽然记载了他的忏悔,但在现代人看来,他的转折仍然显得过于突兀了。我们很难相信一个曾经的屠夫因为看到了更多的血腥,就放弃了自己的前半生。战争本身显然不是阿育王放弃武力的关键。在这件事情背后,他一定还有其他的动机。

在电影上,导演显然意识到了这个问题,于是,沙鲁克为我们演绎了另一个版本。电影加入了一个女主角——一位羯陵迦的公主。这位美丽的公主在阿育王继承王位之前、被兄弟们迫害而不得不流亡的时候曾经帮助过他、爱过他,并与他结婚。然而,后来的变故让阿育王以为她已经死去,经过了长期的怀念之后,他又娶了别人。

曾经善良的阿育王因为宫廷斗争、母亲的死亡而失去了人性，开始挥兵四处杀戮，最终，整个印度剩下的强国只有羯陵迦了。他开始聚集各路人马想要征服这个桀骜不驯、不肯屈服的国家。作为羯陵迦的公主、也是阿育王没有死去的爱人，为了保卫羯陵迦，拿起了刀剑，于是曾经的恋人此刻却在战场上见面了。

战争的结果以羯陵迦的惨败告终，战场上的阿育王也认出了自己曾经的妻子。但一切都晚了，她已经奄奄一息，就要死去。伤心欲绝的阿育王终于明白，所谓的战争永远带不来满足，只会带来更多的伤心和无奈。即便是战场上最大的胜利者，在生活中也只不过是一个微不足道的可怜虫。

相对于历史版本而言，电影版本显得更有说服力，一个男人为了心爱的女人的确会改变一切。然而，可惜的是，这是经过了现代加工、融入了现代价值观后的版本，很难称得上史实。了解真实的阿育王不能以此为依据。

那么，促使阿育王最后转变的动机又是什么呢？

答案也许是政治，或者政治与宗教的关系。

任何一种宗教在创立之初，都是为了对人生做出一种解释，为人们提供一种慰藉，让他们在遭受苦难时仍然怀有希望。这也是为什么社会分崩离析时，恰恰是宗教发展的黄金时期。比如基督教，在耶稣时期，教义是告诉人们即便现在受苦，但在未来能够在天国获得补偿，因此，为了死后的幸福，不要在现世中过于妥协，从而形成一种卑微者的反抗。也正是这种卑微者的反抗使得新兴的宗教最容易受到打击。

然而，当宗教发展到一定时期，就会被统治者所利用，成为维稳的工具。基督教之所以被罗马帝国采纳，是因为帝国皇帝君士坦丁发现，通过合理的引导，基督教可以让人们更加能忍受此生的痛苦，从而减弱他们对政权的不满。

不仅仅是君士坦丁，任何一个政权都会从最初的极力反对宗教，到后来发展宗教，希望人民沉迷于宗教。

阿育王信奉佛教，也是和帝国的发展阶段相适应的。在他上台之初，印度还没有最终完成统一，这时候武功的重要性要高于文治。这个时期也是帝国大力扩张开支的时期，人民财富会被军费抽空，对现政权越来越不满。

一旦征服完毕，阿育王面临着两种选择：一是继续维持武力和高压，二是换一种思路来统治。

如果要继续以武力为国家的根本，势必要维持过高的军费开支，迅速抽干国库，造成社会的更加不稳定。许多大帝国在打完天下后迅速崩溃，就是因为无法解决和平时期的军费开支，也没有完成财政转变，将政府支出降下来。这种选择一定是死路。

于是阿育王做的是第二种选择：一方面，他削减军费开支；另一方面，削减军费后容易引起解甲归田的士兵的不满，为了降低社会反抗的可能性，就要用宗教来让他们各安其事，不要闹事。

所以，最终决定了阿育王转向佛教的，不仅仅是他的怜悯和后悔，而是帝国统治的需要。只有了解了这一点，才能理解阿育王前半生和后半生的差别。

但不管其中的原因如何，历史告诉我们的事实却是：阿育王皈依了佛教，他四处立石柱，告诉人们必须敬佛，也在石刻上写出了自己的忏悔。这些石刻和石柱遍布印度，甚至出现在了阿富汗境内，成为我们了解阿育王时代最重要的资料。甚至石刻本身也扩大了阿育王的知名度，使得他成了我们对古代印度了解最多的国王。

第十章

帝国之后

如果你想看孔雀帝国的建筑，请到桑齐去吧，那里除了有阿育王石柱，还有阿育王时代建设的佛塔。

这座印度最著名的古代佛塔连同周围的两座小佛塔，以及一群佛塔基座和其他佛教建筑遗址，坐落在印度中央邦首府博帕尔的东北，距离博帕尔大约50公里，距离发现岩画的本贝特卡100多公里。这里是早期的一个佛教中心，也是北印度之外最早接受佛教的地区之一。

阿育王皈依佛教后，曾经在全印各地建造了数万座佛塔，留存到现在的，可能只有桑齐大塔，以及鹿野苑的答枚克塔。

我从南印度北上，经过海得拉巴、果阿、孟买、奥郎加巴德、贾尔岗，到达了中央邦的首府博帕尔。坐火车到达时，恰好赶上了一场寒流。

由于从贾尔岗上火车时，没有买到预订票，只能和印度人挤统票车厢，车厢内人们摩肩接踵，不管是站着的还是坐着的人都必须以各种极其怪异的瑜伽姿势才能挤进去。

不过，在我准备上车时，一位印度老哥突然神秘地告诉我，统票车厢太挤了，他会把我带到一个不那么挤的地方去。于是我们向着车头走去，一直走到了最后一节车厢才跳了上去。列车开动之后，我发现他把我带上了女士车厢。

印度的女士车厢并不通往其他车厢，这是为了防止半道上有男士从其他车厢过来骚扰，可这也为我们这样的"偷渡者"提供了方便：只要在开车前跳上来，列车开起来后，就没有人能把我们赶走。

女人们坐在座位上用防备的眼光望着不速之客，我们只能退缩到车门口，在两个车门中间的过道里坐下。不过即便这样，也的确比在统票车厢宽松得多。印度老兄朝我得意地笑着，并竖起了大拇指。过道里还有五六个别的男人，他们和我们一样，也为了避开拥挤来到这里。

到了下一站（还没有到博帕尔），车还没有停稳，印度伙计已经飞身下车，他不停地招呼着我，让我一块儿下去。虽然我不明就里，还是跟着他一块儿跳了下去。

车刚停稳，从车头下来一位怒气冲冲的人（看上去像列车长）上了女士车厢，他的手中拿着一根棍子，把没有来得及跳下来的男人们一一打了下来，如果不是我下得快，也一样会挨打。列车长仍然不满意，又叫来了一个铁路警察守在了女士车厢的旁边。我的印度老哥若无其事地站在旁边，不时地用眼睛偷瞄一下，面带微笑。我也学着他故作无辜地左顾右盼，我们的四周聚集着十几个人，也在同样无辜等待着。由于这一站是大站，来的人多，看来想挤女士车厢的男人数量已经大大增加。

过了一会儿，警察走了，又过了一会儿，火车开动了。印度老哥一马当先灵活地跳上了火车，我跟在他后面，也背着大包跳了上去，在我的身后，十几个人鱼贯而入。等大家全上去了，火车还没有完成加速。

上了车的人们拍手相庆，可是大家都很遵守规矩，谁也不进车厢，只在门口的过道里。由于小小的过道已经站了十几个人，拥挤的程度也大大增加。但我的担心也随之而起：难道我们每一站都要这么跳上跳下折腾一番？如果哪一次，对方管得严了，我们无法上车，我就会被放在半途中，无法尽早赶到目的地了。

列车又经过了几个小站，停车时间都不超过三分钟，老哥都示意我不用跳车，果然，列车停站期间没有人来骚扰。

又过了两个小时，老哥突然告诉我，他到家了。他面带着归家的疲惫，挥了挥手和我告别，在火车刚刚减速、还没有进站的时候就跳了下去，消失在茫茫的铁轨旁。列车也拖着沉重的身躯，越来越慢，终于停下了。在我身边的男人们纷纷开始跳车，由于我摸不清他们到底是到站了，还是躲避，行动慢了半拍，等我发觉异常准备跟上的时候，已经晚了。在我面前出现了那个凶神恶煞般的列车长，他的手里还拿着棍子。

然而此刻，列车长的脸色却变了，他没有明白过来，跳女士车厢的流氓里怎么出现了"国际部队"，手里的棍子还举在半空中。

"日本人？"他问道。

我连忙摇了摇头，不想连累国际友人。

"尼泊尔人？"

"中国人。"我不好意思地说。

"这是女士车厢，你不能在这儿。"他说着转身下了火车，让我跟他下去。我不情愿地背着包下了火车，在我旁边不乏幸灾乐祸的印度人，他们由于跳得及时，没有被抓到。

下车后，列车长指了指旁边的一节车厢："上去，关上门。"

我听话地上了车厢，发现这是一节残疾人车厢。车厢采取了双层卧铺的形式，空间宽敞，在我进去之前，里面只有四个人，没有一个是残疾。在我的背后，车厢门砰地关上了，传来了印度人不满的抱怨声和列车长的训斥声。

再也没有比这更舒服的车厢了，我们五个人几乎都躺在床上唱着歌，等待着到达目的地。然而随着列车的行驶，温度越来越低，下了车我才知道，那天的温迪亚高原刚好经历了一次寒流，大街上的流浪汉不得不烧垃圾取暖。

为了第二天一早去桑齐，我下了火车后，在汽车站待了一晚上，虽然把厚衣服拿出来穿上，仍然被冻得哆哆嗦嗦。这是我在印度碰到的最冷的一天，最后只能跟着印度人一起烤火等待，听他们唱歌，熬到了天亮。

当东边的天空开始泛青的时候，我已经上了第一辆班车出发了，太阳出来不久，售票员已经告诉我桑齐到了。

大塔在一座小山顶上，这座佛塔几乎见证了从阿育王时代的孔雀王朝一直到安达罗王朝的历史。最早时，这只是阿育王建造的数万个佛塔中的一座，在佛塔下埋藏着佛陀的舍利子。这时的佛塔只是一个半球状的土质建筑，没有其他的附属物。在佛塔的旁边树立着我前面提到过的那根阿育王石柱。

公元前 232 年，阿育王逝世，帝国在他的两个孙子之间分裂。随着许多地区纷纷宣布独立，王权很快分崩离析。公元前185年，帝国的一位婆罗门部将杀害了末代皇帝，自己称帝，他的姓氏巽迦成了新王朝的名字。巽迦经历十帝，共统治了112年，之后为新的王朝甘婆王朝所灭。甘婆王朝经历四帝后，灭于南方的一个新王朝——安达罗王朝（Andhar）。印度北部帝国的统治结束了。

实际上，南方的安达罗王朝也是在孔雀帝国的尸体上建立起来的。随着帝国的崩溃，原来附庸的南方萨塔瓦哈那人（Satavahanas）乘机独立，建立了王朝，这就是萨塔瓦哈那王朝，也称安达罗王朝。

在印度南部，奥利萨邦之南，如今还有一个邦叫安德拉邦（Andhra Pradesh），首都为大名鼎鼎的海得拉巴。安德拉邦的疆域与当年安达罗王朝的疆域重合。

如果从地理位置上看，安达罗更接近于后来的印度中部地区，还没有深入到南方。遥远的南方，对于印度来说，犹如周朝的吴越地区、战国的两粤，虽然人们已经知道了它们的地理位置，但又处于文明之外。

从巽迦帝国取代孔雀帝国开始，新的巽迦王由于信奉婆罗门教，佛教被抑制，婆罗门教也随之重新兴盛起来。

新皇帝的兴婆罗门、抑制佛教在桑齐也有所反应，在巽迦时代，阿育王建立的土质佛塔被拆掉了。

然而，老的巽迦王死后，他的后代们却明智地采取了宗教宽容的政策。于是，在桑齐阿育王佛塔的原址上，一座新的佛塔又建立了起来，这座佛塔比阿育王时代的更加雄伟和壮观，在半球状的土墩外面垒砌砖石，并在顶上增加了一个方形的平台，平台上还有着三层的华盖，在佛塔的底部还修建了石砌的围栏。这种用砖石垒砌的建筑不仅美观，而且更加耐久，穿越两千多年的历史，保存到现在。

巽迦王朝灭于安达罗王朝之后，新的王朝又在围栏的四周加建了四座砂岩雕刻的牌坊，成就了今天的形式。

桑齐大塔最美的建筑莫过于四座牌坊。在印度，宗教建筑的入口大都经过了从牌坊到门楼的转型，佛教时期，人们除了注重塔本身之外，也开始注重在入口处设立美丽的牌坊，上面雕刻上佛教本生的故事，以及佛教的雕像，使得人们在进入主建筑体前就能获得宗教的愉悦。到后来，印度教模仿佛教，却又超越佛教，将牌坊变成单独的建筑形式，成为门楼，门楼也越盖越高，于是就有了南印度那动辄高达几十米上百米的巨大门楼，其标志性甚至超过了神庙本身。

谈到佛教雕刻时，人们往往想到的是佛像艺术，一尊尊栩栩如生的菩萨面带高贵的神秘莫测，令人神往却不敢亵渎，构成了宗教体验的一部分。但在桑齐却展现了佛教艺术的另一部分：美丽的纹饰。遍布四座牌坊的美丽纹饰，让人们产生的不是敬畏，而是最大的愉悦感，这些美丽纹饰又构成了一个个佛陀修行和传法的故事，令人们在一种轻松的氛围内了解佛教的真谛。

当佛教传到海外，变得越来越神秘化、越来越讲求权威和信仰的时候，其原产地印度反而更强调个人体验，这种个人体验并非要求主动去受苦，而是强调自我表达、自我思考和自我快乐。这不是一种纯粹禁欲的宗教，而是一种讲求精神充实的宗教。

看牌坊上那一个个裸女吧，无不拥有丰硕的乳房和健壮的身躯，看那些滑稽的壮汉吧，肥硕、短小，如同刚喝了酒的表情。还有各种各样的动物，狮子、马、大象……在这里，我再次发现了四个一组的狮子，它们看上去与印度国徽（也就是鹿野苑的阿育王石柱头）中的狮子非常相似，甚至表情都一致，毕竟安达罗时期仍然距离阿育王时期很近，仍然保持着高超的雕刻艺术。

阿育王时期整个印度曾经有数万座佛塔，但留到现在的只有桑齐大塔和答枚克塔两座而已。不过，人们还知道一座已经不存在的佛塔，它的知名度并不亚于桑齐。在中央邦的东部，卡朱拉霍以东，有一个叫作巴尔胡特（Barhut）的地方，在当地曾经有另一座巨大的佛塔，这就是有名的巴尔胡特佛塔。

当英国人在 19 世纪发现这座佛塔的时候，发现当地的邦主正在把石头从塔上凿下来建房子，这座塔在英国人的眼皮底下消失了。

英国人能做的，只是把大塔的牌坊和护栏取走，运到了加尔各答，放在了加尔各答的博物馆里，这些美丽的远古雕塑从 1878 年开始，就一直在加尔各答博物馆展出。

在加尔各答，博物馆对我最大的吸引力，莫过于找到存放巴尔胡特大塔的展馆，为此我跑遍了楼上楼下。这个博物馆存放着一切英国人收集的稀奇古怪的东西，从各种奇怪动物的化石，到动物的标本、骨骼，再到各种矿石，以及植物的插图，还包括钱币，任何可以归属为博物学范畴的物品都能在这里找到。当然也少不了丰富的印度雕塑作品。这里的雕塑从史前持续到现代，大部分都是宗教塑像，也包括各种建筑物的护栏、围廊，从最粗犷的贵霜雕像，到青面獠牙的野猪神，再到形态优美的释迦牟尼，以及三头的湿婆神，但就是没有看到巴尔胡特的石雕。

最后，我在一楼一个展馆的内部发现了一个小门，这个门没有锁，引起了我的好奇，推门而进，正对门的就是巴尔胡特油光发亮的牌坊。

这个展厅专门为巴尔胡特所设，室内对于温度和湿度的要求极高，虽然有对外的门，但是上了锁，只能从其他展厅进入。

为了保护砂岩建筑，每一块石头上都涂上了保护层，都显得油光光的，也使得千年的建筑并没有显得那么旧。巴尔胡特围栏最美的是那些站立的侍者像，这些侍者或男或女，姿势各异，有的显得谦恭，有的则比较休闲。古人显然注意了塑像的变化和风趣，显得颇有生活情趣。

不过，巴尔胡特风格与桑齐风格又有着明显的差异，桑齐风格显得飘逸、更加写实，更加注重美观性。而巴尔胡特注重的却是装饰性，将人物刻画得更加抽象、更加谦恭，或许这是因为巴尔胡特更加古老，或者受到希腊化的影响更小。

在这儿，一位印度工作人员和我讨论着英国人对考古学带来的贡献，他强调，如果没有英国人的保护，也许这些作品早已经淹没在了历史当中。我试图从反面角度思考，告诉他，英国人曾经把雅典卫城的雕塑运到了英国，也曾把敦煌的抄本盗出了中国。

"这是一个角度问题，"他回答，"实际上，如果英国人不拿走，也许那些东西就保存不下来。英国人从巴尔胡特拿走这些雕塑的时候，如果从你的角度看，也可以说是偷，把这些雕塑从巴尔胡特偷到了属于英国的加尔各答，要知道，当时加尔各答是属于英女王的。这些无与伦比的作品比国界要重要得多。"

我无法反驳，微笑着接受了他的观点。

阿育王当年侵略的羯陵迦，在安达罗时代也获得了新生，一个新的王朝建立并保持着超然的地位，它仍然叫作羯陵迦。

不过，此刻的羯陵迦已经变成了一个佛教和耆那教遍布的地区。虽然到了后来，这里成了印度教的重镇，但在公元前后，佛教和耆那教的庙宇和石窟遍布在这片曾经英勇抵抗的土地上。

在如今的奥利萨邦首府布班内斯瓦尔，顺着南下的主要干道行驶 7 公里，就到了一个叫作乌达雅吉里的地方。从火车站到达这儿，三轮车司机收了我 20 卢比，大约折合人民币两元五角。

从一个岔道向东走了百多米后，在路的两侧有两座小山，北边的小山名字叫乌达雅吉里，南边的小山叫坎达吉里，两座小山中间是行车道。

这里就是羯陵迦地区留下的最早的石窟，从公元前 2 世纪开始，这里就响起了叮叮当当的斧凿声。最早的石窟由羯陵迦国王卡拉维拉（Kharavela）开凿，之后断断续续的叮咚声持续了近千年。

这里的石窟以耆那教为主，许多石窟的雕塑已经由于年代的久远，被雨水和风化侵蚀得看不出原来的面貌，但还有一些地方保存完好。在支离破碎的雕塑前，人们在仔细地辨识着这里的一头大象，那儿的一只狮子、一条眼镜蛇。

如果你到乌达雅吉里，请一定要寻找第一窟，这座双层的复杂洞窟是保留雕刻最多、最具艺术性的石窟。在这儿，托着果盘的侍女、战争中的大象、奔跑的鹿、追逐的猎人、战斗的人群，无不被表现得惟妙惟肖，仿佛令人回到了古代的传说之中。

我沿着山路继续向上，看到一座石窟的门外，一位老人正喂着一群猴子，一只小猴子站起来，从老人的手中把食物拿走，还有只猴子坐在上千年的大象石雕上，尽情地享受着美食。不管是在南印还是北印，猴子总是大摇大摆地出现在城市和乡村，在这里，人类不是动物的天敌，而是朋友，几乎所有的动物都受到人们的保护，它们都放弃了躲避人类的天性。记得在瓦拉纳西旁边的莫卧儿·萨赖火车站里，一个印度人在我旁边正准备午餐，从包里拿出了一张大饼，放在了铺好的报纸上，一只猴子突然从天而降，落在了他的面前，抢走了大饼飞奔而去，引得人们哄堂大笑。印度人冲着远去的猴子挥舞着拳头，等猴子走远后，也跟着大笑起来。

猴子有时候还会成为一种威胁，我不止一次受到猴子的骚扰。一次在巴达米，一只猴子抓住我背后的背包吊着不肯走，还不停咬我的衣服，到了果阿，我被咬过的裤子就解体了。在占西的古城堡里，我把吃剩的半串香蕉捆在了背包顶端，没想到一群猴子撅着尾巴围了上来，旁边的人立即把我的香蕉摘下来递给我，我把香蕉向着远处扔去，落地处传来了猴子厮打争抢香蕉的声音。如果我的动作稍微慢一点，身上就会爬满争抢香蕉的猴子。

尽管会有这些小小的意外，但在大部分情况下，猴子与人之间相处和谐。

在乌达雅吉里的顶部，是一座已经毁掉的建筑，从残基看来，这个建筑的墙壁厚实，易守难攻，带着非常强烈的防御色彩，也表明这个属于神的地方并非永远和平。羯陵迦并非世外桃源，在未来的历史中，它将面临一场场的征战，被印度教徒、穆斯林、基督徒轮流征服，才到达了现在。

从这里遥望对面坎达吉里顶部的耆那教神庙，也会感慨着和平的美好，并庆幸兵荒马乱的时代已经成为过去。

然而，乌达雅吉里和坎达吉里刚刚开凿的时候，却代表着一个统一时代的尾声。孔雀帝王们打造的那个整体世界已经处于分崩离析的前夜。实际上，当安达罗在南部进行扩张之时，在北部，从中国发端的一股陌生力量已经在积聚，并很快就会突破西北边疆那薄弱的山口，进入印度的境内。

第三部

从中国刮来的旋风

——游牧的印度

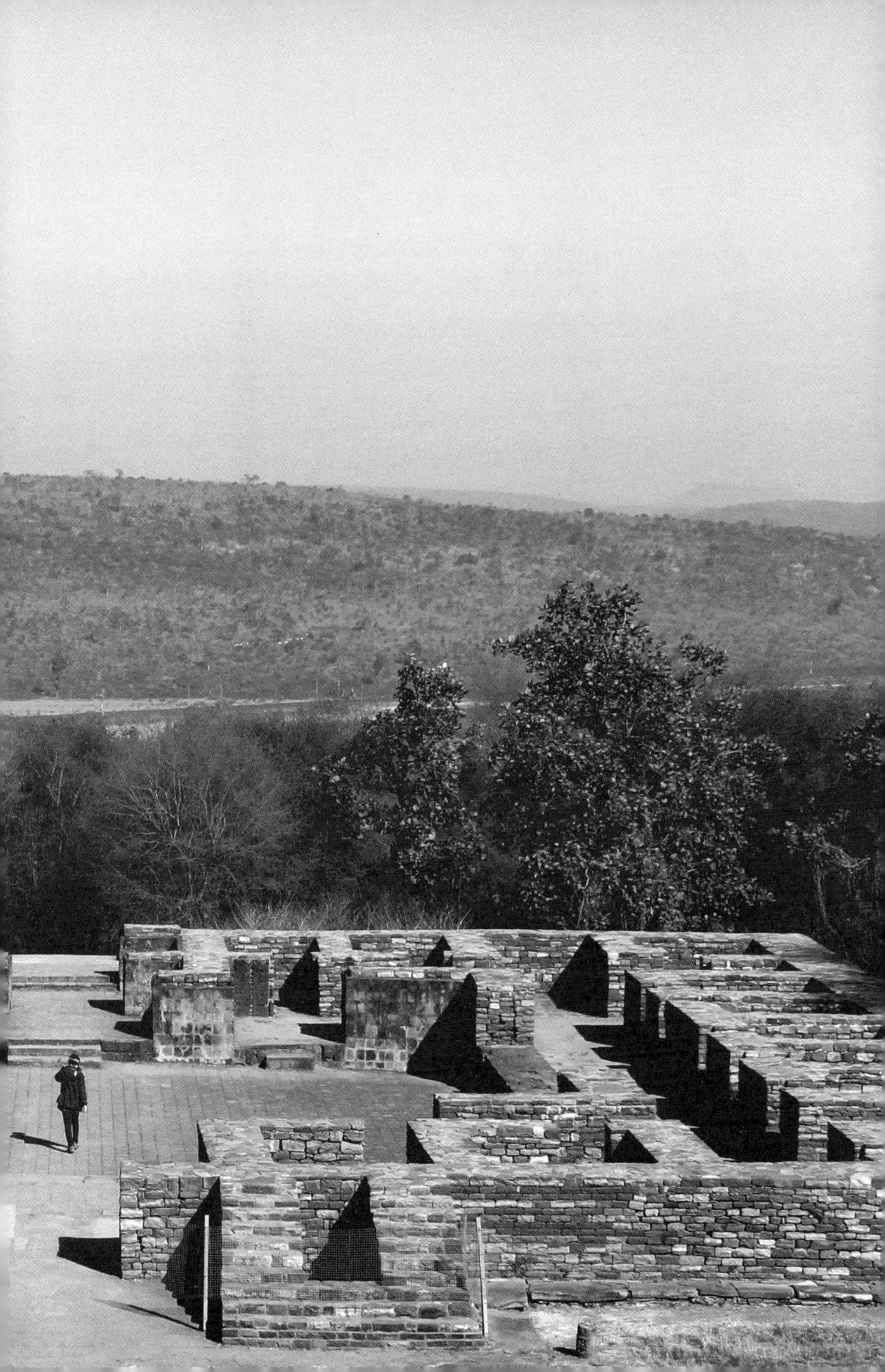

第十一章

蝴蝶效应从中国发端

公元前139年,一位来自中国汉代的使节张骞正要出发去西域,他未来的日子里会经历危险和动荡,却可以近距离地观察一次民族的大迁移。

这次大迁移始于中国,终于印度。到最后,这群来自中国内陆的迁徙者更是在印度建立了一个庞大的帝国。张骞经历的恰好是这个民族迁移的中间部分:已经离开了中国,却还没有到达印度。这个民族在中国被称为月氏人,在西方则被称为贵霜人。

贵霜也是印度历史上古典时期传统的三大帝国之一,在它的前面是大名鼎鼎的孔雀王朝,在它的身后则是百花齐放的笈多帝国。贵霜这个外来政权如同两大本土帝国的中间连接部,即便印度人并不乐于承认,但不可否认独为一体的贵霜是印度历史一个特殊的组成部分。如今,我们仍然能从贵霜的文物中感受北方人的狂放不羁,这种个性为印度增添了一份高亢的色彩。

关于贵霜(月氏)人的历史,最早可以从中国的战国时期找到痕迹。在如今中国西部的甘肃河西走廊一带,有一个半游牧民族在这里生活了很久。

从某种程度上说,月氏人是一个过渡民族,恰好夹在了游牧民族和农耕民族之间,并受到了双方的威胁。在它的南方,是习惯于农耕的华夏民族。经过了春秋战国的风云变幻,秦国正在从混乱中脱颖而出,它和继任的汉王朝开始了统一全国、向北方扩张的道路。在北方,则是一个比月氏人更加习惯于游牧的民族,叫作匈奴。对于月氏人来讲,夹杂在农耕和游牧民族之间,意味着生存环境并不理想。

事实证明,匈奴的威胁远大于汉人。

一直到秦朝末年,匈奴人看上去比月氏人还弱小,他们不得不按照"国际惯例"，让自己的王位继承人作为人质生活在月氏人当中。然而不幸的是，最后做人质的匈奴人，恰好是一位叫冒顿的年轻人，这位年轻人注定要成为匈奴最伟大的单于之一。更不幸的是，在冒顿当人质时，他并没有得到月氏人的善待。一次，当月氏人企图杀掉冒顿时，他逃出了月氏人的控制，回到了自己的部落，杀掉了父亲，当上了新的单于。

从此以后，月氏人进入了噩梦时期，冒顿的大军挥师南下，在战场上屡屡上演屠杀。直到公元前177年，月氏人被迫放弃了肥沃的河西走廊，向西迁移进入了新疆北部的准噶尔盆地。

公元前162年，冒顿单于的儿子老上单于再次打败了月氏人，将月氏王的头颅砍下来当了酒器。月氏人被迫再次迁移，一部分南下进入了青海境内，并最终被当地人同化，也许变成了羌人的一支。另一部分则继续西迁，到达了新疆西北部的伊犁一带。

月氏人的西迁引起了连锁反应，原本居住在伊犁一带的塞人（或者称为斯基泰人）在月氏人到来后，被驱逐着也向西南移动，进入了阿富汗境内。从阿富汗到印度之间，已经只剩一条山脉的阻隔。

然而，在伊犁的月氏人也没有摆脱厄运。他们刚刚稳定了一段时间，遭受了汉王朝打击的匈奴人也进入了西迁的时代，于是，月氏人只好收起背包再次逃窜。这次，他们没有选择塞人的道路进入阿富汗，而是向西方的中亚一带前进，进入了著名的河中地区（阿姆河和锡尔河中间地带）。

如同后来的日耳曼人在欧洲的南下运动一样，匈奴人、月氏人、塞人也如同潮水向西向南移动。当月氏人到达河中地区后，受到当地人的驱赶，不得不掉头向南，出铁门，经另一条通道进入了如今的阿富汗、伊朗境内，他们的到来使得占领这儿不久的塞人再次向南移动。

塞人和月氏人到来之前，阿富汗和伊朗居住的是安息人（波斯人，在西部）以及希腊人（在东部），当亚历山大征服了中亚后，希腊人的后裔在这里建立了大夏（巴克特里亚）王国。在塞人、月氏人的压力下，巴克特里亚人也纷纷南下，进入了印度的境内，成为入侵印度的第一波力量。这次由匈奴人和月氏人搅动的一系列民族迁徙活动，将一波又一波的人们赶往了印度次大陆。在人类迁徙史上，也许只有法兰克人和蒙古人的迁徙可以与之相提并论。

当张骞出使西域的时候，月氏人正居住在康居，也就是如今费尔干纳盆地的西北、河中地区的广袤平原上。张骞试图联合月氏人，从东西两个方向夹击匈奴人，然而，作为半游牧民族的月氏人似乎对于故土的思念并不强烈、颇有乐不思蜀的心态，费尔干纳盆地内水草丰美，是个宜居的好地方。月氏人最终告诉张骞，他们不想再回到甘肃的故地，也不愿意与汉廷联合抗击匈奴。张骞的出使虽然以失败告终，但将葡萄、石榴、胡麻等引入了中国，从经济上对中国的影响或许远大于一次军事行动。

张骞这次出使失败后，月氏人彻底离开了中国的范围。但谁也没有料到，这只不过是月氏人建立大帝国的前奏。

公元前140年，月氏人跟在塞人之后，也南下到了大夏边境。此时的月氏人已经分成了五个部落，每个部落有一个酋长，称为翕侯。贵霜就是这五个部落中的一个。

月氏人到达边境后，迅速卷入了与西部安息国的战争之中。安息帝国是波斯阿契美尼德帝国的继承者，也是罗马帝国的最大对手。罗马曾经的三巨头之一克拉苏（他以镇压斯巴达克斯而著名，同时也是恺撒和庞培争雄时竞相拉拢的对象）就是在远征安息时被杀害，他的军团全军覆没，成为罗马历史上少有的几次全军覆没之一。

然而，安息人却不是月氏人的对手，公元124年，月氏人在一次战役中甚至杀死了安息的国王。

月氏人还继续侵占着大夏的领地，把大夏向南压缩，占领了大夏的东部地区。由于接触到大夏的希腊化文明，此时的月氏人也开始希腊化了，从半游牧民族逐渐变成定居民族，并发行了自己的货币，开始发展商贸关系，这为后来月氏人创造出一个巨大的贸易帝国做好了准备。也正是在这段时期，月氏人受到了印度佛教的影响，开始将佛教作为他们的宗教，之前，与其他来自北方的民族一样，他们大多信奉原始的萨满教。萨满教认为万物有灵，通过巫婆可以与这些灵魂对话，这种宗教至今仍然可以在俄罗斯的西伯利亚、蒙古找到踪迹。

公元前1世纪初，五翕侯中的贵霜翕侯丘就却打败其他翕侯，统一五部落，从此月氏人这个名词就被贵霜所代替，而他建立的帝国也被称为贵霜帝国，这个帝国最初的领地在阿富汗，包括了现在的喀布尔地区。

丘就却建立贵霜的时候，中国西汉王朝正处于衰落之中，王莽已经开始当权。在西方，正是耶稣诞生的前夜，也是罗马帝国最混乱的时候，一支罗马军队在日耳曼境内被野蛮人屠杀，而在东方也正和安息人有着无数的冲突。波斯的安息王朝也在衰落之中，并注定要在月氏人手中彻底沉沦。

至于印度，孔雀后继王朝的衰落，地区王朝的争雄，也让印度缺乏对外防御的能力。对于正处于衰落时期的次大陆来说，被北方民族占领已经是在劫难逃。

最先来到印度的，是在这一连串迁徙活动最南部的希腊人（巴克特里亚人）。亚历山大大帝在中亚的遗产，就是一批以他自己的名字命名的城市，以及希腊化的生活方式。当他死后，三位将军瓜分了他的跨越亚欧非的庞大帝国，然而，在遥远的东方还有一个国家被排除在了这三个国家之外，或者说，留在了东方的希腊人在阿富汗境内建立了一个叫作大夏（巴克特里亚）的国家，这个国家一直存在到月氏人入侵的时候。

当月氏人逐渐占领阿富汗时，大夏的希腊人早已经在北部塞人的压力下，跨过了兴都库什山，进入了印度河的腹地。有人认为，除了北方游牧民族向南压迫之外，这次入侵也有印度内部空虚、希腊人主动占领的意思。

虽然巽迦王朝取代了孔雀帝国，但巽迦王朝已经没有办法制止希腊人对于西北边境的入侵。一位叫米南德（佛教称之为弥兰陀）的大夏将领跟随国王出征印度，他们占领了印度的西北境。但这时，北部塞人的入侵让大夏国王无心久留，急匆匆翻越兴都库什山赶往了阿富汗本土，米南德趁机留在了印度，他选择了独立，建立了一个印度—希腊王国。

公元180年前后，米南德的王国包括了几乎整个巴基斯坦，以及旁遮普、古吉拉特，一直进入了恒河地区，到达了印度古老的城市马图拉。

米南德死后，他的印度—希腊王国分裂成了几个小国，又存在了几十年。

希腊人浪潮过后，第二波移民浪潮也到了。塞人（斯基泰人）被月氏人从伊犁赶出后，南下进入了阿富汗。塞人的老家在新疆以北的俄罗斯南部，当他们南迁伊犁的时候，就卷入了世界迁徙的潮流之中，先是在伊犁被月氏人赶到了阿富汗，随后月氏人占领了阿富汗，将塞人继续赶向南方，进入兴都库什山区，最后到达印度河平原。

塞人在印度建立的国家地域与米南德国王的疆域类似，也包括了整个巴基斯坦、古吉拉特、旁遮普，直到马图拉。实际上，它就是在消灭印度—希腊王国的基础上建立起来的。在这里，它们从游牧民族变成定居民族，并接受了希腊人的生活方式，信奉佛教。

印度—塞人政权存在了很久，实际上，直到后来的贵霜帝国灭亡后，印度的塞人政权仍然存在，只是它已经被贵霜帝国赶出了巴基斯坦，迁移到了印度的中部地区，直到印度本土的笈多王朝兴起后，才最终灭掉塞人政权。

在贵霜人和塞人之间，还有一个短命的政权，是阿富汗西部伊朗境内的安息人（帕提亚人）建立的。

安息人在与西部的罗马、东部的巴克特里亚和贵霜人的战争中消耗着元气，不过，在贵霜人进入印度之前，一位叫冈多伐尼斯的安息人获得了塞人的政权，建立了一个只存在了20年的印度—安息政权。

在贵霜人到来之前，印度—希腊人、印度—塞人、印度—安息人已经轮流在历史舞台上亮相，接下来该是印度—贵霜帝国登场的时候了。

第十二章

中亚和印度——贵霜帝国的印迹

贵霜帝国国王丘就却死后，他的儿子阎膏珍继位，这位新的继承人已经不能满足阿富汗和中亚的领地，南下进兵印度，占领了恒河上游地区。恒河上游刚刚经历过巴克特里亚人、塞人、安息人的轮流入侵，如今又迎来了第四位蛮族的征服者。

不过阎膏珍仍然是一个中亚的帝王，他没有将重心移往印度的野心。一不小心占领了恒河，他甚至不知道如何处理这些新得的土地，将印度交给了一位将军治理，自己回到了中亚。

但这样的局面不会持续长久，随着贵霜对周围的地理越来越熟悉，他们的野心也逐渐变大。到了阎膏珍的继任者迦腻色伽时期，贵霜人开始了急剧的扩张之路。迦腻色迦不仅打败了西部的安息，还彻底占领了印度的北部，建立了一个西起伊朗边境，东至恒河中游（主要在恒河—亚穆纳河间地区，但也有可能将影响力扩展到奥利萨地区），北起锡尔河、葱岭、南至纳巴达河的大帝国。

在古典印度史上，只有孔雀和笈多两大帝国的疆域超出过贵霜。在印度近现代史上，又有三个政权的疆域超过了贵霜，它们分别是：莫卧儿帝国、印英帝国和现代印度。但是，没有一个政权如同贵霜那样，能够将势力扩张到整个中亚，甚至包括了苏联各中亚共和国的很大一部分。这些领地是任何印度本土政权无法涉足的，也是印英这样的外来政权没有做到的。也许只有莫卧儿帝国接近过这一成就，因为莫卧儿皇族的血统也来自中亚。不过，莫卧儿对于中亚的控制力远没有达到贵霜时期。

在贵霜帝国的鼎盛时期，印度就是世界的中心，这里拥有全世界最壮观的建筑：在阿富汗的巴米扬谷地，僧人们正无休无止地开凿巨大的佛像；在帝国首都白沙瓦，一座巨大的白色浮屠塔伫立在山谷之中，远方的旅者到达谷地时，首先看见的就是那巨大的华盖在风中转动，那长长的经幡如同一面面的旗帜，诉说的不是佛法，而是帝国的强盛。

在这里，还能看到世界各国的人们，不管是罗马人、波斯人、印度人，都在这里会集，甚至偶尔能看到从中国、东南亚来的商人的影子。这里拥有世界的一切：中国的丝绸茶叶、东南亚的香料、罗马的黄金，各地的美女穿着绫罗绸缎走在白沙瓦的街头，将这里变成了色彩的海洋。

这里还是宗教信仰的中心，除了官方规定的佛教之外，其他宗教的影响也随处可见：原始的索罗亚斯德教（拜火教）、印度教、希腊教……一个贸易发达的时代必定是一个宗教控制较弱的时代，不管是以后的威尼斯、英格兰、美国，还是当时的贵霜，都遵循这个规律。

但是，贵霜帝国为什么会成为世界的中心？这里气候恶劣，在世界最高山脉的脚下怎么会出现一个世界性的帝国？

它能够保持这么强的影响力，还需要从当时世界贸易格局的角度去理解，这就不得不提到中亚历史上那条赫赫有名的贸易之路——丝绸之路。

贵霜人崛起时，恰好是西汉王朝衰落、罗马帝国刚刚转型帝制的疲惫期，贵霜帝国利用这个空当得以成长。但帝国建立以后，中国又进入了东汉帝国的繁荣时期，同时罗马帝国也已经摆脱了弑君和战争的阴霾，进入了帝国的黄金时代。东西方帝国的同时复苏，使得东西方贸易恢复了繁荣，贵霜帝国突然成了连接东西方贸易的最重要枢纽。

在古老的丝绸之路上，从中国出发的货物分两条路到达中亚，一条从北方进入费尔干纳盆地，再向西南方延伸到达一个叫作木鹿（Merv）的地方，木鹿恰好在贵霜帝国的控制之下。而另一条从南方走和田、喀什、塔什库尔干进入中亚的道路直接穿过阿富汗地区，并与北路在木鹿会合。当年，塞人和贵霜人沿着不同的线路从伊犁附近迁入阿富汗，塞人的路线与丝绸之路的南线重合，而贵霜人则基本上采用了北线。

由于整个阿富汗都在贵霜的控制下，贵霜帝国实际上垄断了丝绸之路的贸易通道。这样，贵霜帝国实际上控制了整个东西方贸易的枢纽，依靠贸易成了繁荣的大国。

在古代，贸易通道的垄断对于贸易的发展是有好处的，这和现代的贸易理论恰好相反。理由也很简单：一条路只有一个收税人，好过一条路上有无数个收税人。在上千年之后，中亚又出现了一个草原屠夫式的人物——成吉思汗，他以疯狂屠城和把人头垒成金字塔而闻名。但在西方贸易史上，成吉思汗却是个伟大的名字，正因为蒙古人建立了横跨亚欧的蒙古帝国，使得西方的商人可以毫无阻碍地到达东方，不用担心遭受土匪、各种小种族的抢劫。成吉思汗的统一间接地促进了贸易的发展。

经过迁徙早已经开化、知道贸易价值的贵霜人更成了世界上最好的商人，他们把丝绸之路的价值发挥到了极致，既从中取走了足够的价值，又保证不要取走过多、造成贸易的衰落。

贵霜人选择首都也体现了商业的价值。迦腻色伽将都城选在了犍陀罗地区的白沙瓦，于是，这个如今看上去肮脏破旧的城市到达了它的高峰。白沙瓦恰好处于丝绸之路的一条支线上，当丝绸之路的南线进入阿富汗后，主路继续向西、到达木鹿并进入欧洲，然而还有一条南下进入印度的支路从阿富汗分出，这条路在贵霜时期进入了繁盛时期，随着与印度贸易的迅速发展，这条支路在当时的重要性甚至超过了主路。这条路甚至连接了遥远的东南亚、缅甸和中国的西南部，当东南亚的商品从海路到达印度后，换成陆路从印度前往阿富汗，并入丝绸之路继续前进。

处于咽喉位置的白沙瓦北可以震慑阿富汗全境，东可以方便地进入印度，将贵霜帝国的中亚和印度两个宝箱控制并连接在一起。

对于中国历史来说，贵霜人的价值还在于他们打通了从中国到印度的新道路。在贵霜人之前，从中国到印度的大宗贸易品并不经过中亚，而是通过云南、缅甸、孟加拉，中国才和印度建立起了直接的贸易往来，这就是引子里提到的"丛林之路"。丛林之路在汉代之前已经被频繁使用，并随着汉代永昌郡的设置，显得更加著名。

大量的中国物资通过马队、经过云南的崇山峻岭和缅甸的密林，最后到达了东南亚和印度诸国。而在那时，整个中亚对于中国来说还属于未知的区域，要等张骞探险之后，人们才开始了解西域的真实地理。如果顺着历史的惯性前进，缅甸的丛林将被持续开发，随着大片的森林消失，形成一条宽广的贸易之路，将中国和印度两个文明古国关联在一起。

然而，历史却突然拐了个弯，随着时间的推移，相对容易行走的丛林之路反而逐渐不为人所知晓，而更加艰难的道路却越来越成为主流。

从中国到印度道路的开通，一方面是因为中国与西方的贸易，由于中国与西方贸易远大于与缅甸的贸易，商人们到达阿富汗后，很容易想到去印度看一看。而去缅甸的人少，也很少从那儿去往印度。另一方面，贵霜人这个直接出自中国地区并征服了印度的民族，让整个东方的人们重新认识了印度。贵霜人的征服重新塑造了丝绸之路的贸易，由于它直接控制了西域的大部分领土，不仅使得从西部到达印度更加便利，也使得佛教这个不为东方人所知晓的宗教进入了中国的西部，并逐渐扩散开来。

在佛教的影响下，人们开始对印度的生活有了向往，甚至有印度的僧人直接到达汉地，将自己的行程告诉了信徒。于是，在这些合力的共同作用下，从长安向西、到达中亚、再向南进入印度已经成了当时人们的常识，一条艰巨、遥远的道路反而成了主流。

但是，促成贵霜帝国崛起的因素，也成了加速它衰亡的原因。关于伟大的国王迦腻色迦的死因也有多种传说，有人认为迦腻色迦的北伐劳民伤财，让国人不堪重负，于是有人趁他在病中杀害了他。他死后，贵霜帝国急剧衰落。但除了征战之外，我更乐于将贵霜的衰落归之于三个方面：第一，外界的政治环境已经发生了急剧的变化，在帝国西境的伊朗地区，安息王朝已经衰落了，取而代之的是一个全新的帝国——萨珊王朝。当与虚弱的安息抗衡时，贵霜还有一定把握，但面临着一个蒸蒸日上的新帝国，它无能为力。与此同时，在它的东面，印度历史上最伟大的帝国之一——笈多帝国正在崛起，更进一步压缩了贵霜的生存空间。第二，更麻烦的是，贵霜所依赖的国际贸易环境也已经发生了变化，在东方，随着东汉帝国的衰落，中国已经拿不出更多产品来进行贸易了；而罗马经过了五位贤明皇帝的统治之后，也进入了一个皇帝不如一个皇帝的恶性循环，政局的不稳定直接打击了丝绸之路的贸易体系，也导致了贵霜的贫困。第三，对于古代帝国，统一的成本会随着疆域的扩大而急剧增加。为了控制广大地区，皇帝必须建立庞大的官僚机构，而官僚机构本身总是倾向于不停地膨胀，需要社会用更多的财富来供养，最终，庞大的官僚机构总是让帝国破产。在古代，没有一个集权的统一帝国能够避免这样的命运。

当这些条件凑在一起的时候，这个半游牧民族拼凑的帝国在印度终结了。游牧的文明已经烟消云散，游牧的人种却通过繁衍和婚姻保留了下来，成为印度熔炉的一部分。那些曾经入侵过印度的塞人、贵霜人最终变成了一个少数民族——贾特人（Jat People）的祖先，分布在旁遮普、北方邦、拉贾斯坦等印度北方的广阔土地上，他们改信了印度教、伊斯兰教、锡克教，特别是锡克教徒的贾特人，其祖先尚武的精神也通过宗教再次复活，融入了这个漂浮的次大陆。

在德里和阿格拉这两个新老首都之间，有一个小城市叫马图拉。这是一个大多数旅游者会选择略过的地方，与缠绵悱恻的泰姬陵和雄伟高大的固特卜高塔相比，马图拉显得毫不起眼，缺乏地标性的建筑供人瞻仰。

然而，马图拉在印度颇有名气，按照印度教的传说，毗湿奴的第八个化身，也是印度教最著名的神之一——黑天（克里希那）就出生在这里。距离马图拉十公里外的文达万（Vrindavan）拥有着数十座神庙，吸引着来自全印度甚至全世界崇拜黑天神的人们。

然而，马图拉对于我的吸引力，却在于那座著名的博物馆，以及馆藏的贵霜时期的雕刻。这座博物馆也揭示出马图拉的另一个身份：贵霜帝国的东都。

在迦腻色迦时期，贵霜人不仅将首都迁往了白沙瓦，为了控制帝国的东部，它还在更加东部（与现在的印度首都德里同一经度，比德里还要靠南）的地方建立了自己的东部政治中心。当王朝散去，那些曾经辉煌的建筑变成了尘土，贵霜帝国在印度境内的痕迹大部分已经被抹除，只有那些曾经的雕刻深埋地底，直到再次被人们发现。

早晨，从阿格拉出发，乘汽车前往马图拉。两旁的庄稼绿油油的，千百年来一直那么绿，在贵霜人来到这里时，他们看到的也一定是这样的景象。

到达马图拉后，我步行来到博物馆门口，被告知十点半才开门，于是等了一会儿。在门口，一只刚当了妈妈的母狗正在给小家伙们喂奶。在世界上，最幸福的狗在印度，这并不是说它们吃得最好，而是因为它们可以自由自在地在城市里生活，没有人圈养它们，也没有人驱赶它们，于是印度的狗成了城市生态链的一部分，在大街上吃东西、睡觉、生养孩子。

十点半，博物馆门打开，我成了当天第一个游客，幸运的是，这个博物馆竟然允许照相。进入博物馆后，首先映入眼帘的，是博物馆的镇馆之宝：一座一人多高断头断臂的雕像，雕刻的不是别人，正是最伟大的贵霜王迦腻色迦。

这是一座与印度人截然不同的雕像，看第一眼时人们会以为到了中亚地区。雕像脚蹬厚重的大皮靴，如同现代宪兵队的装束，身着中亚式的长袍，手持两柄形状独特的利剑，其中一柄装在剑鞘之中，另一柄被他拄在地上支撑着身体，剑刃越往头部越宽大，笨重、结实，带着中亚人的苗壮，可以想象，这样的剑即便平拍过去，也会将人砸死。

整个雕塑如同草原上的一名武士，但他却是大名鼎鼎的贵霜王。从这里，我们可以猜测，也许贵霜所建立的政权即便到鼎盛时期，也带着中亚草原的气息，生活粗犷，宫廷保留着游牧色彩。

可惜的是，这座雕像的头部已经被毁掉了，也许贵霜人撤离后，印度本地人将入侵者炫耀武功的雕像尽数毁灭，只留下了这残破的遗物。

在迦腻色迦雕像的对面，是贵霜王阎膏珍（Wima Kadphises）的坐像，他坐在一个雕着狮子的宝座上，仍是游牧打扮，他的头也已经不存在了，让人们只能凭借想象来猜测皇帝的尊严。

不过，贵霜人的相貌却通过其他的雕像流传了下来。在博物馆里，一座如同真人大小的雕像保留了头部，这座雕像缺失了左臂，右臂上扬形成V字形，如同在讲着什么道理。他穿着长袍、留着头发和胡须，看上去像一个文质彬彬的现代人，长相却是典型的亚洲面孔。这个人是谁？他的职业是什么？这一切都已经无人知晓。或许，他是一个诗人，正在思考着新的诗篇，也为贵霜人的统治增添一分文学气息。

贵霜的雕刻与印度后来的雕塑风格也迥然不同，印度雕刻如同佛教雕塑一样，总是带着程式化的特征，而贵霜的雕塑虽然看上去质朴，但没有被程式化所束缚。于是，我看到了各种各样有趣的雕像，有的人表现出愤怒，有的人显得滑稽无比，还有表现恩爱的夫妻头像。看到如此众多的雕像，贵霜王朝仿佛从历史中走了出来，以活生生的生活方式展现在我的眼前，仿佛告诉我，这是一个野蛮的民族，却又是一个欢乐的民族。贵霜的欢乐是世俗的欢乐，与宗教仿佛格格不入，即便在灭亡后，也似乎将欢乐的特征留在了印度。

从佛教、印度教典籍中，我们接触到的往往是一个刻板、严肃的文明，这里的人们个个相信命运，虔心神灵，仿佛丧失了人间的欢乐。但实际上，现代的印度人有着丰富的快乐细胞，他们能歌善舞、性格中也充满了戏谑。

这种典籍和社会实际的反差来自哪里？或许，这群来自中亚的贵霜人就曾经留下了影响，而不仅仅是匆匆的过客。

当送走了贵霜政权，马图拉再次归于宁静，作为都城的喧嚣已经让位给了作为小城的宁静。在贵霜人离开之后，这里成了一个佛教的中心，在城市里曾经分布着十几个佛教寺庙，于是，在博物馆里又增添了不少佛教雕刻。贵霜之后的佛教雕塑达到了高峰，它借鉴了在白沙瓦发展起来的写实风格，已经学会了如何表现佛像身上那一层薄纱，让佛像变得越来越现实，越来越美观，并在笈多时代达到了巅峰。

博物馆的另一个镇馆之宝，是一座站立的佛陀像，佛陀神态安详，双脚微微叉开，衣褶下的身体轮廓彰显出强壮和健康。此刻的佛陀已经不仅仅是天神的化身，也是人间完美人体的表现。

1017 年，随着阿富汗入侵者的到来，大部分的佛教寺院都毁于入侵者的铁蹄，马图拉这个小小的人间净土变成了一座普通的印度城市，只剩下博物馆里那些侥幸逃过了历史劫难的雕塑，诉说着这座城市曾经的辉煌。

第四部

古典主义和中世纪

——印度教的印度

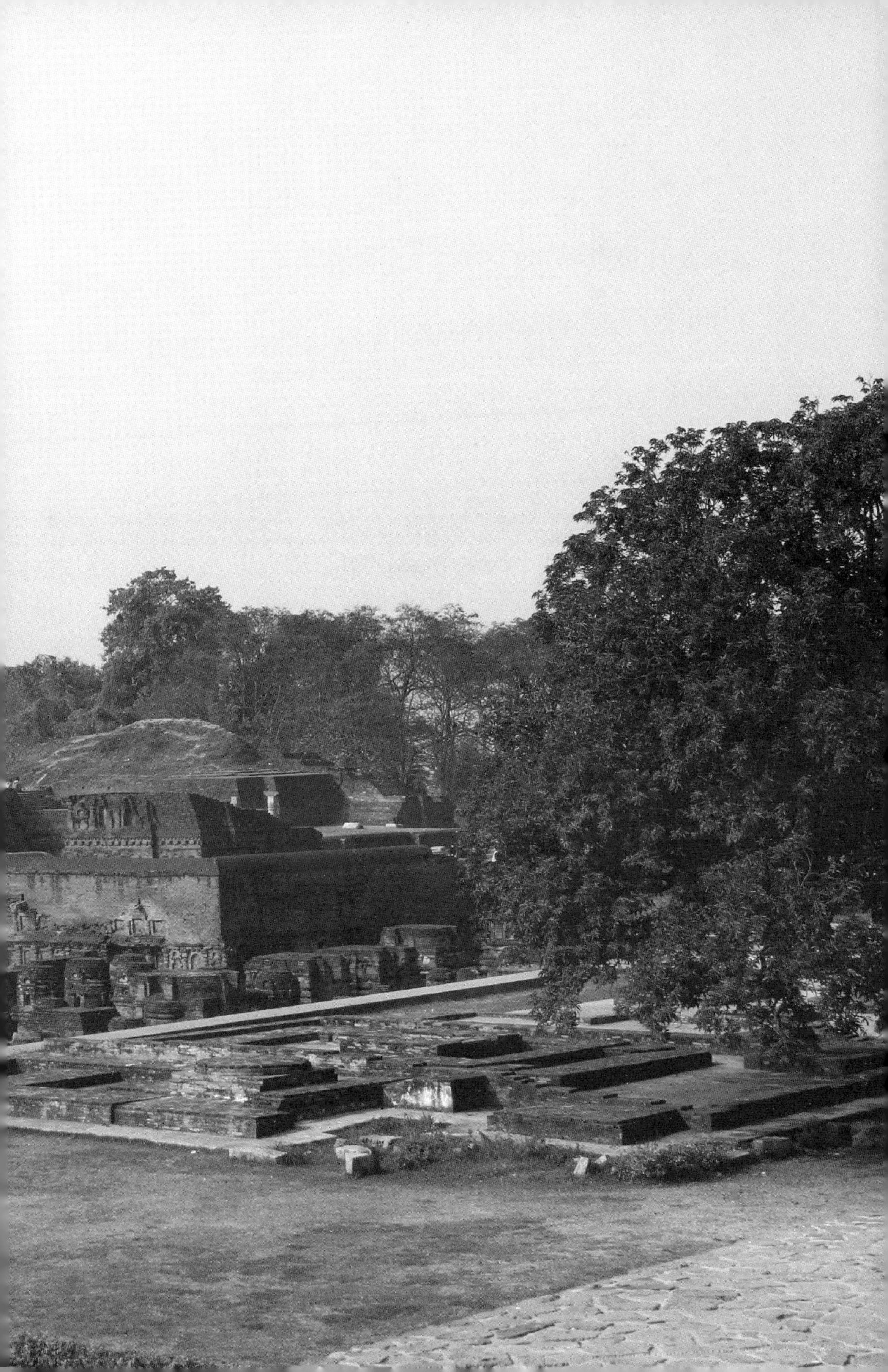

第十三章

玄奘的印度世界

1817年，几个身穿红色外套的英国士兵在军官约翰·史密斯的带领下，由一个印度男孩带路，进入了一个深谷之中。

史密斯是受到当地土邦的邀请来打猎的，他们一路寻找着老虎的踪迹，却没想到进入了一个神秘的陌生之地。

这里是一个马蹄形的山谷，距离最近的一个村庄叫阿旃陀（Ajanta），在几公里之外，一条叫作瓦格拉（Waghora）的河流穿谷而过。河两边是覆盖了薄薄土层的灰色岩石，灌木繁盛，夹杂着各种乔木，将岩石遮挡着。人们只能顺着若有若无的野径在崖壁上攀登。

在寻找老虎的过程中，英国军人登上石崖，拨开乱枝，突然发现了一个幽暗的山洞，难道这里是隐藏着老虎的山洞？

借助照射进山洞的阳光，令英国人感到惊讶的是，洞内一张巨大的脸庞正凝视着这群不速之客——他们发现了一座庞大的石头佛像。这个佛像正在一个幽暗的山洞里，摆出祝福的手势。士兵们克服恐惧，放下枪走入山洞，渐渐地，他们被一个奇妙的艺术世界震惊了。

他们在这段马蹄形的山谷中共找到了30个石窟，这些石窟雕刻工艺复杂、装饰精美，风格上与后来人们熟知的印度教雕刻迥然不同，庞大的石窟群鬼斧神工般出现在人们的面前。阿旃陀石窟就是以如此戏剧性的方式被英国人重新发现的。

此刻，英国人尚不知道，这座石窟已经有2000年的历史，从公元前2世纪开始，在孔雀帝国刚刚结束、巽迦帝国接手的时代，虔诚的佛教信徒就已经开始在这里凿刻，斧凿之声一直持续到7世纪，终于渐渐地安静下来。

英国人也不是最早发现和记录下这个神秘石窟的游客，实际上，公元 7 世纪，在这座石窟正进入尾声的时期，中国唐朝的僧人玄奘就在《大唐西域记》中记录下了这座伟大的石窟。

玄奘记载，在遮卢迦王国的东境有一座大山，层峦叠嶂，有一座寺庙设在深深的山谷之中，是一位西印度人阿折罗所建。最大的洞窟高百余尺，中有石佛像，高七十余尺，上有七重石盖。

而令玄奘印象更深刻的是在门外南北两侧的两尊石象，传说，当这两头象大声吼叫的时候，大地都为之震动。如今，这对石象仍然静静地站在第 16 窟之外，一千多年，它们仍然在吼叫着，向世界各地的游客诉说着历史的沧桑。

阿旃陀吸引人的不仅仅是石窟和佛像，那些穿越了一千多年的壁画也同样吸引着众多的游人。当我们在阿旃陀村等待摆渡车将我们带进河谷的时候，一位加拿大的老人和我坐在一起，这位 70 多岁的老人精神矍铄，照相设备齐全，总是乐于与人分享自己的经历。"阿旃陀我已经来过十几次了，每一次都有新的发现。"他颇显得意地告诉我。

我把他当成了历史研究人员，但他只是一个退了休的游客而已。在每一个旅行者的心中，都会不由自主地树立起属于自己的圣地，显然阿旃陀就是这位加拿大老人的圣地。

他的包里装着几张图书的残页，每张残页上都是关于阿旃陀的壁画，此次他来的目的，就是找到这些壁画。

最令他着迷的是一个壁画的细部，那是一位带有印度风格、皮肤黝黑的女士，由于颜料挥发的问题，女士的眼珠已经不见了，只是从她的脸型和白色的眼睛，还能看出这位女士的娇媚与活泼。

在车上，老人用既深情又忐忑的目光凝视着图片上的女士，他大概还在担心是否能够找到。此刻，我却想到了一千多年前的玄奘的目光拂过壁画时的情形。

玄奘一定也如同我们一样，从阿旃陀的主入口进入山谷，映入他眼帘的首先是一段悬崖边的小道，之后豁然开朗，他已经不知不觉间来到了第一窟的门口。

当他进入第一窟的内部时，一定像我一样被洞窟的奢华惊呆了：山洞分成了两个部分：一个庞大的大厅，以及在大厅的前壁上又凿出来的小佛厅，在小佛厅里，菩萨正安详地望着这个世界。

大厅里装饰着美轮美奂的壁画，现在这些壁画已经脱落变成了残迹，而在当年玄奘来到的时候，壁画的颜色一定如同新的一样，颜料特有的矿物气味混杂着印度香味，弥散在整个河谷。

那位老人寻找的女像壁画在第 17 窟。当我们终于寻找到的时候，老人发出了一声惊喜的叫喊，"我找到了"。印度美人位于一片壁画的残迹之上，如果不是老人眼尖，也许我们就错过了这小小的区域，也正因为她的不起眼，反而让我们感到更加兴奋。老人痴迷地望了她很久，直到我从洞窟里出来，他还在静静地望着，不时地为她拍照，仿佛是在面对一个千年的情人。

也许他就是玄奘的化身，也许千年前的玄奘也曾经这么凝视过某一位美丽的姑娘。

在石窟群中，我们还发现了一座未完成的洞窟。玄奘到来的时候，阿旃陀的雕凿已近尾声，或许正处于被废弃的过程中，他也同我们一样，看到那没有开凿完成的石窟，洞窟的形状已经具备，但是地面还没有平整，洞窟内还没有雕刻佛像。也许当初的玄奘还以为，这座洞窟终将完工，可惜的是，经过了一千多年后，它仍然以未完成的状态穿越了时空，出现在我们的面前。

我始终认为，玄奘并非是一个完全意义上的僧人，他更像是一个徐霞客式的旅行家。他到印度也不纯粹是为了佛经，如果是因为佛经的话，他大可只待在那烂陀（Nalanda）的佛寺内苦学经文，而实际上，他转遍了印度的山山水水，从克什米尔到整个南印度，从佛陀的出生地到印度教的腹地。这不是一种宗教虔诚，也许只是为了满足他的好奇心。对于旅行者来说，好奇心永远是第一位的，如果你想成为一个好的旅行家，那么首先必须用自己饥渴的眼睛去观察世界，那些固步自封、总以为世界已在胸中的人，是无法获得旅行乐趣的。

我之所以不相信玄奘纯粹是宗教虔诚，还因为在玄奘来到印度之前，实际上佛教已经衰落了。他拜访的地方充斥着外道（耆那教、印度教），但玄奘仍然对旅游乐此不疲。或许，我们应该追溯一下玄奘到来前的印度世界，以及印度最后一个伟大的古典帝国——笈多王朝。

印度的古典史始终是北印度的发展史，特别是在摩揭陀国的国土上，更是充满了厚重的历史感。

摩揭陀的故地已经贡献了难陀王朝、孔雀王朝，到了巽迦王朝时代，随着西北方向来自中亚的入侵，这个国家就陷入了纷争和衰落之中，直到旃陀罗笈多伟大帝国的崛起，再次使这片土地进入了另一个辉煌时代，并且是最后一个辉煌的古典时代。

对于印度人来说，摩揭陀的故都华氏城（今帕特纳）在这些古典时代里，一直是宇宙的中心，只有在贵霜帝国时是个例外，贵霜帝国时期的政治中心更靠近西部，在巴基斯坦一带，并辐射到印度的马图拉。

贵霜帝国崩溃后，崛起的是另一个庞大的帝国，也是 20 世纪印度独立之前最后一个统一的印度教帝国，这次统一发生在 1700 年前。印度历史与中国历史有着惊人的差异，在中国，历史是以一种王朝循环往复的方式进行的，每一个王朝都经历一个统一、繁荣、解体的阶段，再将统治权转移到下一个王朝。王朝的转移大部分靠战争的方式来完成，只有经过战争打碎了原来的社会结构，下一个新生的王朝才更健康、维持得更长久。有的王朝是依靠和平禅让夺到的权力，这样的禅让看上去比起那血腥的战争好得多，但和平也成为一种历史包袱，通过禅让上台的新政权往往由于继承了前代王朝的一系列社会结构弊端，使得新王朝处于孱弱之中，随时有摇摇欲坠之感。

然而，印度的大部分历史实际上是分裂史，在整个印度次大陆上始终是小国林立、战火频仍，很少出现统一的局面，即便统一，还有一部分由外来政权完成。正因为缺乏统一的本土政权，那几个统一的片段才更显得弥足珍贵，成了人们美好的回忆。

笈多王朝的疆域实际上比孔雀帝国要小，也比不上后来的莫卧儿帝国，然而，笈多王朝仍然被视为印度的黄金时代，这与笈多的信仰是紧密相关的。

孔雀帝国崇尚耆那教和佛教，后来的莫卧儿帝国则信奉伊斯兰教，即便是外来的贵霜帝国，也是以佛教为主，夹杂着原始的萨满教情结。在印度历史上，笈多帝国是唯一一个信奉印度教的大帝国。印度教作为现在印度的主体宗教如果要寻找远古的寄托，那么笈多王朝无疑是最合适的。

笈多王室虽然信奉印度教，但并不排斥其他的宗教，这是一个宽容的时代，任何一种信仰都能够得到庇护，国王需要的是和平和繁荣，而不是教派的冲突，也正是因为这一点，其他宗教也将这个时代视为黄金时代之一。

在笈多王朝最伟大的国王游陀罗笈多二世时期，一位中国的僧人来到了印度，他就是东晋僧人法显，也是第一个到印度的中国僧人。法显也是顺着中亚进入印度的通道，从阿富汗进入印度，这条路由贵霜帝国的先人们开通，并成为进入印度的主要道路。法显的活动范围基本上涵盖了印度的北部地区，包括佛陀出生的蓝毗尼园。之后，他走水路从孟加拉附近登船，经过东南亚回到了中国。

在法显的游记中，记录了当时笈多王朝的社会情况，既有人民富足祥和的写照，也有种姓制度带来的隔阂：

> 从是以南，名为中国。中国寒暑调和，无霜雪。人民殷乐，无户籍官法，唯耕王地者乃输地利，欲去便去，欲住便住。王治不用刑网，有罪者但罚其钱，随事轻重，虽复谋为恶逆，不过截右手而已。王之侍卫左右皆有供禄。举国人民悉不杀生，不饮酒，不食葱蒜，唯除旃荼罗。旃荼罗名为恶人，与人别居，若入城市则击木以自异，人则识而避之，不相唐突。

笈多王朝除了留给我们一个帝国的回忆，更发展出了独特的印度文明。这是一个属于科技、工程、艺术、文学、逻辑、数学、天文、宗教和哲学的时代。在游陀罗笈多二世的宫廷里，除了征服者之外，还有被称为"九大明珠"的学者。他们之中为首的是迦梨陀娑，他写出了梵语文学的最高成就《沙恭达罗》。还有数学家、天文学家阿耶波多（Aryabhata），他的成果如此之多，我们可以把他比为印度的张衡，甚至比张衡还要伟大：他创造了数字"0"，使得印度的十进制计数法趋于完善，当西方人从波斯接受了这套计数法后，印度的数学成就得到了世界的认可；他还在圆周率、三角关系式、级数恒等式上投入了大量的研究；在天文学上，他得出了"地球是圆的"的结论，并推算了太阳系的运行方式、解释了日食和月食。

这还是一个属于《爱经》的时代，当西方世界正处于禁欲的挣扎中时，印度人却学会了享受性的愉悦，并把它上升为一种艺术，将人性从冰冷的枷锁中解放了出来。

印度人还发明了国际象棋，这个小小的格子棋盘最终会风靡全世界，成为最流行的棋类游戏之一。

总之，在印度人的回忆中，灿烂的笈多王朝几乎成了天国的代名词，笈多的宫廷充满着有教养的人们，君主进行着贤明的统治，在宫廷之外，各个阶层都安守本分，婆罗门祀奉着那些主宰着天地宇宙的大神们，刹帝利维护着国家的秩序和安全，吠舍为整个社会提供着富足和贸易，而剩下的人们，则为治国者和祭祀们提供食品和物质享受品，这里是一片欣欣向荣的景象。

然而，随着笈多帝国的崩溃，印度再也没有在印度教的旗帜下统一起来，各国征战不断，也没有机会去改进社会结构，没有发明如同科举这样的伟大创新。僵化的社会结构又因为穆斯林的入侵得到了加强，到近现代，仍然是一个种姓制度横行、社会阶层隔绝的社会。

对于印度历史来说，再也没有比笈多帝国崩溃更悲剧的事情了。笈多崩溃后，印度的北部让出了政治中心的角色，摩揭陀国的所在地不再是先进的代表，反而成了落后的地区，此后，印度进入了一个中南地区占主导地位的时代。

就在笈多诸王统治印度的时期，西北部的边患一直存在着。虽然希腊（巴克特里亚）人、塞人、贵霜人、安息人都已经消失在了历史之中，但萨珊人建立的波斯帝国还存在着，与此同时，有一波在历史上被称为白匈奴的民族进入了印度。

白匈奴到底是一群什么人？现在历史学家仍然有争论。它也许是另一群从中国新疆地区前往中亚的少数民族，也可能是月氏人的后代，至于西方人叫它白匈奴，则更具有误导性。阿提拉的匈奴人离开中国后，经历了数代突然出现在了西方的面前，被惊恐的西方人称为上帝之鞭，意味着上帝对人的惩罚。而进入印度的白匈奴和在西方肆虐的匈奴人到底有什么关系，也是不清晰的。

当这一支奇怪的白匈奴人出现在阿富汗境内的时候，笈多帝国还有实力进行抵抗，在最初，打败了白匈奴。然而，当白匈奴第二次进攻印度的时候，笈多王朝的实力已经耗尽，只能默认了在西北边境再次出现了一个中亚人的帝国。

白匈奴人来得快，退得也快。在北方的阿富汗境内，波斯的萨珊王朝击败了这些匈奴人，使得这个短命的帝国瞬间消亡，也使得中世纪那些稀奇古怪的中亚入侵者告一段落。只是这时的笈多帝国却已经衰落了，在它庞大的躯体上，各个地方政权相继出现，最终吞没了母国。

从笈多帝国的衰落，到穆斯林入侵，中间相隔了五个世纪。在这五个世纪里，印度进入了又一个战国时代。在印度次大陆上分布着无数的国家，它们都是地域性的，没有一个能够打败所有对手完成统一。

在北部，只有少数国家能够称得上地方霸权，其中最著名的一个，是戒日王建立的戒日帝国。在戒日帝国时代，北部的中心已经远离了华氏城，而是迁到了更靠近西部的曲女城（卡瑙季），此刻，到了玄奘访印的时代了。

从公元627年开始的玄奘西行，为我们提供了一份最好的西域和印度资料。他的路线也体现了出入印度的通道——西北路线的价值。

从地理上看，从唐直接走西藏穿越尼泊尔是到达印度的最短路径，而从难度上，走云南经缅甸也更加容易，另外，还有南方的海路可以选择。然而，在玄奘时代，唐朝和已经发展起来的吐蕃还没有建立外交关系，甚至人们还不知道从西藏进入印度的捷径。至于缅甸之路，经过了汉代的发展之后已经逐渐凋敝，云南和缅甸一带再次成为南方少数民族的地盘。由于长安远离南方海岸，从南部出海的海路也不为人所知。而唐朝和西域的贸易却很发达，这条贵霜人开拓的最远、最艰难的陆上之路反而成了从中国去往印度的主干道。

在玄奘之前，已经有几位僧人去过印度，最著名的是东晋高僧法显。法显也是从陆路出发，回归时走的海路，其余的朝圣者大都如此选择。玄奘来回都选择陆路，除了与高昌王有约定之外，还有唐朝政治重心北移的原因。

与我们的想象不同，玄奘离开大唐也只能算偷渡出境。由于中国古代相对完善的户籍制度，加上西北特殊的地理条件，想要出境并不容易。帝国西部边界的各个烽燧往往建立在水源旁边，如果偷渡者想离开道路绕过去，意味着无法获得水的补充，在接下来的旅行中必死无疑。玄奘依靠着决心和运气，感动了守军和大自然，进入了吐鲁番盆地，并沿天山经过焉耆、库车、阿克苏，进入了中亚境内。他继续西进到达了中亚名城撒马尔罕，再南向过铁门进入阿富汗境内，经过巴米扬看见了那两座巨大的立佛像。这两座佛像在公元21世纪初被塔利班武装炸毁，只剩下了两个空空的佛龛向世人讲述着它们近20个世纪的遭遇。

令人感兴趣的是，除了那两座立佛之外，玄奘还记载了一尊更大的卧佛，就在立佛不远的地方，这也引起了考古学家的兴趣，试图找到卧佛的所在。

玄奘从阿富汗进入键陀罗，如今的巴基斯坦白沙瓦，也是贵霜帝国曾经的都城，贸易重镇。在玄奘到达时，贵霜帝国建立的那座巨大佛塔还在，佛塔顶部的华盖和经幡在风中飞舞。如今，那座塔已经荡然无存。在尼泊尔有一座佛塔叫博大塔，虽然规模不能和白沙瓦塔相比，但从它的身上或许还能看见一点当年白沙瓦塔的影子。

从白沙瓦，玄奘北上进入克什米尔地区，再南下进入旁遮普。到旁遮普后，他就算进入了印度的腹地，接着，他到达了贵霜帝国的东都马图拉，记下了马图拉的经院寺庙。

稍作停留后，他渡过了恒河，到达了曲女城。这儿正被当时印度最伟大的国王戒日王统治着，他在笈多王朝之后建立了戒日帝国。

我们甚至不知道伟大的戒日帝国的名称，只是因为玄奘把它的国王称为戒日王，就沿用了戒日帝国的名称。如果北印度进入中世纪后，还有哪一个国家带有一点帝国的影子，那么就非戒日帝国莫属。

或者我们可以把戒日帝国看成一个霸主，而不是帝国。当时全印充满了各种各样的小国，彼此间缺乏隶属关系，但由于戒日帝国的实力最强，其他小国不得不看戒日王的脸色行事。这和中国春秋时期很类似，而与孔雀、笈多帝国又有很大的区别。更何况，戒日王的主要影响力在北部，至于南印度，已经有王国形成了与其规模相当的霸权。

玄奘在戒日王的势力范围内盘旋已久，北上去了佛陀的故乡迦毗罗卫国，并到达了蓝毗尼园、佛陀出生的地方，那儿已是一片残破，但阿育王的石柱仍然耸立着。中国的高僧普遍都到过蓝毗尼，比玄奘早几个世纪的法显也去过。这些高僧的记载使得蓝毗尼园被英国人再次发现后，人们能够迅速地确定这里就是佛陀的出生地。

从这时开始，玄奘也就进入了佛教最神圣的区域，除了有佛陀出生的地方，还有他顿悟、讲法和死亡之地。他仿佛进入了一个佛教的世界。虽然在整个社会层面，印度的佛教已经衰落，并让位给了印度教。

关于佛教的衰落，我们或许可以从玄奘去过的瓦拉纳西看出端倪。

瓦拉纳西，是印度教最著名的圣城，印度人以死在瓦拉纳西、在恒河边焚烧，并将骨灰撒入恒河为一生的梦想。然而瓦拉纳西也是一个佛教的圣地，距离它不远就是佛陀首次说法的鹿野苑。玄奘时代，瓦拉纳西属于一个叫迦尸（Kashi）的王国，迦尸曾经是印度古代十六国之一，后被摩揭陀吞并，成为阿育王版图的一部分。在阿育王时代，这里佛寺众多，僧人遍地，一片佛教的圣土。

但是玄奘去的时候，他所看到的迦尸却是另一番景象，印度教的人数已经远大于佛教：

婆罗疱斯国（即迦尸，应该是瓦拉纳西原名贝拿勒斯的音译）周四千余里。国大都城西临殑伽河，长十八九里，广五六里。闾阎栉比，居人殷盛，家积巨万，室盈奇货。人性温恭，俗重强学，多信外道，少敬佛法。气序和，谷稼盛，果木扶疏，茂草靃靡。伽蓝三十余所，僧徒三千余人，并学小乘正量部法。天祠百余所，外道万余人。并多宗事大自在天，或断发，或椎髻，露形无服涂身以灰，精勤苦行求出生死。

从玄奘所描述的景象来看，当时的婆罗疱斯国已经与现在瓦拉纳西很像。如今在瓦拉纳西，我们仍然能遇见各种各样的怪人，他们穿上长袍、挽上大髻，招摇于街市，沐浴于圣河，不要质疑他们的态度，这是他们的生活方式而已。

在恒河边的焚尸庙，每天有上百具尸体被烧掉，倒入恒河。不要以为印度人烧尸是没有成本的，每烧一具尸体，需要将近 400 公斤的木材，花费印度人 50 000

卢比，相当于人民币 6 000 元，并不比土葬便宜，但印度人仍然乐于葬在恒河。

如今的瓦拉纳西是爱钱的地方，也是慷慨的地方。在这儿，针对游客的各种行骗无处不在，然而，如果你是一个没钱的人，也照样可以生活下去，得到各种帮助，从早上免费的早茶和点心，到印度庙宇中施舍的斋饭。即便穷人死后出不起木材钱，也会有组织专门捐助木材。

在这里，也可以看出佛教为什么会让位于印度教。虽然印度教的存在僵化了印度社会各个阶层，但它强调各守其位的同时，也保证了各个阶层都能够活下去，只要他们安守本分，即便遭受到贫困和痛苦，也会有人帮助他们。

所以，一旦社会条件稍微好转，强调秩序的印度教就压过了强调受苦的佛教，人们还是更愿意过世俗化的生活。佛教也曾经随着社会环境的改变做出了调整，比如，原来强调自我修行的上座部佛教（小乘佛教）让位给了强调改造世界的大乘佛教，这是一次向印度教的妥协，虽然很让中国人着迷，甚至连玄奘都是为了学得大乘佛教而上路去印度的，但在印度本土，改造后的佛教仍然无法和印度教相比，从而没落了。

玄奘顺着佛教的残垣断壁，来到了他修行的目的地——那烂陀。

现在的那烂陀只留下一片废墟和一个小镇，但在当年，却是名震海外的佛教大学。笈多王朝时期，那烂陀建立了一座佛教学院，也许当时建寺的人们也没有想到，在笈多灭亡，佛教已经衰落的时候，这里却成了世界佛教徒的圣地，除了印度本土之外，在东南亚、斯里兰卡等地都有众多的僧人前往进修。这里不仅是佛教的中心，还是艺术、天文、医学、自然科学中心，这些学科从那烂陀出发，经过僧人的传播走向了世界。

正是在这儿，在住持戒贤法师的指导下，玄奘从一名东土来的朝圣者，变成全印闻名的高僧。

那烂陀之所以现在还如此有名，除了玄奘之外，还在于它庞大的遗址规模。不管在印度，还是在世界，都很难找到如此规模的与唐代同时期的建筑遗址。

从摩揭陀曾经的都城王舍城出发，十几公里后，就到达了那烂陀小镇。从公路边走到遗址群还有三公里，这条小道如今已经没有当年的繁华，却有别样的风景，穿得五颜六色信奉印度教的女人代替了佛教的僧人，成了路上的主角。

不知不觉间，已经到达了古代的大学，遗址区在路的左侧，印度的气候最适合鲜花的生长，印度的景点也大都装饰着美丽的鲜花，在花朵的映衬下，千年的佛寺遗址如同新的建筑场所，那些房子不像被废弃，反而像正在建设。

那些红色的砖与现代的砖毫无二致，整整齐齐的街道上没有一丝尘埃，仿佛与玄奘同时代的僧人们仍然在打扫着这里，守护着这里。当年玄奘第一次到达那烂陀，或许也从这条街道上穿过，走进了他的住所。

僧人们的住所看上去非常简陋：一个居住区如同一个北京的四合院，只是规模大了很多，四合院的中间是一个辩经用的广场，四周则是一个个小小的僧房，每个僧房仅仅能够放下一张桌子和一条竹席。当年，这些如同蜂房一样的僧房中，曾经有一间属于中国和尚。我试图寻找中国和尚的痕迹，然而，所有的僧房都是一样的，无从区别。

在那烂陀学习的玄奘建立了自己的学派，他曾经环游整个印度，也曾经回到曲女城参加了无遮辩论法会，并通过辩经的方式获得了印度各个教派的认可。功成名就的他带着取得的佛经回到了中国。

也许他不知道的是，印度的佛教在他离去后已成绝唱。在阿富汗人入侵时，那烂陀毁于入侵者的大火。当年圆明园一场大火烧了三天三夜，而那烂陀由于文物众多、经卷充斥，这里的火从燃烧之日开始，持续了整整六个月。所有的典籍、药材和木制品全都毁于一旦，只留下了那些红色的砖块和少量没有崩塌的石材。

除了菩提迦耶等少数地方，由于接受从西藏、东南亚来的僧人的朝拜，仍然维持着寺庙之外，大部分的佛寺都变成了遗迹，长埋于地下，直到 19 世纪才被好奇的英国人发现。

此后的印度进入了印度教的时代，不管南印还是北印都充斥着奇装异服的印度教徒，四处树立起一座座形态各异的印度教神庙。

也许这是一个分裂的时代，没有一个大国能够主导整个印度，但这对于宗教和艺术来说，却是最好的时代。

第十四章

北印度的中世纪

对于到印度旅行的人来说,卡朱拉霍是除了"旅行金三角"之外最常去的地方。在这儿,能够找到一种偷窥禁果的乐趣。我来这儿之前,已经有好几个人告诉我性爱神庙是什么,甚至还有人说,卡朱拉霍的神庙就是为了庆祝性爱而建立的,印度人也由此享有了对性最开放的民族的名声。

然而,在印度其他地方旅行的游客们又往往发现,印度是一个相对保守的社会。与中国一样,印度也强调女人的忠贞,男人有着很强的处女情结,这一切演化成一整套的繁文缛节,将女人牢牢地绑在男人的控制之下。

不仅如此,在嫁女的时候,新娘的父亲和哥哥必须为她积攒一笔嫁妆,没有嫁妆的女人不配享有婚姻。在古吉拉特邦的一辆班车上,一个女孩从后往前向车上所有的人散发着一张打印的纸片,上面用印地语、英语和其他两种语言写着:(大意是)来自古吉拉特邦哥德拉的乔什因为疾病卧床不起,无法工作,他的儿子一个人无法为三个妹妹积攒嫁妆,三姊妹必须自己想办法。如果你能够捐助 5 卢比、10 卢比或者 20 卢比,就有可能帮助她们嫁人。好心人帮助打印了这个纸条,请您阅读后将纸条交还。

散发完后,女孩子再从前往后把纸片收起来,有的人会把 5 卢比的硬币或者 10 卢比的纸币夹在纸片里一起递过去,有的人只归还了纸片,没有捐钱。

我每天有 10 卢比左右的慈善费用,于是把当天的慈善费用都用在了姊妹三人的嫁妆上。这不是我第一次见到这样的理由,在卡纳塔克旅行时,也曾经碰到过。

当婚姻被各种繁文缛节主宰的时候,那么这个社会对于贞操一定是非常看重的,所以,印度绝不是一个性开放的民族。

从我的观察来看，印度社会对于性的态度接近于中国的 20 世纪 90 年代，一方面年老者、农村人仍然维护着性的神秘和尊严，另一方面，城市里的年轻人又已经开始受到外界影响，逐渐"开化"。

在从莫卧儿·萨赖去往迦耶的火车上，我碰到了一位来自海得拉巴做 IT 生意的年轻人，他热衷于网络上一切有趣的东西，特别是 Facebook。他毫不掩饰地告诉我，他已经在海得拉巴结了婚，生了孩子，但他在三个城市有情人，都是通过网络认识的，"但那只是玩一玩，不会影响家庭。女孩子也知道我是玩一玩，她们也需要玩"。

印度年轻人玩网恋很像中国的 QQ 刚出现时那样普遍，城际的汽车、火车上经常有到异地会网友的年轻人，大家仿佛突然找到了发泄激情的方式，并把它利用到了极致。至少还有三位年轻人向我承认过他们去找情人，在言辞间颇感自豪。

这从侧面也反映出印度社会已经经过了太久的封闭，在新技术的冲击下突然间爆发出的热情。从这一点说，印度社会和中国相似，并没有什么特别之处。

那些认为印度性开放的人还常举《爱经》作为例子，这本"杰作"被认为是印度人将爱与性升华的体现。然而，男女之间的爱情是世界永恒的话题，每一个社会都会有类似的小册子得以流传，《爱经》直面爱与性的勇气可嘉，但并不需要将产生了它的社会拔得太高。

印度教社会下的禁忌相对较少，保留了自然主义的传统，甚至生殖的崇拜，这都有利于人们将性看作是一个自然的过程。但是，当整个世界处于禁欲气氛之下的时候，印度的方式就显得有些特别了。

记得有人讲过，卡朱拉霍的神庙曾经让处于维多利亚禁欲时代的英国人感到大为不安，甚至有的人捣毁塑像，来表达对这些亵渎天性的造像的不满，在我去卡朱拉霍之前对此一直抱着好奇心。

卡朱拉霍位于中央邦，对于旅行者来说，印度的火车四通八达，而这里竟然是少数不通火车的著名景点。大部分人选择从阿格拉坐一天的汽车到这儿来参观神庙群。

玄奘离开后的印度进入了分裂时代，昙花一现的戒日帝国已经消失了，不管是南方还是北方，只有区域性的大国，却没有一个能够主导全印度的力量。

此刻，从西北的拉其普特兴起了一股力量暂时主宰了北印度。拉其普特，也就是现在的印度拉贾斯坦邦，是一个特殊的地区，这里有着高山沙漠、丛林密布，在古典印度时期，一直处于文明的边缘地带。

在白匈奴人入侵印度时，从北面的山区逃来一群避难者，他们自称拉其普特人。这些人进入拉贾斯坦的山区之中，建立了一系列的小政权，这也是拉其普特人登上历史舞台的开始，之后，这群勇敢的人们还将无数次展现他们尚武的精神和开拓的情怀。

拉其普特人第一次对全印度产生影响，来自于他们的一个部落——瞿折罗人。当北印度失去控制、小国林立的时候，瞿折罗人建立了一个被称为"瞿折罗-婆罗提诃罗"的政权，即瞿折罗人在婆罗提诃罗建立的政权，随后，这个帝国成为北印最著名的统治者。

瞿折罗-婆罗提诃罗之所以著名，还在于他们完成了卡朱拉霍的神庙群。当瞿折罗人占领了整个北印之后，将首都从拉贾斯坦移到了卡林加城堡，卡林加附近的卡朱拉霍也成了帝国建设神庙群的最理想场所。

在极盛时期，卡朱拉霍有70多座神庙，如今大部分已经在莫卧儿人的进军中毁灭了，即便如此，仍然有超过20座保存了下来，构成了如今的世界遗产建筑群。

如今的卡朱拉霍只是个小镇，如同其他的旅行城市一样，这里充斥着各种各样的商人、旅馆，吃饭和商品的价格比其他地方高很多。

寺庙群分成了东西两部分，大部分的旅行者只参观集中在一起的西部寺庙群，至于东部，则只有留下来过夜的人会选择。

也许只有看过卡朱拉霍的寺庙，才知道印度教高峰时期的寺庙风格有多么美丽。一座座的高塔如同一丛丛花蕊高耸入云，是的，再也没有比花朵的雌蕊更能代表神庙的形状，在花蕊表面，雕刻着各种人物和花纹，繁复多变，充满了乐趣。

在印度，北方的神庙与南方的神庙风格迥然不同，南方的神庙拥有高大的门楼，或者三角形、梯形的高塔，而北方神庙的高塔则往往是弧形的，有人将其说成像玉米穗，而我认为更像是花蕊。

即便像花蕊，高塔的形状也是各不相同，有的是一座孤塔，有的则形成了一个塔群，由一簇簇的小塔共同组成，每一个小塔与整体显得如此和谐，令人不禁问道，当初的工匠是如何想到这样的结构。

卡朱拉霍的神庙对于游客之所以神秘，是因为那些性爱雕像，英国人已经毁掉了一大批，但还有少量的雕像保留了下来。不过，只有去了现场，才知道这些神庙并非仅仅反映性爱，准确地说，神庙上的场景是印度人日常生活的场景，从行军打仗到结婚娶妻，那一幕幕场景如同在放电影，都一一被石匠们展现在了神庙上。

在这所有的场景中，作为人们生活一部分的性爱也不可避免地被涉及，这并非生殖崇拜的典型案例，只不过是普通生活的一部分。每一座塔上性爱场景都是有限的，有的只有几处，有的甚至一处都找不到。只有在入口处的一座神庙外围的雕刻中，有着较多的这类题材。在这里，也许狂放的印度人的确令英国的清教徒大吃一惊：一个印度人正在自慰，而另一处，一个男人正在和马发生关系，旁边另一个人则羞愧地捂住了脸，不去看他。这几个雕塑已经被来往的游客摸得油光锃亮，从这里也可以看出游客们的兴趣所在。

我想象着，上千年前，一位印度的石匠别出心裁地雕刻了这些石像，他边敲着凿子，边爽朗地笑着，他的朋友们在旁边起着哄，喝着酒，望着他的杰作。这就是印度教开放的一面，它允许一切表现形式的雕塑存在，代表了一种狂放精神，这样的精神在中国和西方基督教文化中很少见到，也许只在希腊时期的酒神崇拜中能够找到类似的场景。

出了西部神庙群，我向东走去，碰到了一个当地的小男孩。"你应该跟我到老村去。"他对我说。

一路上，他告诉我，西部神庙群由于旅行者最常光顾，已经越来越商业化了，那些开店的人们无不是从外地迁过来的。"他们大都是穆斯林，不信奉印度教，他们只是为了赚钱才到这里来。"

而那些卡朱拉霍的原住民往往居住在东部的老村中，在那儿，人们还保持着传统的生活习惯，性格质朴，不乱向游客要钱，与此同时，东部的神庙都是免费开放的。"我们才是真正的印度教徒。"他愤愤不平地告诉我。

男孩的名字叫明苏，在东部小学上学。令我感到担心的是，西部新村的教学质量比东村高，生活也较富裕，但由于宗教的关系，在两地之间存在着较深的鸿沟，孩子的意识中也形成了差别。

明苏带我参观了东部神庙，这里的神庙同样壮观整洁，与西部的游人扎堆相比，这些免费的神庙里只有零星的游客，徜徉在碧绿的草地间，举头望着神庙那高大的身躯。我给明苏和他的伙伴照了几张照片，骑着他的自行车、跟随着他们在蛛网般的巷子里飞奔，寻找着照相馆。我没有给他钱，只想用照片来表示我们是朋友。临走前，他把自己的手镯送给了我，每到夜里，这个简单的橡胶手镯会发出莹莹绿光，让我想起那位远方的印度少年。

除了卡朱拉霍之外，在当年羯陵迦的旧地上还耸立着一座同样著名的太阳神庙，这座单一的神庙比起卡朱拉霍更壮观，也更加富有想象力。古代的印度人将神庙的形状设计成了一辆巨大的马车，由七匹骏马拉动着向前飞奔。

这座神庙坐落在距离如今奥利萨邦首府布班内斯瓦尔 65 公里、靠近海边的一个小镇上，小镇的名字叫科纳拉克（Konark）。从见到神庙第一眼，我就仿佛听见了轰轰的马蹄和丁零的铃铛从远方靠近，这座近千年的建筑如今仍然在飞奔着。

在南北印度都处于中世纪的纷纭中时，作为印度飞地的古代羯陵迦地区也进入了群雄争霸的时代。几百年后，一位拥有南方朱罗王朝血统的王子在羯陵迦的南部地区建立了一个新的王朝——东恒伽王朝，这个王朝逐渐北扩，不仅占领了整个现代奥利萨邦，还包括了西孟加拉邦、安德拉邦的一部分。

由于印度东海岸与东南亚接壤，而东恒伽王朝的王室也继承了朱罗王朝的贸易传统，使得王朝逐渐变成了一个富庶的贸易之邦，在印度再度变得赫赫有名。

东恒伽王朝也因为财富和实力，曾经成功地抵挡了穆斯林的进军，一直存在到公元 15 世纪。但最终仍然逃脱不了王朝循环的命运，神秘地消亡在历史之中，甚至连统治者的名字都没有完全流传下来。

可以确定的是，因为东恒伽王朝的王室出自南印度的朱罗王朝，而朱罗王朝是最虔诚的印度教王朝。于是，在王室的努力下，佛教和耆那教在这个由阿育王度化的国度逐渐退出了，让位给了印度教。

公元 13 世纪，国王纳拉辛哈·德瓦一世（Narasimha Deva I）决定在自己的土地上建立一座独一无二的神庙建筑献给太阳神。他的手中拥有着巨额的财富，对于宗教建筑从来不吝啬金钱。

在印度语中，科纳拉克的意思就是"太阳天使"，印度人用它来指称太阳神苏利耶（Surya）。在世界各地的传说中，太阳神都是乘着马车开始每一天的旅程的，比如，希腊的太阳神阿波罗就是如此，印度的苏利耶神乘坐着七匹马、十二对轮子的巨大马车。

我们已经不知道神庙的设计师是谁，但不得不感慨建设神庙的想象力。当人们要把传说变成现实，将一辆马车用巨大的岩石雕刻出来、展现给世人时，显然需要巨大的勇气，这位设计师做到了。

那装饰豪华的车轮各不相同，马匹大都残缺不全，残余的部分仍然栩栩如生，仿佛这些天上的神骏经过千年后，仍然没有丝毫疲惫。

除了马车为主体的后殿之外，作为祭祀和舞蹈场所的前殿也同样壮观，这座由数十根巨型石柱组成的露天大厅，看上去有点儿像埃及风格，雕塑却又充满了印度味儿，在整个建筑群中显得如此和谐。

后来，由于我看多了印度的神庙，第一眼往往就能够将之归于哪种固定的类型，但只有科纳拉克的太阳神庙无法归之于任何一种类型，它既不同于南方风格，也不同于北方的弧线，它单独成为一种类型，并且比其他的建筑更加雄伟。

在雕刻上，我们可以看出北印度对它的影响，实际上，我第一次见到关于性爱题材的雕塑就是在这儿。但我最感兴趣的，还是神殿下那几头带点卡通形象的狮子，它们有的在扑食着大象的幼崽，有的只是盘腿坐在地上，工匠们将其神情雕刻得惟妙惟肖，仿佛在历史的缝隙里嬉戏着，这已经不像是古代的雕塑，仿佛是现代人做的带有抽象主义风格的作品。

随着穆斯林的入侵，北印度成了最先受到影响的地区，不管是卡朱拉霍还是科纳拉克都衰落了。卡朱拉霍成了一个小村庄，直到被英国人再次发现，一直默默无闻，至于科纳拉克，也只是浦里地区附属的一个小镇，如果不是太阳神庙的存在，说不定已经与印度数十万的村庄一样湮没无闻了。

相对而言，南印的印度教遗迹保存得更多、更加完整，但北方却给我们提供了另外的杰作——伊斯兰风格艺术，并从中诞生了世界上最美的建筑——泰姬陵。

第十五章

西南印度的变迁

对于旅行者来说，印度的卡纳塔克邦是一个特殊的地方。这里交通设施便捷，笔直乌黑、两旁种满了椰子树的柏油马路与北方各邦那逼仄的道路形成鲜明的对比，让人们以为这里不属于印度。卡纳塔克邦的首府是大名鼎鼎的班加罗尔，也是名闻世界的科技城市，这座城市拥有大量的科技精英，甚至被称为亚洲的硅谷。卡纳塔克邦是印度现代化的代表。

但同样是这个邦，却又是最"印度化"的邦之一，拥有着令人自豪的历史。这里不仅有提普苏丹这样的英雄豪杰，也有当年名震南印度的几大王国。虽然这里的"印度味儿"不如泰米尔纳杜邦那些巨大的神庙建筑那么浓，但人们对于印度教的虔诚，特别是对于印度传统的忠诚并不亚于南印度的其他地方。

于是，这里形成了一个古代和现代的交叉路口：在同一座城市里，宫殿里居住着以前大王公家族的后代，而在狭窄的旧城区，仿佛来自中世纪的小贩们在叫卖着千年不变的食品，在宽阔的新城区，则充斥着雄心勃勃的 IT 精英，正思考着要去征服世界。

在我的旅程中，卡纳塔克邦也是我停留最久的邦之一，之所以选择这里，是因为我曾经做过科技报道的记者，一直对于班加罗尔和卡纳塔克如何从传统中成长为现代科技中心感到好奇，并愿意探索它的发展轨迹。这个城市的发展紧紧扎根在历史和传统当中，如果要真正谈论班加罗尔和卡纳塔克，必须从上千年前开始考察。

当北印度的笈多帝国崩溃后，虽然仍然产生了戒日帝国、瞿折罗这样的区域性霸权，但印度历史重心似乎已经从北印度转移到了德干高原和西南印度一带。在穆斯林入侵之前，在现代卡纳塔克邦境内建立首都的几个大型王国更接近于全印的政治中心，他们对内对外的影响力都要比北部王国大得多。

这些王国的第一个叫作遮卢迦（Chalukyas），定都于卡纳塔克邦的北部地区。最早的首都在一个叫作埃霍来（Aihole）的地方，随着人口的增长，埃霍来已经容纳不下众多的人口，于是遮卢迦人顺着河谷将首都迁到了10公里外的帕塔达卡尔（Pattadakal），最后，他们又将首都迁到了更下游、十几公里外的巴达米（Badami）。于是，从埃霍来到巴达米几十公里长的地带上星星点点分布着众多的历史古迹，包括神庙、城址和洞窟。

遮卢迦统治的时间是公元4世纪到公元8世纪。关于遮卢迦人的来源，有众多的说法，最离奇者认为他们来自伊拉克，还有人认为他们是来自拉贾斯坦的拉其普特人，与建立北部霸权的瞿折罗人同宗，还有人认为他们来自阿约迪亚（中国古代典籍称之为阿谕陀），这样的说法将遮卢迦人与古代十六国之一的拘萨罗联系在了一起，因为阿约迪亚曾经是拘萨罗的首都。

在北方陷入纷争的时候，已经到达南方的遮卢迦人在巴达米所在的河谷地区却开始了向外发展的道路，他们曾经控制了从泰米尔纳杜到古吉拉特的庞大地区，将整个中印度置于自己的掌控之下。到了戒日帝国时代，遮卢迦是唯一一个能够让戒日王头疼的政权。

到达印度的玄奘也注意到了这个南方的国家。在他的书中，把遮卢迦王国称为摩诃剌陀国，与如今的马哈拉斯特拉邦（Maharastra）同名。按照玄奘的叙述，遮卢迦王国的首都（巴达米）西临大河，周长30余里。土地肥沃、庄稼茂盛、气候温暖、风俗淳厚。人民性格直爽，有恩必报、有怨必复。打仗的时候等对方列阵准备完毕再开战，战胜的人不杀俘虏。如果一个人吃了败仗，国王也不用惩罚他，只需要赐予他女人的衣服，他就会感激并自尽而死。

国王养敢死队数百人，临战前大碗喝酒大块吃肉，加上他战无不胜的象兵部队，几乎是不可战胜的。

玄奘在《大唐西域记》中记载，即便是戒日王也奈何不得，吃了败仗。"今戒日大王东征西伐，远宾迩肃，惟此国人独不臣伏。屡帅五印度甲兵，及募召诸国烈将，躬往讨伐，犹未克胜。"

　　与尊崇佛教的戒日王相比，信奉印度教的遮卢迦显得更具生气，于是，印度教的神庙在遮卢迦境内得到了巨大的发展。甚至可以说，遮卢迦是印度式神庙的一个里程碑，在这里，南方神庙模式得以成型。而到了后期，遮卢迦神庙中也加入了大量的北方元素，可以看出随着帝国势力的扩张，他们也将北方优秀的风格拿来用了。

　　当我来到巴达米的时候，已经是深夜，这个小镇沉浸在灯光之中，也许在上千年前，作为庞大帝国首都时，就有同样星星点点的灯光从历史的深处照耀到现在。不凑巧的是，小镇里的旅馆都已经住满了。于是我决定在汽车站露宿一宿。车站的石头椅子上躺着几个流浪的印度人，他们裹着斗篷酣然入睡。我头枕着旅行包跟他们一块睡去。

　　半夜里竟然来了警察，一位胖警察手中拿着木棍，挨个儿把在车站里睡觉的人们敲起来，想把他们赶走。流浪汉们显然对睡眠被打扰感到不满，他们有的站起来到外面遛个弯儿，有的坐起来嘟囔着，轮到我的时候，我已经主动坐了起来。胖警察没有想到流浪者的队伍里竟然出现了外国人，非常好奇地问这是怎么回事儿。我告诉他，我是个旅行者，这里所有的旅馆都住满了。他点了点头离开了。

　　10分钟后，遛弯儿的人们回来了，坐起来的人也都躺下，我旁边的一位流浪汉拿出白天吃剩的米饭当夜宵，发出的声响仿佛很多天没有吃饱过。我给了他20卢比，请他第二天吃顿饱饭。

　　第二天清晨，当天空已经变成了浅蓝色，并夹杂着一丝霞红的时候，我才看清楚这个小镇的格局。小镇的主街分布在一条公路的两侧，街边盖满了现代风格的房屋，主街的东侧是一片老城区，蛛网一般的小胡同把老城的房子分隔得如同蜂巢一般。早起的人们在路边打扫着卫生，将夜里积攒的废水倒在屋边的沟槽里，并用清水冲洗着门前的街道。

　　在老城区的西侧，是南北分布的两座如同堡垒一般的平顶小山，山上耸立着穆斯林建造的城堡，睥睨着整个小镇。两座小山中间环抱着一座巨大的水库，水库的边上有一座美丽的印度教神庙以及伊斯兰风格的小礼拜堂，诉说着这个美丽的小镇发生的变迁。巴达米除了被印度教的遮卢迦王朝统治之外，还被穆斯林王朝征服。

然而，巴达米最著名的还是分布在南山上的四座石窟。这些石窟建造于遮卢迦时期，穿越了千年的历史一直保存到现在。当我顺着石窟外面的石阶攀登的时候，又遭遇了一次动物的袭击：一只猴子顺着我的背包向上爬，想坐到我的头上去，当它发现这条路并不容易的时候，就开始咬我的裤子，最后不情愿地离开了。

1号窟外面的石壁上雕刻着著名的舞王湿婆，拥有众多手臂的湿婆神如同跳舞一般扭曲着自己的身体。这是最早的舞王湿婆的雕像，之后，南印度的教徒们根据这个形象创造出了代表印度最高艺术成就的铜像，那个拥有轻灵舞姿的湿婆一直到现在仍然被铸造着、打磨着。这里除了舞王湿婆，还有无数动人的雕像：栩栩如生的神猴哈奴曼（比咬我裤子的哈奴曼可爱得多）、威严的眼镜蛇神、裸体的毗湿奴……

从某种程度上说，遮卢迦就是南印度艺术的发端之一，不管是神庙的制式，还是塑造神像的形式，到这时都有了较大的改观。

最能代表遮卢迦神庙建筑风格的，是在巴达米十几公里之外的帕塔达卡尔，离开巴达米，我坐上当地人的小班车来到这座神庙之城。在帕塔达卡尔保留着遮卢迦时期的几十座神庙建筑，建造的时期也从王朝的早期一直持续到晚期。

帕塔达卡尔神庙的奇特之处，莫过于北印度和南印度的两种风格在这里和谐共存。北印度神庙的高塔形状如同花蕊，是曲线式的，南印度流行的神庙则采用了梯形或者三角形结构，是直线式的。在帕塔达卡尔，一座北印度神庙的旁边就是一座南印度的神庙，而建造它们的时期相差也并不久远。甚至可以说，南印度神庙的样式就是从这里走出去的，在这之前，很少有人想到要给神庙加一个高耸的塔楼，直到这时，这种建筑样式才真正成型。在神庙间流连忘返的时候，仿佛回到了印度教历史发展的关键节点，看到了无数的工程师在讨论着，他们的大胆创新一直惠泽今日。

继承遮卢迦王朝的是拉什特拉库塔（Rashtrakuta）王朝。如果说，遮卢迦王朝只是一个地方性的强权，打退了北方戒日帝国的一次袭击，那么拉什特拉库塔王朝已经成为准全国性的霸权。它不仅占领了原来遮卢迦的地盘，还一直入侵到恒河地区，甚至到达了印度的东海岸，将大半个印度归属于自己的统领之下。

一位阿拉伯的作者写道：世界上有四个伟大的君主，他们分别是中国的大皇帝、巴格达的哈里发、君士坦丁堡的皇帝和拉什特拉库塔的君王。

在拉什特拉库塔时代，伟大的工程得以继续，遮卢迦人创造的艺术形式在他们的手中又有了新的发挥。

在遮卢迦人首都北方数百公里之外的一个小山上，叮叮当当的斧凿声已经响彻了几百年。在这里，从公元 7 世纪初的遮卢迦时代，人们就已经开始建造石窟，这样的建造活动一直持续到拉什特拉库塔的兴起，并伴随着王朝的一生直到灭亡。

在这里，拉什特拉库塔的君主有着无比的野心，他们不仅建造石窟，还开山为寺，用 7000 人持续了 150 年，从岩壁上开凿出了独一无二的神庙献给湿婆。在这个叫埃洛拉的地方，原本是一座小山，整个山体是一块巨大的岩石，凯拉萨神庙就是印度人硬生生从石头上开凿出来的。它的面积是雅典帕台农神庙的两倍，高一倍半，是全世界最大的独石建筑。

这是一座印度人想象的天宫。湿婆神的住处在遥远的西藏，那儿有一座美丽的山峰叫冈仁波齐（凯拉什山），对于印度人来说，去往西藏的道路太遥远，他们更想把冈仁波齐搬回印度，于是，这座宏伟的建筑就代表了湿婆神新的居所，也是它的名字凯拉萨神庙的来历。

清晨，我到达凯拉萨神庙，穿过一道窄门，映入眼帘的是巨大的黑色石块和高耸的石柱，印度教美丽的雕刻装饰着整个庙体，如同中国人喜欢将《三国演义》《西游记》的故事画在雕梁之上，印度人喜欢将他们的史诗表现在雕塑上，《罗摩衍那》《摩诃婆罗多》是工匠们创作的源泉。神庙凹入小山内部，在一个正方形的广场里，巨大的神庙高高耸立。最吸引人目光的，是那一座座栩栩如生的大象石雕，每一个大象都有一人多高，它们如同神庙的保护神，静静地守护了上千年。

除了凯拉萨神庙之外，埃洛拉还有另外 33 座洞窟。印度人的宽容在洞窟的分布上也得到了反映。在这里，佛教、印度教和耆那教的洞窟并存着，共有 12 座佛教洞窟、5 座耆那教洞窟，其余是印度教的。虽然遮卢迦和拉什特拉库塔王朝都信奉印度教，但并没有因此打击不同的宗教。佛教的衰落在印度更像是一个渐进的过程：当信徒越来越少的时候，它慢慢地消亡了。

对于西南印度的中世纪来讲，拉什特拉库塔是最后一个伟大的强权。当一群属于遮卢迦宗室的人们将它推翻复辟之后，伟大的穆斯林已经守候在印度的大门口，等待着向次大陆进军了。

然而，在印度艺术史上，还有一个地区性的小王国不容忽视，这个小王国偏安一隅，却创造出了印度最美丽的装饰性雕塑，它就是霍伊萨拉王朝。

在卡纳塔克邦首府班加罗尔的西面，有两个分别叫作哈利比德和贝鲁尔的小镇，距离现代城市哈桑不远。如今的哈利比德更像是一个村庄，却拥有着辉煌的历史，它曾经是霍伊萨拉王朝的首都，至今拥有着一座美丽的神庙。

这座神庙与其他地方的印度神庙迥然不同，没有高耸的塔楼，平坦的顶部让神庙从远处看去显得极不起眼。然而，当人们慢慢走近时，才会发现这是一座多么美丽的建筑，神庙的每一刀雕刻都是精心之作。霍伊萨拉的工匠们在放弃了宏大叙事的同时，仿佛钻进了细节的迷雾之中，用手中的刻刀创造出独一无二的美丽花饰。

在神庙里，甚至每一个石柱都是不同的，有的石柱是圆形的，有的充满了棱角，但不管什么样式，都给人一种极为舒适的感觉。

在神庙的外墙上更是充满了雕塑，这里的神像不像其他地区的神像那么威严，它们身姿柔和、繁复多变，仿佛真的在跳舞。

距离哈利比德不远的贝鲁尔是霍伊萨拉王朝的另一个都城，那儿还有一座正在使用的王朝时期神庙。现代的印度人甚至为神庙加上了一个院子，院子的入口耸立着高高的塔楼，但进入院内，看到的仍然是美丽的平顶神庙，用每一个装饰的细节来表达对神的崇拜。

霍伊萨拉存在于公元 11 世纪到 13 世纪。当它趋于消亡的时候，已经是穆斯林的铁骑横扫印度之时，美丽的建筑形式消失了，不管是贝鲁尔还是哈利比德都变成了不起眼的小镇，只剩下美丽的建筑还在诉说着当年的辉煌。

第十六章

最纯正的南印度

对于旅行者来说，真正的南印度只存在于泰米尔纳杜邦。这个邦总是与高耸的塔楼、宏大的神庙院落、舞王湿婆的铜像、神秘的印度教仪轨和蜂拥的朝圣者联系在一起。熟知历史的人还知道，这里还是对东南亚的贸易中心，不管是当初的佛教，还是后来的印度教、伊斯兰教，都从这里通过商人、士兵和征服者传往东南亚，塑造了东南亚文明。

如果少了泰米尔纳杜，印度教文明就仿佛被去除了核心。因此，不管德里的红堡和阿格拉的泰姬陵多么雄伟壮丽，那些对印度教充满了向往的人们总是认为，只有到达了泰米尔纳杜，才算真正到达了印度。

实际上，如同欧洲有许多个国家分立一样，在印度次大陆上，南印度一直存在着独立的王国，即便在阿育王疆界最大的时代，也没有完全征服南印度。这里的人们使用另一个语系的语言，每一个神庙的名字都长得让外人感到绝望，即便到现在，南印度各邦还保留着自己的官方语言。到达南印度，就好像到了另一个更接近于非洲的国家一样令人充满了惊奇。

当我坐了一天一夜的火车，从奥利萨邦的布班内斯瓦尔赶往南印度时，心里想着的就是这个神奇的世界。

在公元前，南印度就存在着独立的国家，它们与东南亚的贸易从那时候就已经开始。不过那时南印度仿佛处于历史之外，在以北印度为主导的历史书籍上很少出现南印度的情况。它们如同古代中国的两广地区一样属于化外之地。

孔雀帝国崩溃后的萨塔瓦哈那人将南印度带入了历史，不过，这个王朝更多属于中南印度，并没有将自己的统治延伸到次大陆的最南端。直到进入中世纪后，我们对南印度的了解才越来越多。

在我的南印之旅中，最先遭遇的是一个叫作帕拉瓦的王朝。这个存在于7世纪左右的王朝奠定了南印度宗教、建筑和文化的基础，可谓影响深远。

帕拉瓦人在公元前就已经存在，曾经是佛教徒，5世纪左右皈依了印度教。南印度以商业立国，而帕拉瓦人就是其中的代表。在港口城市马哈巴利普拉姆，曾经发现过中亚、罗马的钱币，说明这里一直是繁荣的商业中心。

帕拉瓦的首都设在了距离金奈两小时车程的坎奇普拉姆，现在是一个印度教中心，至今仍然保存着当年的神庙建筑。然而，当我试图打听坎奇普拉姆的神庙时，当地人却问我："哪个神庙？坎奇普拉姆有很多个神庙。如果要找最大的，你就去室利·艾卡姆巴拉纳塔。"

顺着他们指的方向，我一路走了过去。在路上看到了两座神庙，一座是崭新的，大概不是我寻找的，另一座看上去有几百年的历史，但是规模不大。

直到我抬头看到了那座巨大的神庙塔楼，才明白那一定就是坎奇普拉姆最大的神庙。这也是我第一次看到南印神庙的塔楼。相信每一个第一眼看到它的人，都会为它的雄伟所震撼。时间是下午两点多，一辆辆的校车正满载着学生，不知是去上学还是有活动。印度的校车多种多样，有大客车，也有小面包，甚至我还看到过更简陋的三轮车，但它们无一例外都涂成特殊的颜色，在道路上享有优先权。

但是，巨大的室利·艾卡姆巴拉纳塔神庙并不是帕拉瓦时期的建筑，它也是后来人们修建的。帕拉瓦时期的神庙到底在哪儿？

最后，一位印度老人指出了正确的方向，在一条通向乡下的道路边，一块整齐的草地上坐落着一座经过修复的神庙建筑。当看到第一眼时，我就知道是它了。一位印度夫人在神庙内休息，她问我："你知道这座神庙是什么时代的吗？"

我回答："一千多年以前的。"

她点头微笑着表示赞赏，也确认了我的目标。

帕拉瓦时代，正是西南印度的遮卢迦王朝时期，这两个并立的王朝如同水火，不断进行着战争。但它们又互相借鉴着彼此的文化、建筑和艺术形式。当我看到这座叫作"凯拉萨"的神庙时，首先想到的是在帕塔达卡尔见到的神庙，以及与埃洛拉那座同名的庙宇，它们都是最早期的南印度神庙。这座神庙有着想象力丰富的神兽，加上风格各异的神像，展示了南印度文明的初次的魅力。

这也是玄奘来过的城市。在玄奘时期，帕拉瓦的君王虽然改信了印度教，但对于佛教仍然是宽容的，玄奘在坎奇普拉姆发现了多座佛教寺庙，当他前往更南部时，佛教已经灭迹了。

与南印度其他王朝一样，帕拉瓦以贸易立国，把通过贸易赚到的钱都用在了装饰神庙上。距离坎奇普拉姆两小时的海边城市玛玛拉普拉姆（也叫马哈帕利普拉姆）曾经是帕拉瓦王朝最著名的海港，在这里，渔民们下海捕鱼，商人们扬帆远航，从东南亚带来中国的瓷器和丝绸，将印度的谷物、波斯的玻璃送往东南亚。

玛玛拉普拉姆的黄金时代是在纳拉辛哈·瓦尔曼一世（Narasimha Varman I）时期（约公元 630 年），这时的玛玛拉普拉姆不仅是商业中心，而且是文化中心，甚至城市的名称都来自这位伟大的国王。这位国王在自己的国家有个外号叫大力士（Mamalla），因此城市被称为大力士之城，然而在流传的过程中出现了讹误，又有人将它说成了大魔王（马哈帕利）之城。

从这位国王开始，玛玛拉普拉姆的繁荣持续了两个世纪，开凿了一系列的神庙和浮雕石刻。最著名的五车神庙就开凿于纳拉辛哈·瓦尔曼一世时期，在他死后，五车神庙停止开凿，然而，另一座神庙——海岸神庙开始建造。当海上的水手们离开或者回到港口的时候，他们首先想到的，是向他们信奉的湿婆大神祈祷。海岸神庙最高塔楼下面的密室直接对着大海，不仅让东方第一缕阳光照射进来，也让水手们从船上能够向湿婆祈祷。

岁月曾将两座神庙埋藏于流沙之下，很久之后，当人们将神庙从流沙中挖出来时仍然保存完好。这也许是大自然的恩赐，否则，神庙早已就在海风的吹拂、海水的浸泡中瓦解了。

玛玛拉普拉姆遍地是帕拉瓦遗迹。在距离海岸一公里的一座小山上，有一座完全从石头上开凿出来的小神庙，曾经被人们当作灯塔使用。水手们在很远的海里就可以看到那高耸的神庙，到了夜间，穿透夜色的灯火又能够给他们指明海岸的位置。

在靠近海岸的石头上，还有另一个帕拉瓦人的杰作：一幅被称为阿周那的忏悔的浮雕。而实际上，刻画的主人公却是苦行者幸车王（Bhagiratha），他为了人间的幸福，苦行了整整一千年，祈求天神让恒河降临到人间造福人类。由于恒河水太大，他让恒河的水先流到他的头上，再顺着他的头发留下来，曲折舒缓地流向了人间。而浮雕刻画的就是恒河降凡的瞬间，蛇王、蛇后在水中游泳，众神凝望着这神圣的一刻。在右侧，有两只巨象也在凝望着。

当帕拉瓦人经过繁荣之后，不得不面对巨大的衰落，他们被西部的遮卢迦人和拉什特拉库塔人打败。政权最后又被南面的朱罗人接替。

朱罗先后征服了南面的潘迪亚以及它北面的帕拉瓦，成为南印度历史上最伟大的政权。说它最伟大，是指它的影响力不仅在南印度，而且遍及整个东南亚。朱罗的历史总是和一位自高自大的国王联系在一起，他叫拉贾拉贾一世（Rajarajia I, 985—1014），按照字面的意思，就是"国王中的国王"。拉贾拉贾在位时期，朱罗入侵了斯里兰卡，将这个海峡对面的岛国纳入自己的版图。

在印度历史上，西面的遮卢迦、拉什特拉库塔、维查耶纳加尔等王国往往会入侵东面的王国。但在拉贾拉贾时代，朱罗却挑起了战争侵入遮卢迦，并取得了胜利，他甚至入侵了马尔代夫。而到了他儿子拉亨德拉任上，甚至入侵了孟加拉，使得北印度见识了南印度的武功。

除了本土政权之外，下一个遭殃的是远在印度尼西亚的室利佛逝政权，拉亨德拉组织了一次远征打败了室利佛逝，使得朱罗成为跨越大洋的强权，其势力达到了鼎盛。

在印度城市坦焦尔，有一座被当地人称为大神庙的建筑。这座建筑就是朱罗王朝处于鼎盛时，由拉贾拉贾国王开始修建的。这座神庙如同一座堡垒一般，有着重重的塔楼和城墙，在最中心，是那座睥睨四方的巨大神庙，高近70米。如同当年的帕拉瓦一样，朱罗人也把贸易中获得的大量财富用在了修建神庙上，并且规模更加宏大。在坦焦尔，一位法国人保罗望着巨大的神庙，总是不自觉地不停提及凡尔赛。在他看来，如同法国人提起凡尔赛就想起了路易十四一样，这座代表了南印度神庙艺术巅峰的建筑也象征着一个伟大的国王，让拉贾拉贾得到了不朽。

然而，拉贾拉贾和他儿子的穷兵黩武，虽然建立了不朽的业绩，但动摇了帝国的根基。集权国家始终面临着财政危机，当一个国王过于强调武功和雄伟的建筑时，就是这个帝国财政崩溃的前兆。果然，在两位国王死后不久，强大的朱罗王朝如同昙花一现，在公元13世纪衰落，这次，它们的宿敌潘迪亚人再次回来，灭亡了朱罗。

在坦焦尔，除了有大神庙之外，还有一座王宫遗址。这座王宫属于后来的穆斯林王朝，在这里还有着南印度另一样珍宝：舞王湿婆。在巴达米石窟墙壁上的湿婆形象终于走下来，变成了铜像供人们膜拜。

王宫博物馆的工作人员专门告诉我舞王湿婆展馆的位置，然而走进展馆，我还是吃了一惊。我原以为如同中国的司母戊方鼎一样，舞王湿婆也只有一座，但展馆里，舞王湿婆铜像一字排开，竟然有五座之多。它们的姿势类似，在细微处却有着差别，它们的制造年代也不相同，相差竟然有几百年。

所谓舞王湿婆，与其说是一个实体，不如说是一种风格。实际上，现代的印度工匠还在按照古老的工艺制造着舞王湿婆，它们的模样与上千年前工匠制作出来的一模一样。

继承了朱罗王朝的潘迪亚把首都设在了马杜赖，一座神话般的庙宇城市。我本想接下来就去这座城市，但法国人保罗却想去曲奇。我和这位路上遇到的伙伴很投机，我们一起拼凑住小旅馆可以省钱，还经常跑到一个餐馆里，面对着看不懂的菜单乱点一通，在点菜和上菜的间隙，我们两人坐在椅子上开始猜上来的到底是什么东西。服务员端上来的食物常常让我们大吃一惊。我临时决定先和他去曲奇，再单独前往马杜赖。

曲奇是一座属于朝圣者的城市，在这里拥有着一座巨大的神庙，和一座奇特的岩顶城堡。这座叫作室利·兰噶纳塔斯瓦美的神庙与其说是一个神庙，不如说是一个社区。这个神庙展现了印度宗教建筑和生活的关系。这里处处都是低矮的住房、商铺，人们骑着自行车、摩托车或步行，在小巷子里穿行。在神庙周围有大量的住户、商店、旅馆，并且比其他地区都便宜得多。当晚，我和保罗就找了一间神庙边上的小旅馆住宿。房间里简陋得只有两张床，保罗却大叫说这里就像宫殿一样迷人。

从曲奇的另一个奇迹——岩顶城堡向下望去，更展现了这座城市的特质。在正下方，是一座带金顶的印度教建筑；在不远处，则是一座宏伟的天主教教堂。西方和东方的宗教在这里相撞，又和谐地共存，反映了印度丰富多彩的历史特征。

离开保罗，我坐上了前往马杜赖的班车。如果一个人只能从南印度选择一座城市，那么他必然选择马杜赖。这里有着最宏伟的印度神庙——室利·密纳克西神庙。甚至可以说，如今的马杜赖就是神庙的化身，对于游客来说，城市的其余部分都是围绕着神庙服务的。

然而，在历史上，马杜赖却经历了不少的繁荣和沧桑。在公元前，希腊的文献中就记载了这个贸易城市的存在，这里曾经是潘迪亚的首都，从被朱罗人征服到复国，再到被西部王国维查耶纳加尔吞并，再次独立。最后，德干的苏丹们来了，将整个南印度收入掌中，于是印度教的城市迎来了穆斯林的统治者，一个叫作纳耶克（Nayak）的小王国在这里建立。当伟大的莫卧儿王朝横扫南方时，小王国又被王朝的铁骑吞并，莫卧儿衰落后，它又被并入了英国人的势力范围。

室利·密纳克西神庙建造于纳耶克王朝时代，只有四五百年的历史，但它雄伟的造型使之成为印度神庙艺术的巅峰之一。当我赶到密纳克西神庙时，是下午两点，距离开放时间还有两个小时。在神庙的四周坐满了朝圣的人，各种小贩叫卖着多样的纪念品和朝圣用品，神庙的四周街道旁的小店铺中以丝绸和布匹为主。这里是印度的一个纺织中心，在甘地提倡的手工纺织的时代脱颖而出，并伴随着神庙一起成为游人的最爱。

最吸引人的还是神庙外部那高大的门楼建筑。这里的门楼高达四五十米，每一个门楼上都覆盖着上千个光怪陆离的彩色神像，抬头望门楼的时候，仿佛进入了一个印度神话的世界。四点钟一到，汹涌的朝圣者经过四个门楼的入口进入了神庙。这里是一个彩色的世界。如果说，印度神庙的外部往往装饰豪华，而内部过于阴暗简单的话，密纳克西神庙却颠覆了我的看法。神庙的内部光线虽然暗淡，但聪明的印度人利用灯光建立了一个神秘的光影世界。在千柱大厅里，一排排的柱子上装饰着几人高的大型塑像，有说不出名的动物，看上去有点儿像中国的龙，还有面目狰狞的神像。在大厅的顶端是一座金光灿灿的舞王湿婆像，接受着人们的膜拜。

这里拥有着最美的屋顶，屋顶上用各种颜色组成的花饰，如同佛教中的坛城一般光彩夺目。这里拥有着金色的柱子，每一个印度人走过时都会低眉垂目以示尊敬。这里的人们也是景色的一部分，他们穿着最鲜艳的衣服，如同过节一般出现在神庙的各个角落。世界上再也没有比印度更会搭配衣服色彩的地方了，在这里，女人们穿着五颜六色的纱丽，展现着大自然的丰富多彩和慷慨。几十年来，中国人衣着的色彩已经有了很大的变化，但是和印度比起来，仍然显得灰暗和单调。

马杜赖是我在泰米尔纳杜邦最后的停留地，参观完神庙，我赶去了火车站，搭上了去往迈索尔的末班车。这里也是我这次旅行中印度教历史的一个节点，接下来，我将进入一个穆斯林的世界。

第五部

蒙古？突厥？印度！

——伊斯兰教的印度

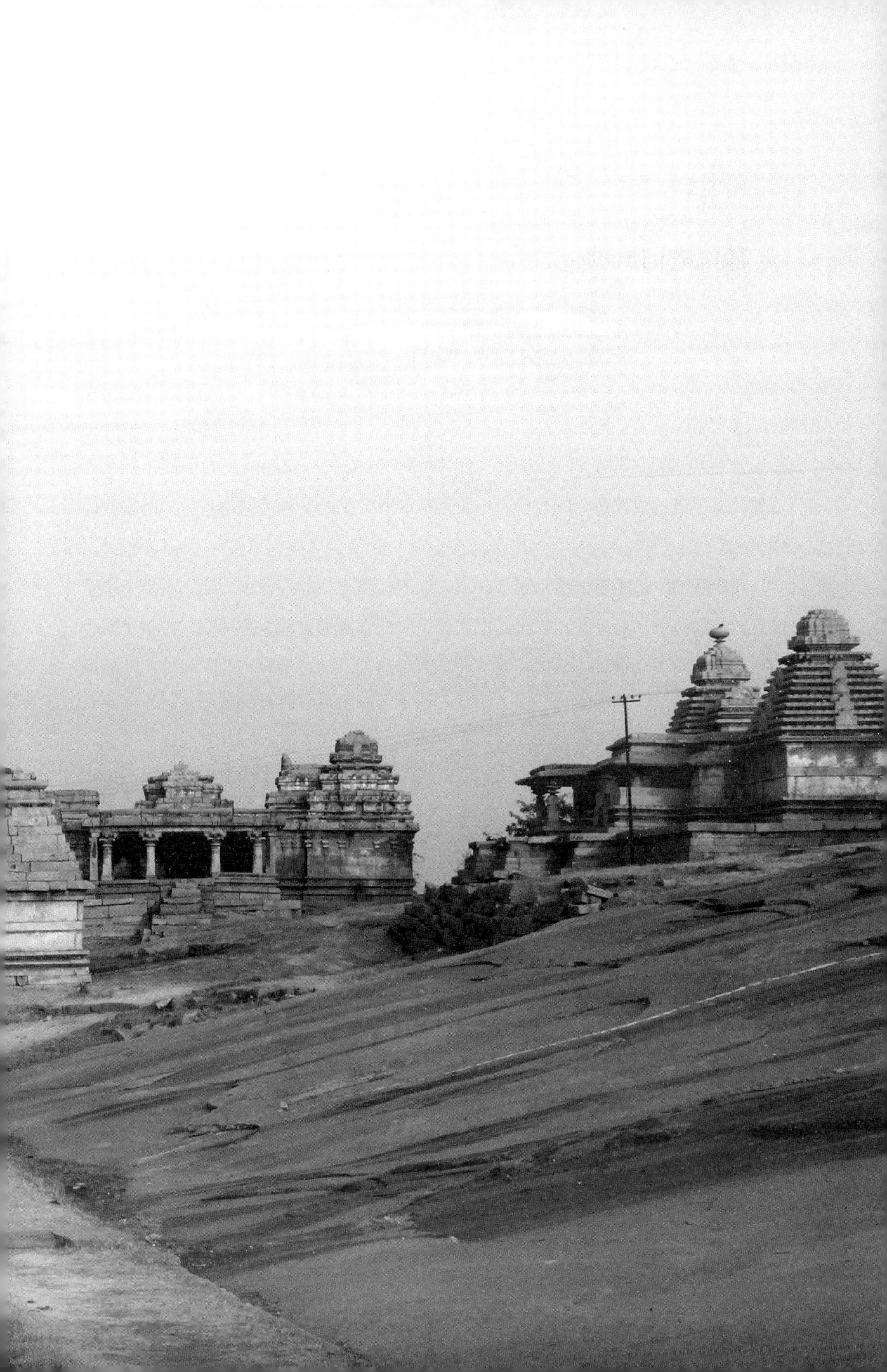

第十七章

德里的旧城堡

公元622年,为了逃避迫害,穆罕默德率领信众从麦加前往麦地那,并在麦地那建立了自己政教合一的政权。也正是从这时开始,一种当时最具活力的宗教诞生了。

在之后的一百年里,这个起于沙漠、原本籍籍无名的宗教突然间席卷整个中东世界,从阿拉伯半岛开始,扩张到巴格达(并把它定为首都)和伊朗,占领了整个中东,接着向埃及进军,从埃及沿着北非海岸前进,越过了直布罗陀海峡在欧洲登陆,并扩张到了整个西班牙。如果不是查理大帝的阻拦,很可能伊斯兰教会从西班牙进入法国和意大利,从而包抄整个西欧。

在中亚,伊斯兰教也从伊朗进军河中地区,将现在中亚五国所涵盖的地域尽数纳入控制之中,并从中亚五国进入中国的新疆境内,又开始在中原传播。

位于中亚旁边的印度显然无法避免这种极具吸引力的宗教的影响,一直到18世纪,印度的历史可以说就是一部伊斯兰教征服、反抗、同化的历史,伊斯兰教还经过印度进入了东南亚,塑造了马来西亚、印度尼西亚等国家的宗教。

对于印度来说,这一切都要从公元712年开始。

公元711年,阿拉伯人占领了中亚的布哈拉,第二年又占领了直布罗陀,开始向西班牙扩张。同时,阿拉伯人也在如今巴基斯坦境内的信德地区建立了桥头堡。当一艘运送伊斯兰教儿童的船只在信德海岸线上遭受海盗的袭击后,巴格达的哈里发要求信德的印度教王公对此负责,但遭到了拒绝。于是,穆斯林就如潮水一般从开伯尔山口涌进了印度河流域,占领了信德,建立了伊斯兰教政权。

伊斯兰教的影响甚至跨越了大海,直接从信德经过海路传播到了印度的古吉拉特。

然而，就在这时，伊斯兰教没有像在世界上其他地方那样，摧枯拉朽继续前进，而是被阻挡在了海岸地区，无法深入了。

此刻，印度的北部由强大的瞿折罗 - 波罗提诃罗王国占据，与此同时，在拉贾斯坦地区，则有众多的拉其普特人建立的王国，再往南，是遮卢迦王国和取代遮卢迦的拉什特拉库塔王国。

这一系列的王国大多处于鼎盛时期、生机勃勃，使得穆斯林们即便有心，也无力在印度境内举行更大规模的征服。这样的状况一直持续了近三百年，才又出现了变化。

在这三百年里，伊斯兰教内部也出现了更大的变化，巴格达的哈里发已经失去了最初的闯劲儿，开始享受安逸和奢侈；在埃及，信奉什叶派的法蒂玛王朝拒绝承认巴格达的领导，北非的柏柏尔同样认为自己是独立的。在中亚，一股突厥势力正在兴起，这些原本属于野蛮人的异教徒都加入了伊斯兰教，并且成了伊斯兰教的守卫力量，甚至巴格达的哈里发也要靠突厥人来保护，才能勉强存在。

突厥人的势力越来越大，在中亚和伊朗境内建立了一个个独立的政权。在伊朗，一股突厥人建立了加兹尼（Ghazi）王朝，他们服从于巴格达，却又在行政上独立于巴格达，成为一种复杂的宗主关系。公元 1000 年，加兹尼王朝的国王马茂德（Mahmud）突然开始进军印度，短短的 25 年里，他一共发起了 17 场战役，并曾经占领了瞿折罗 - 波罗提诃罗的首都卡瑙季，让印度人感受到了穆斯林的厉害。

然而，就当整个印度为伊斯兰的入侵感到不安时，马茂德死了。他的继承人并没有继续进攻印度，印度又获得了一个多世纪的"休息"时间。

此刻，新的野蛮人还在从北方源源不断地进入伊朗和巴格达，他们也属于突厥人，可是由于开化较晚，保留了勇武的品质，使得更早开化的突厥人王朝在他们的压力下逐渐分崩离析。

新的突厥人来自一个叫作塞尔柱的部落，塞尔柱突厥人不仅控制了巴格达的哈里发，还攻占了现在土耳其、约旦、叙利亚、以色列境内的广大地区，占领了耶路撒冷，从而使得西欧各国大为震怒，开始了赫赫有名的十字军东征。

塞尔柱对于伊朗的影响，就是削弱了加兹尼王朝的实力，从而使得一支叫作古尔人的力量乘虚而入，占领了伊朗，在公元 1151 年灭亡了加兹尼王朝。

每一个王朝建立的初期，总会有一个对外扩张的阶段。古尔人环顾四周：北面是骁勇善战的突厥人，东面是世界上最高的大山，西面是正处于强势阶段的塞尔柱人，只有南面进入印度的通道是打开的。

在首领穆罕默德的带领下，古尔人大举进攻印度，这是印度境内正式臣服于伊斯兰教的开始。

北印度古老的文明发源地一个个沦陷了。卡朱拉霍、卡瑙季……一座座名城毁于战火。而对于世界文明打击最大的，莫过于佛教的毁灭。在中印度时期，佛教虽然已经被印度教取代，但是印度的一些地方仍然保留着佛寺，是世界的佛教中心。这些中心中最有名的是那烂陀，东南亚、中国的僧侣们仍然把那烂陀当作学术圣殿，在这里建立起一座座寺庙，学习和讨论着经文。

然而这一切随着古尔人的到来戛然而止。穆罕默德手下一位著名的奴隶将军——库特卜-乌德-丁，正是他占领了那烂陀，毁灭了那烂陀大学，使得佛教从印度消失了。

库特卜注定要在印度毁灭一种宗教，再建立一种宗教。1206 年，穆罕默德遇刺身亡后，作为奴隶的库特卜终于走出了关键性一步，他脱离古尔王权的统治，选择了一个小小的要塞建立了自己的首都，宣布成立德里苏丹国。在莫卧儿人巴布尔来到印度之前，德里苏丹国和它的继承人控制印度长达 300 多年。

德里，这个现代印度的首都终于登上了历史舞台。之前的德里只是一个传说中的地方，在印度史诗《摩诃婆罗多》中，般度族的首都叫因陀罗普拉斯塔（Indraprastha），位于圣河亚穆纳河边，现代印度人认为这座城市就在现在的德里。20 世纪的考古学家在旧堡内发掘出了一片考古遗址，年代可以追溯到公元前 2000 年前，他们认为，这就是那个神话首都的所在地。

除了这个神话中的城市之外，在几千年的时间里，德里一直处于默默无闻的状态，它曾经作为拉其普特人的要塞存在，但真正成为影响印度历史的首都，还是从库特卜开始。库特卜和他的女婿伊尔图特米什（Iltutmish）在现在德里的南部把拉其普特人的要塞变成了一座都城，这座城市以一座高高的凯旋柱著称，这座柱子一直保留到现在，并成为德里的象征。

庞大的库特卜石柱和周围的建筑遗迹已经成了德里最负盛名的旅游景点。这里有来自世界各地的游客，仰望着这座高达 73 米，底部直径 15 米的美丽石柱，这座红色的高塔曾经是为纪念伊斯兰教对印度的征服而建的纪念碑，而现在，被当作印度多元文化的一个标志。在印度，虽然印度教占据主导地位，但印度的国徽使用的是佛教的阿育王石柱头，德里的象征是伊斯兰教的库特卜石柱，而印度建筑的代表同样是伊斯兰教的泰姬陵。

在石柱古迹群周围，还有许多令人着迷的古迹。在一片广场上竖立着一根 7 米高的铁柱，它曾经是一座毗湿奴神庙的支撑柱之一，制作于笈多王朝，直接暴露在空气中一千多年，仍然没有被锈蚀，由此可见古代印度制造工艺的水平。

这里还有清真寺、陵墓遗址。库特卜的女婿，德里苏丹国的第二任国王伊尔图特米什就埋葬于此，德里苏丹国历史上最伟大的苏丹阿拉-乌德-丁也埋葬于此。实际上，阿拉-乌德-丁与这里的缘分不止于此，当他进行了一系列的征服之后，决定要建造一个更大、规模是库特卜石柱好几倍的大型凯旋柱，这项工程随即开展，然而却没有竣工。新石柱的遗址经过了数百年，仍然在库特卜石柱的对面与之遥遥相望，诉说着各自的文治武功。

库特卜和伊尔图特米什死后，德里苏丹国陷入一片混乱，推举的苏丹们如同走马灯一般来来去去，直到一位叫扎拉-乌德-丁·卡尔吉的人登上了王位。1296 年，扎拉-乌德-丁·卡尔吉又被自己的女婿阿拉-乌德-丁除掉，成全了这个伟大的君主。

阿拉-乌德-丁南征北战，击溃了在印度中部德瓦吉里的雅达瓦王朝，将德里苏丹的势力第一次扩张到了印度的中南部。德瓦吉里这座城市注定要不朽，在未来，它会成为另一个穷兵黩武的苏丹的新首都。他还派兵进攻了南印度，烧毁了潘迪亚的首都马杜赖。

阿拉-乌德-丁最大的武功在于对蒙古人的抵抗。在穆斯林统治着印度的时候，北亚草原上蒙古人已经崛起。在亚洲的历史上，几乎每一个国家都有对抗蒙古人的可歌可泣的故事。在越南，人们将一位叫陈兴道的人尊奉为战神，因为他抵御了蒙古人的入侵，保持了越南的独立。在印度，这个角色由阿拉-乌德-丁扮演。

实际上，蒙古人对于印度的觊觎从伊尔图特米什时代就已经开始，成吉思汗的大军在征服中亚后停留在了印度河前沿，然而，成吉思汗始终没有下决心进攻印度，给印度又留下了几十年的空隙。

从1299年到1307年，蒙古人与阿拉-乌德-丁开展了一系列的战争，曾经令西方人谈虎色变的蒙古铁骑在这里碰到了对手，几年的鏖战之后，他们留下了上万的尸体和俘虏，仓皇逃回了中亚的根据地。蒙古人的俘虏在德里苏丹的注视下，被大象踩死，他们的头颅被按照蒙古人的方式堆成了金字塔。

在库特卜建立的城市北面，有一座叫作 Siri 的城堡，被人们称为德里的第二座城市。如今，Siri 在德里的遗存已经很少，除了一点点的城墙遗迹，大部分都已经埋入了地下。然而在当年，这座城堡由阿拉-乌德-丁为了抵抗蒙古人而建立，见证了蒙古人的战败和他们的惨遭屠戮。

阿拉-乌德-丁死后几年，一个叫吉亚斯-乌德-丁·图格鲁克的人篡夺了王位，建立了一个新的王朝并留下了一座新的首都，这是德里的第三座城市，至今仍然耸立在德里的东南部。

这座叫作图格拉加巴德的城市仍然保存着坚固的城墙、高耸的宫殿区、巨大的水库。在它的旁边，有着图格鲁克为自己设计的陵墓，以及另一座小一些的堡垒，这座堡垒守卫着大片的农田，防止敌人的破坏。

关于苏丹的新城，一位北非的旅行家伊本·白图泰描写了它的辉煌：那里有用镏金砖修建的巨宫，太阳初升时，金光耀眼不可凝视，那里藏着众多的财宝。据说还建有一座金窖，熔金注入其内成一整块。

然而，吉亚斯-乌德-丁·图格鲁克的好日子不长，被自己的儿子害死了。为了杀掉自己的父亲，穆罕穆德·图格鲁克趁父亲征伐勒克瑙时，为父亲建造了一座凯旋宫，但是，这座宫殿被故意建造得极其脆弱，父亲的象队踏上去时，宫殿坍塌了。不管老苏丹是否被砸死，新苏丹在挖掘的时候都不会让他继续活下去。

对于这个时期的德里苏丹国，最全面的记载来自于旅行家伊本·白图泰。在玄奘之后、哥伦布之前，只有两个人可以称之为世界旅行家，其中一位是马可·波罗，另一位就是白图泰。从某种程度上说，白图泰的旅行更值得尊敬，如果说马可·波罗的旅行还带有浓重的商人气息，那么白图泰的旅行则是出于信仰，从这个角度说，他可以称得上背包客的鼻祖。

苏丹穆罕穆德·图格鲁克执政时期，从中亚传来了消息：一位穆斯林申请进入印度国境，请求苏丹的批准。当时的国境穿越也如同现在一样，需要有批准和文书。然而，苏丹的答复却让现代人感到匪夷所思，按照现代人的看法，在批准一个人入境的时候，一定要确保他会离开，免得造成新的负担，然而苏丹却答复说：可以入境，但是，由于苏丹求贤若渴，白图泰必须发誓留在印度不准离开。

白图泰答应了，并成了德里苏丹国的一名官员。他的命运在未来的几年里随着苏丹情绪的阴晴不定而沉浮，直到寻找到出使中国的机会离开印度。不过，不管他的命运如何变化，白图泰始终保持着记录下观察到的一切的习惯，为我们留下了一份印度社会的珍贵资料。

图格鲁克上任后，首先想到的是追随伟大的阿拉-乌德-丁的脚步，去征服南印度，为了征服南印度，他决定将都城迁往印度的中部地区。

如今，在印度马哈施特拉邦的奥郎加巴德郊区，在去往埃洛拉石窟的路上，有一座石头小山如同金字塔一般挺立。这座小山的整个山体四周都被重新开凿成悬崖峭壁，只有一条狭窄的小路可以通往山顶，这条小路时而是陡峭的阶梯，时而是深邃的洞穴隧道，只需要几个人把守，就可以守住上万的大军。

这座城堡的顶部是一座硕大的铁炮，从顶部向下望去，周围的平原尽收眼底，围绕着小山周围的是一道道的城墙，以及护城河的痕迹，站在这里会让人产生一种天下尽收的眩晕感。更重要的是，城堡的位置恰好处于南北印度的中心，如果要征服南印度，从这里出发显然要比从德里出发近得多。任何想把南印度收于掌中的野心家都不会忽视堡垒的重要性。

这里曾经是雅达瓦人的首都德瓦吉里，被阿拉-乌德-丁所征服。新的图格鲁克把德瓦吉里的名字改成了道拉塔巴德，定为苏丹国新的首都。迁都后，德里的居民全部被驱赶到了上千公里外的道拉塔巴德。

白图泰在书里记载了苏丹搬往道拉塔巴德的情况，让人感到心碎：

苏丹最不得人心的是驱逐德里的全体居民……他将全城房舍收买归官，下令全体居民移往道拉塔巴德，但人们拒不搬迁。苏丹派人宣告，满城叫喊："三日后全城不许留住一人。"于是大部迁走，少数人则藏在家里。苏丹又下令挨户搜查，居民见状，才全部离去。人们弃家具行李而不顾，全城空空如也。据可靠人士告我说："一天夜晚，苏丹登上王宫的平台，对德里四面一望，见全城已无灯火和炊烟，苏丹说：'现在我才心安理得，衷心欣慰了。'"

然而，对于居民来说，这还不是最惨的，搬迁几年后，图格鲁克又将首都迁回了德里，于是人们不得不忍受第二次搬迁之苦。道拉塔巴德虽然坚固，也是征服南方的好基地，图格鲁克却忽略了一点：德里虽然不利于征服南方，却有利于镇压北方。

当他把首都迁往南方之后，北方各地造反的消息频频传来，焦头烂额的图格鲁克不得不承认，迁都是失败的。他的后半生都在为这次错误的迁都买单，他在德里修建了一座新的城堡，四处出击镇压各地的反抗。当白图泰到来时，恰好是苏丹将都城迁回德里后不久，这个反复无常的苏丹显然被他面临的巨大困境害得精神错乱，他疑神疑鬼，动辄杀人，白图泰用大量的篇幅记载了苏丹杀人的过程。

图格鲁克死后，一位叫作费罗斯·沙的君主继承了苏丹之位，成为德里苏丹国最后一位重要的君主。他在前几座首都的北面，建立了一座新的城堡，如今，在德里的东部、红堡的南面，还有一座叫作费罗斯·沙的城堡，就出自这位苏丹之手。

对于现代人来说，这位苏丹给德里留下的印迹是两根阿育王石柱。他把已经存在了近两千年的石柱从印度的各地运到德里，还专门为其修建了一座金字塔般的建筑，阿育王石柱如同定海神针一般高居其上。费罗斯·沙统治了三十多年，尽其一生，为让这个被图格鲁克掏空的政权避免倒闭而努力，然而，当他死后，德里苏丹国坍塌了。

给苏丹国最后一击的，是另一个中亚的"屠夫"，也是仅次于成吉思汗的伟大征服者——跛子帖木儿。当蒙古势力在中亚衰落后，一股新的突厥势力突然间崛起，这个势力的头目就是帖木儿。帖木儿一生进行了无数次征战，几乎占据了整个中亚草原，并将中东收于囊中，直接威胁着欧洲。甚至在他的暮年还制订了进攻中国的计划，如果不是他的死亡提前到来，也许中国又会遭遇一次游牧民族之劫。帖木儿的铁骑也到达了印度，他攻占了德里，在高高的城墙外堆起了标志性的人头金字塔，在突厥人的攻势下，德里苏丹国瓦解了。对于德里的居民更为可怕的是，在游牧民族的劫掠过后，紧跟着的是一场瘟疫的浩劫，据记载：城市完全毁坏了，留下的居民也都死光了，两个月当中，德里城飞鸟绝迹……

十几年后，一个叫萨义德朝的小朝廷在德里的荒草中复辟，萨义德朝又被一个叫作洛迪的家族取代。然而，孱弱的小朝廷已经无力维持北印度的统一，各地的藩王各自为政，当洛迪的君主们试图对北印度进行再统一时，莫卧儿的强权已经在中亚对印度虎视眈眈了。

在距离新德里中心不远的地方，至今仍然有一个叫作洛迪花园的地方。这里幽静异常、湖水清澈、满是鲜花，是情侣们约会的最佳的场所之一。萨义德朝和洛迪君王们的墓地也在这里。洛迪第二代君主西坎达尔·洛迪的墓坐落在洛迪花园一个幽静的小院子里，在陵墓前方的小道上，种植着美丽的罂粟花，红色的花朵妖艳得让人心碎，给静谧的院子带来了一丝生气。

西坎达尔对后世最大的影响，是在德里以南数百公里外选择了一个新首都：阿格拉。这座神奇的城市被莫卧儿的皇帝巴布尔继承，并终将成为印度历史上的一个奇迹。

距离西坎达尔陵墓不远处还有两座洛迪家族陵墓，可惜现在的人们已经分不清它们到底属于谁。不远处萨义德朝第三代君主穆罕穆德的陵墓也静静地等待着游人的光顾。

历史的时空大部分时间是静态的，它不会去记住萨义德朝和洛迪朝的搏杀，只会将他们死后的陵墓放在一起，静静地等待人们凭吊。德里苏丹国作为莫卧儿王朝的序曲，终于结束了。

第十八章

空城汉皮和南印之殇

在没有来印度之前,我就听说在印度的中南部有一座巨大的石头城。它曾经是印度最大的城市之一,却在一次兵祸之后被放弃,成了空城。这座巨大的城市有着数百座富丽堂皇的神庙,穿越了时空,经过500多年后直到现在仍然伫立在原地,仿佛是一座巨型的纪念碑,纪念着曾经在印度南部最后一个伟大的印度教政权。

在这座城市的北面几百公里外,还有另一座雄伟的城堡废墟,这座城堡同样穿越了历史的迷雾,至今耸立在中部的高原之上。它属于印度第一个重要的伊斯兰教政权。

这两个相隔几百公里的城市的建设者都已经成了历史书上耳熟能详的过客,然而巨大的城堡废墟和那座空空如也的石头城却提醒着人们一个悲壮,甚至血腥的故事。两座城市的命运也超出了它们本身,成为一种符号,代表着伊斯兰教在印度的胜利,以及印度教政权在次大陆的消亡。这是一曲悲歌也是赞歌,共同书写着这个迷人国家那多样化的文明。

清晨,我乘夜班车到达了汉皮。即便已有心理准备,但仍然被那片巨大规模的废墟所震撼。实际上,汉皮并非完全的空城,在空城的四周还有几个小村庄,分布在方圆近十公里的土地上,这些村庄曾经穷困,如今却因为旅游业的发展变得欣欣向荣起来。但这些村庄与废墟相比仍然是微不足道的,它们只占据了其中的一小部分,大部分地方仍然是巨石的建筑、残破的庙宇和长长的空空如也的集市。

下车后首先映入眼帘的是当地唯一还在使用的一个神庙——维鲁帕克沙神庙,维鲁帕克沙的规模并不大,只是供当地的村民举行宗教活动。但就在神庙旁边的山上,满眼都是大片的遗址群。这里的山都是石头的,点缀在附近的平原上,怪石林立，几乎每一个山头上都有无数的石头建筑。这些建筑有的只剩下了骨架，墙壁和屋顶已经消失，有的保存较为完整。爬上山顶时，目力所及的地方可以看见几公里之外的残垣断壁。

但如果认为这就是汉皮的全部，那就大错特错了，此时，我看到的只是汉皮古迹群的很小一部分，或者说只涉及其中一座著名的神庙。而实际上这样的神庙在汉皮有上百座，即便到现在保留遗迹的也有几十座，而且许多神庙的规模比这一座大得多。

1520年前后访问过维查耶纳加尔的意大利旅行家尼可洛·孔蒂写道：

城周六十英里，城墙一直筑到山上，并包围了下面的山谷，这样，城的范围更显大了。城里可以武装起来的人估计有九万……国王比印度所有别的国王都更强有力。

在汉皮的主街两侧，有不少石头棚子被用来当作货摊卖东西。这些石棚实际上也是古代留下的。古代维查耶纳加尔人善于做生意，在神庙的两侧会连绵着搭建几公里长的石棚作为集市，现代人称之为"巴扎"。维鲁帕克沙神庙外的巴扎是唯一被现代人利用起来的，其余神庙外的巴扎都处于废墟状态，如同两排巨石阵一直延伸到神庙的门楼前。

我最喜欢的神庙叫阿屈塔拉雅神庙。这个神庙背靠在一座小山后，当人们从小山上下来，恰好可以从侧门进入神庙。当我进入时，庞大的建筑群里只有一个当地的女人，仿佛穿越了几百年的维查耶纳加尔公主在凭吊着这个庞然大物，她静静地清扫着地面。这里安静得如同另一个世界，在几百年的时间里都是如此。但在几百年前，这里该是一番热闹的景象：阿屈塔拉雅神庙外的苏勒巴扎一直延伸了半公里长，可以容纳几百个摊位，在古代的维查耶纳加尔城，人们敬神完毕，就在神庙外的巴扎上开始商业生活。

维查耶纳加尔是个富裕的王国，以贸易和商业为生命。它的商业之发达，甚至让善于经商的西方人都感到妒忌。葡萄牙人多明戈斯·帕埃斯在维查耶纳加尔毁灭之前，曾经到达过这里，他写道：

> 它（维查耶纳加尔）的国王拥有大量的财宝、许多士兵和许多头大象，因为这些在该国国内就为数很多。……在这个城市里，你可以看到各国和各民族的人，因为城内经营大宗的贸易，而且那里有许多宝石，主要是钻石。……这是世界上供应最好的城市，储存的粮食有：大米、小麦、稻谷、玉米、一定数量的大麦和蚕豆、蒙葛、豆类、燕麦以及许多别的种子，这些都是国内生产的，供人们食用，贮藏极其充裕，价格低廉。……街道和市场上挤满了无数驮着货物的公牛。

阿屈塔拉雅神庙仍然不是汉皮最大的神庙，从这里出发大约走两公里，在河边有另一个更加著名的建筑群：维塔拉神庙。当征服者来到维查耶纳加尔，将神庙付之一炬，然而，即便是烧过之后的废墟，仍然可以映衬当年神庙的辉煌。在神庙外是更长的巴扎，庙内还保留着一座精致的战车型小庙，拉车的是一头大象。主庙的庙体过火后又经过了几百年，仍然高高伫立，每一个经过的人都感慨着这个废墟的顽强。

但这还不是汉皮古迹群的全部。实际上，到这时我只走访了几个著名的神庙，这些神庙都位于首都的普通居民区，至于皇室所在的皇宫区域，还在数公里之外。

皇宫区域建设在一片平地上，周围围绕着城墙。大约这里的君王从来没有想过维查耶纳加尔会被进攻，他以为帝国庞大的军队能够御敌于千里之外，所以皇宫的选择并没有如同普通的印度小国一样，选在高高的山巅。这一点决定了首都的命运，当敌人在外地消灭了帝国的主力之后，帝国既没有足够的兵力守卫首都，首都也没有足够的险峻来防守。

与城市区不同，皇宫区域是被破坏得最严重的地方，大部分的宫殿都已经荡然无存了。现在能够看到的，是一片巨大的皇家广场，以及广场上的一个高台，一个叫作哈扎拉罗摩的神庙，也是皇宫区域唯一的神庙，还有一个叫作莲花寺的建筑、一个叫象堡的堡垒。进攻者攻克了首都之后，对皇宫区进行了大规模的破坏。

关于维查耶纳加尔城的毁灭，一位当时的人写道：

（胜利者）到达了首都，从这以后的五个月中，维查耶纳加尔城再无宁日。敌人是来破坏的，他们毫不留情地去实现这个目的。……看来任何东西也不能幸免。他们拆毁了国王往常观赏节日景象的高台上的亭榭，推倒了所有的雕刻品。他们将坐落在河边的维塔拉斯瓦米寺装饰华丽的建筑点起大火，打碎了寺庙中精巧的石雕。他们天天用火和剑、铁棍和斧子进行破坏。对这样一个壮丽的城市，恐怕在世界历史上还从没有做过这样大的破坏，而又做得如此突然。它曾经拥有富裕和勤劳的居民，繁荣富裕，盛极一时，可是一日之际就在难以用笔墨形容的残酷屠杀和恐怖中被攻占、掳掠，而沦为废墟。

进攻者胜利后，曾经辉煌的汉皮灭绝了。

关于汉皮曾经的辉煌，1442年从波斯来的阿卜杜尔·拉扎克写道：

这个国家人口如此稠密，以至于不可能在适当的篇幅内表达这样的概念。在国王的国库里有许多房间，其中有装满熔化了的黄金的洞窟，黄金凝结成大块。国内所有的居民，不论地位高低，甚至地位低到市场上的工匠，都在耳朵、脖子、胳膊、手腕和手指上佩戴珠宝和镀金的装饰品。

但这一切都已经成了记忆，剩下的只有眼前的残垣断壁。甚至帝国的居民都选择离开了这里，到更遥远的南部重新定居。他们的离开也造就了这座伟大的空城，否则，人类的活动无疑早已将废墟的巨石挪作他用，从而毁灭掉废墟本身。

对于印度人来说，1565年维查耶纳加尔王国的覆灭也成了印度教的挽歌。维查耶纳加尔是印度教最后一个伟大帝国，负有捍卫印度教，抵抗伊斯兰教的重任。它毁灭后，伊斯兰教长驱直入，在次大陆占据了主导地位，开始了几百年的伊斯兰教政权时期。

实际上，维查耶纳加尔就是为了对抗伊斯兰教才出现的。当德里苏丹们征服北印度的时候，南印度曾经强大的遮卢迦王国和拉什特拉库塔王国已经消亡。取而代之的是四个小王国，分别是北部的雅达瓦（Yadava）王国、卡卡提亚王国，南部的潘迪亚王国、霍伊萨拉王国。

阿拉 - 乌德 - 丁用他的一生与南印度各国征战，其中影响最大的，是征服雅达瓦和击溃霍伊萨拉。雅达瓦王国为穆斯林贡献了一座新的都城，而霍伊萨拉的灭亡使得另一个伟大的帝国——维查耶纳加尔能够在原来霍伊萨拉的土地上成长起来。

谁也说不清维查耶纳加尔是如何出现的，当它进入人们的视野，已经足够强大。它的精神力量是印度教，为此，在首都建立了无数豪华的庙宇，它的动力是抵抗伊斯兰教，它的后盾是南印度富裕的农业和贸易，很快，它成长为南印度首屈一指的大国。

在维查耶纳加尔的北方，它的对手也是一个新兴的伊斯兰教国家：巴马尼苏丹国。

巴马尼苏丹国之所以出现，与德里苏丹穆罕默德·图格鲁克迁都失败有关。图格鲁克退出道拉塔巴德之后，他的一位将领就利用这座新城的优势地位开始密谋独立。20 年后他正式宣布独立，成立了新的巴马尼苏丹国。由于认为道拉塔巴德距离北方还是太近，两年后，巴马尼把首都迁往了更南方的古尔巴加。然而这次迁都后，巴马尼的苏丹们又发现首都太靠南了，受到了印度教国家维查耶纳加尔的压迫，于是又向西北方向移动，把首都迁到了一个叫作比达尔的高原城市。从此，巴马尼苏丹国和维查耶纳加尔、穆斯林与印度教的南北对峙正式形成。

比达尔位于卡纳塔克邦的最东北部，紧挨着安德拉邦。如今，比达尔城堡庞大的废墟仍然耸立在新比达尔城的北部。这座城堡是伊斯兰城堡的典范，拥有高大的城楼、厚重的城墙，以及复杂的防御系统。城墙外的三重濠设计更是让敌人无法靠近，敌人如果想要攻入城堡，必须先下到第一道壕沟，再爬上第一道城墙，再进入第二道壕沟，再爬上第二道城墙，如此者三。在他还没有到达最后的防线时，就已经被守卫者射穿了。

这里，比达尔的城堡和汉皮的废墟，也可以看出两者的差别。穆斯林是训练有素的武士，他们拥有先进的战争理念，毫不犹豫地对自己的首都进行了最大限度的堡垒化，保证首都的安全。而印度教徒则更多把首都当作一个生活的地方，宗教、商业、社会活动占去了大量的时间，对于首都的设防却随意得多。这也许是决定两者成败的关键因素之一。

可以说，巴马尼苏丹国是一个过于偏向军事和政治的集权化国家，而维查耶纳加尔的社会化生活更加丰富，民间更加富裕。巴马尼的集权化倾向势必造成一个贫穷的社会。一位出色的俄罗斯旅行家阿塔纳修斯·尼基丁在巴马尼旅行了四年，他写道：

苏丹出巡时带领三十万自己的军队。这个国度人口甚多，但是乡下人生活很悲惨，而贵族却极其富裕，喜欢奢侈。他们惯常坐在银床上被人抬着外出，前面有二十四左右用黄金装饰的战马开道，后面跟着三百名骑马的人、五百名徒步的人，还有号手、十名持火炬的人和十名乐师。

苏丹外出打猎时还带着他的母亲和夫人，队列中有一万名骑马的人、五万名徒步的人、二百匹披戴金甲的大象，前面是一百名骑师、一百名跳舞者和三百匹披有黄金马衣的一般马匹，一百只猴子和一百个侍妾都是外国的。

两者的对抗也充满了残忍和血腥，甚至被认为是印度历史上最黑暗的时期之一。双方以虐待和杀戮俘虏为乐，只是为了表现对抗性和宗教虔诚性。

印度教徒攻陷了一座城市，将全城的居民屠杀干净，只留下了一个活口让他给苏丹报信。苏丹发誓为了报仇要杀死10万个印度教徒。最后，当他完成夙愿的时候，发现竟然杀掉了50万。南印度的土地就在两个教权国家的残忍战争中被扭曲，直到一个国家垮掉。

然而，最初垮掉的不是印度教国家，而是巴马尼苏丹国。外部的战争、内部的斗争最终摧毁了它。根据统计，巴马尼王朝一共有十八个国王，有五个被谋杀，两个死于纵欲，三个被废黜，三个被废的人中，还有两个被弄瞎了眼睛。

当苏丹对下面的行省失去控制之后，苏丹国分裂了。从旧的苏丹国尸体上崛起的，是五个小苏丹国。它们的首都分别设在比拉尔、艾哈迈德纳加尔、比贾普尔、高尔康达（现在的海得拉巴）和比达尔。

这是一段对维查耶纳加尔最有利的时期，五个苏丹国，互相合纵连横，内斗频繁。最终，比贾普尔的苏丹显示了更大的英明和勇气，先后吞并了比拉尔和比达尔，成为小苏丹国中实力最强的。但即便只剩下三个苏丹国，它们还是内斗不断。

从形式上看，印度教的维查耶纳加尔也许有机会利用自己的实力将它们逐一消灭。事实也在向着这个方向前进，在几位英勇国王的率领下，帝国接连打了几个胜仗，将几个小苏丹国的空间压缩得越来越小。

然而，这时，历史却突然间出现了转折。几个苏丹国突然发现如果自己不联合，会被南方的大国一一消灭。于是他们联合起来，组成了联军向南方进攻。

南方的国王接受了挑战。他派出了大军，与对方交战。1565年是一个值得纪念的年份，双方都没有预料到战争的结局。当战斗开始的时候，维查耶纳加尔占了上风，然而，几位部将的叛逃让近在眼前的胜利功亏一篑，南方帝国的军队一溃千里。

如果仅仅一次战斗的失败，也许对于一个庞大帝国是可以承受的。但是，恰好这时维查耶纳加尔的弱点暴露了出来：它没有考虑后备军，以及它的首都过于庞大，简直无法防守。于是，一次战役的失败演变成了整个战争的崩溃。穆斯林联军乘势追击，拿下了首都。

雄伟的维查耶纳加尔城毁灭了，留给历史的只是一片叫作汉皮的废墟。胜利者的屠杀和掠夺毁灭了这个富裕的城市，所有的建筑都被掠空，皇宫被摧毁，人民无法忍受征服者的残酷，纷纷逃走，只留下一座城市的空壳。印度教最后一个伟大政权轰然倒塌。

维查耶纳加尔的战败让南印度也成了伊斯兰教的天下。他们的臣民大多数是印度教徒，但是统治者大部分属于伊斯兰教。

幸存的三个小苏丹国也进入了黄金时代，苏丹们学会了用最雄伟的建筑来装饰自己的住所，他们建立了一系列的大学来宣扬伊斯兰教。在比贾普尔，诞生了印度最庞大的穹顶型建筑高尔贡巴兹，甚至比泰姬陵的穹顶还大。然而，高尔贡巴兹除了庞大之外，缺乏泰姬陵的优雅和美感，人们看到更多的，是一种暴发户的心态。在高尔康达，苏丹建立了一座雄伟的城堡，以及数十座高大的陵墓群。

当他们失去对手的时候，变得更加穷凶极欲。然而这样的日子已经不多了，因为新的对手已经出现，这次不是出现在南部，而是北方同属伊斯兰教的莫卧儿人。

第十九章

我来自成吉思汗，也来自帖木儿

在公元前，月氏人从中国出发一路西行，再折转南方，在印度北部建立了一个庞大的贵霜帝国。然而，这并不是从东亚和北亚出发的人们对印度历史影响最大的征服。当我们站在美丽的泰姬陵下，仰望着这美丽的建筑、怀念着这幸福的女人时，会为莫卧儿人的浪漫与真诚而感动，但我们不会想到，在几代前，莫卧儿王室还只不过是中亚的"蛮族"，他们沿着月氏人道路进入印度，成为除英国人外对印度现代影响最大的征服者。

要追溯莫卧儿人的来源，必须从那两个伟大的中亚战神说起。

13世纪，从东亚出发的成吉思汗带着蒙古人席卷了整个世界，他们在中国建立了元朝，在波斯建立了伊尔汗国，在俄罗斯人的土地上建立了金帐汗国，在如今的中国新疆西部、中亚建立了察合台汗国，在新疆北部和蒙古东部建立了窝阔台汗国。这四大汗国加上忽必烈的大汗国，占据了已知世界的一大半。

然而蒙古人兴得快，败得也快，元王朝不到一百年就消失了。在波斯、俄罗斯、新疆北部的政权也逐渐被当地政权所取代。唯一保持得更长久的，是察合台汗国所遗留下来的一个个小汗国，以及蒙古本土的一些部落。

即便在察合台汗国的土地上，蒙古人的政权也已经不是主导力量。14世纪后半期，一个瘸腿的突厥人突然间崛起，虽然不是同族，但他相信自己继承了成吉思汗的天命，可以重新统治中亚。

至少有一点，他和蒙古的前辈是相同的，那就是杀戮的能力。蒙古人攻城略地之后，喜欢把抵抗的人们全部杀光，以儆效尤。突厥人帖木儿则喜欢将攻下的城池内男女老幼的头砍下来，堆叠成金字塔。整个中亚、西亚、中欧都震慑于他的武力。他甚至越过了开伯尔山口，占领了印度的一部分。然而，帖木儿最大的野心还是征服中国，那时候的中国明朝刚刚经过了靖难之役，明成祖朱棣刚刚把自己的侄儿赶下了台，当上了皇帝。这个刚愎自用的皇帝对于眼前的危险一无所知。

此刻的中亚却是风声鹤唳，帖木儿组成了庞大的部队正浩浩荡荡向着北京的方向前进。与好战成性的突厥人比起来，中国人能够取胜吗？

可这次运气帮助了中国人，当帖木儿刚刚接近中国边界的时候，他得病死了。在他的身后，他的继承人都无力把庞大的地域和军队捏成块，帖木儿帝国经过了短暂的扩张之后分崩离析。这个瘸子军事家也成了中亚最后一位对西方形成威胁的政治家。

虽然中亚对于西方的威胁正在消退，但它却利用一位蒙古人和突厥人的双重后裔，让他占领了印度，开创了一个伟大的王朝。

巴布尔，全名咱喜鲁丁·穆罕穆德·巴布尔，从父系上来说，他是帖木儿的直系后裔。帖木儿死后，帝国分崩离析，他的第三子米兰沙之孙速檀·卜撒因·米尔咱再次将河中地区统一起来。卜撒因死时，将帝国分封给了七个儿子，其中第四子乌马尔·沙黑分得了河中地区的费尔干纳（今乌兹别克斯坦境内），巴布尔就是乌马尔·沙黑的长子。

从母系上来说，巴布尔又是成吉思汗的后裔。察合台汗国的西部被帖木儿等突厥人征服，但是东部（新疆境内）仍然由察合台的后裔进行统治。巴布尔的母亲是察合台汗羽奴思汗的次女，羽奴思汗是成吉思汗的直系后代。

所以，自巴布尔1483年降生开始，就带着世界上最有血性的两个人的基因。然而，随着少年的成长，他却发现中亚这个舞台已经不再适合强权者的统治。这里充斥着各种各样的小国，他们实力往往都不强，却个个以成吉思汗自居，学不会服从，也学不会联合，只能在相互的乱战中徒耗岁月。

巴布尔12岁时，他的父亲在一次宫殿垮塌中丧生，将汗位传给了他。这个少年就开始了自己的职业征战生涯。

当时，河中地区最重要的城市是撒马尔罕，那是帖木儿的都城，如果要称雄中亚，首先必须占领撒马尔罕。年轻的巴布尔出发了，并如愿以偿地占领了该城。然而可惜的是，进攻撒马尔罕的时候，他自己的国家却背叛了他，在叛徒的帮助下拥立了他的弟弟做国君。当他挥师进攻自己的故土时，不仅没有成功，反而又把撒马尔罕丢失了。失去了根据地的他度过了一段流离的日子，才以割让一半的土地为代价，回到了故土。

然而巴布尔还不死心，他仍然想占据撒马尔罕，开始伟大的帝王征程。他第二次进入了撒马尔罕，但不久，他再次尝到了失败的滋味，这次，不仅丢失了这一座城市，还丢失了整个国家。他只能在故土的山中逃窜，继续积蓄力量准备反攻。

但他的敌人并不想放过他，追击，直至将他赶出河中地区，向南赶入了阿富汗的山地之中。这是巴布尔一生中最为狼狈的时期之一。

公元 1504 年，刚满 21 岁的巴布尔重振旗鼓，攻占了阿富汗的喀布尔（今阿富汗的首都），建立了流亡政权。此刻他的目标仍然是北方的撒马尔罕，为了得到波斯萨菲王朝的帮助，巴布尔不惜改宗什叶派，这也成了他一生中最受政敌诟病之处。

1511 年，巴布尔再次攻入撒马尔罕，这是他一生中第三次，也是最后一次占领心中的圣城。很快，他被作为侵略者赶了出来，再也没有机会返回去。那片孕育了帖木儿伟大王朝的土地并不属于他。这个丢失了家乡的人难道注定是个失败者？

当时的人并没有注意到，连年的征战已经将当初的少年培养成了典型的战士和伟大的政治家。巴布尔精通文学，他的文字简练却不失优雅，习惯于将自己每天的经历记录下来，为我们留下了一本翔实的《巴布尔回忆录》。在征战中，他还锻炼了自己的部队，特别是对于炮兵的运用，已经让他冠绝中亚。在中亚历史上往往是骑兵的天下，但巴布尔却早早意识到了炮兵的威力，这使得他在面对敌人时拥有极大的优势。特别是当面临不熟悉炮战的印度人时，更加随心所欲。

当中亚的大门对他关闭后，巴布尔分析形势，认为印度是一个暂时的栖身之所。

最初进攻印度的尝试是在外围展开的，并且与成吉思汗、帖木儿一样，是掠夺式的。前四次进攻印度也只是以印度河流域（今巴基斯坦境内）为主要对象，并没有深入到德里附近。直到第五次，由于德里苏丹国出现了内乱，有人邀请巴布尔前往,他才下决心进军德里。

此时德里的苏丹国由一位年轻的洛提王朝的苏丹易卜拉欣统治着,他有心保卫这个千疮百孔的帝国,但年少无知、不谙世事,只能维持帝国的苟延残喘。这也给了巴布尔进攻的最佳时机。1526年,在德里以北近100公里的帕尼帕特(Panipat),两军展开了对垒。

帕尼帕特这片原野注定要成为未来数次战争的战场。除了巴布尔的战争之外,之后的阿克巴大帝,以及未来的马拉塔人都在这里为了王朝而战。而巴布尔的战争是历次战役的第一次。

巴布尔在日记中对双方的部署做了详细的记述,他写道:敌人现有的部队大约有10万人。但领军的是一个毫无经验的年轻人,他没有做好战斗准备,无论行军和驻扎都杂乱无章,无论攻城还是野战,都漫不经心。

正是双方将领的特质决定了战争的成败。一方是已经腐朽了的公子哥儿,另一方却是身经百战的战神。1526年4月20日,德里苏丹的部队和巴布尔的部队终于开战了。

巴布尔写道:

晨礼时分,天刚蒙蒙亮,侦察兵送来消息说,敌人正列阵前进。我们立即披挂,拿起武器上马。……敌军黑压压一片出现于视野……敌人见到了我方的军队,并确信我军摆开了阵势,人马整齐之后,就犹豫起来,好像在考虑:"停下,还是不停下?前进,还是不前进?"他们既不能停下,也不能像先前那样不停地前进。我方原定迂回前进的军队奉令从左右两面绕行到敌军后方,放箭并开战。右翼和左翼奉令前进与敌人接战。……我军右翼、左翼、中军和进至敌军后方的迂回部队从四面八方包围了敌人,如下雨一般地朝敌人放箭,认真地开始战斗。敌人对我军右翼和左翼发动了一二次短暂的进攻;但在我军放箭的压迫下,又退回到自己的中军去了。敌方的右翼军和左翼军都拥挤在一个地方,达到这种程度,以至于他们既不能前进向我们进攻,也不能后却冲开一条退路。……战斗进行了一上午。中午时,敌人被打败,遭到镇压,我们的朋友为之兴高采烈。感谢伟大的、至仁至慈的真主，这一艰难之事竟轻易地解决了。数量如此众多的一支军队，竟在半天之内被打垮。仅在易卜拉欣（即苏丹本人）身边的一个地方，就有五六千人被杀；其他地方倒毙者的数目，我们估计，有一万五至一万六千人。后来，在我们到达阿格拉后，听印度居民说，在这次战役中，有四五万人被杀。……我们经过易卜拉欣的营地，观察了他的营盘和帐篷，到一条小河的岸边驻扎。那正是晌礼时分，喀利法的内弟塔什尔·提不里在死尸堆里找到了易卜拉欣的尸体，遂将其首级带了回来。

在巴布尔的轻描淡写之下，当时的人们都没有料到，这次战役决定了未来三百年的印度历史，使得一个外来的政权建立了一个伟大的帝国，这个帝国只有孔雀王朝和笈多帝国可以与之媲美。

巴布尔在阿格拉建立了帝国的首都。阿格拉，这个莫卧儿明珠从这时开始了征服印度的道路。不过，与君王们用血和剑的征服不同，阿格拉征服印度用的是艺术和建筑。巴布尔的后代大都继承了祖先的艺术气质，使得莫卧儿成了艺术世界的巅峰。

此后的四年，巴布尔在印度南征北战，他打垮了最主要的敌人拉其普特人，平定了整个北方地区。

然而，连年的征战，以及对于药物和酒精的上瘾，也损害了这位铁汉的健康，在帕尼帕特战役后四年，他就死去了。在他临死前，他心爱的儿子胡马雍也得了重病，奄奄一息，巴布尔虔诚地请求安拉让老年人去死，换取年轻人的生命。他的愿望实现了，胡马雍奇迹般地康复了，巴布尔却进入了另一个世界，将巩固帝国和治理帝国的重任交给了他的儿子和孙子。

有人说，巴布尔善于征战，并不善于管理，他的死亡也避免了一个王朝迅速扩张、然后消亡的套路。但实际上，巴布尔死去的时候，这个王朝的根基并不稳固，甚至还不能说王朝的基业已经建立。他死后，新帝国又进入了危急时刻，各地不愿意臣服于他的势力借着他的死亡开始了反攻。

继承了莫卧儿帝位的是23岁的儿子胡马雍。年轻的君王善良有余，勇武不足，擅长星象、地理和数学，又精通艺术和文学。可是，当他父亲去世后，他却面临着东西两方面的压力。在西南方的古吉拉特，一位叫巴哈杜尔·沙的苏丹率先反对胡马雍，在东方的孟加拉，一位叫舍尔·沙的将领也开始反叛。胡马雍打败了前者，却被后者赶出了印度，退到了阿富汗。

参加了莫卧儿人与舍尔·沙决定性战役的米尔咱·海答尔（也是战役中战败一方的指挥官）在其著名的《拉失德史》中记载了导致胡马雍兵败的曲女城之战。这场战争发生在恒河边上，舍尔·沙的军队不超过 1 万 5 千人，胡马雍的士卒却有 4 万人。另外，胡马雍还有 700 辆战车和 21 门火炮，从数量上，胡马雍的部队远胜敌人。然而，这场战争却成了一场溃败，甚至舍尔·沙的军队一箭未发、一人未损就取得了胜利。

当两军对垒后，在移动部队的过程中，莫卧儿的部队阵脚大乱。莫卧儿部队由许多异密（埃米尔，即指挥官）率领，这些异密各有数百人至上千人的扈从，扈从们围绕在各自的主人身边，学不会列阵移动，还因为人数众多冲乱了阵形，他们在莫卧儿的车阵和士兵阵列间左冲右突，使得莫卧儿部队还没有与敌人对战，就已经溃散了。中军的士兵开始向后退，并相互踩踏着逃向河边。中军的溃散使得两翼也跟着逃跑，于是，战役没有开始，就已经失败。米尔咱·海答尔在书中写道：

当察合台军（即莫卧儿军队）从这个战场上溃败下来的时候，敌我双方都没有一个人被兵器杀伤。一炮未发，战车全都没有用上。

当察合台军溃窜的时候，阵地离恒河有将近一程的距离。所有的异密和士卒全都朝恒河方向逃命，其中谁也没有受伤。敌人在后面追来，察合台人顾不得脱掉甲胄和战袍，纷纷跳入河中。河面宽约五箭之远。许多著名的异密都惨遭灭顶，这时候去留悉听自便，谁也顾不了谁。等我们从河里爬上来以后，原先在正午时分还有侍从一万七千人的（胡马雍）大帝，这时连坐骑都是特迪·别让给他的，他连帽子和鞋都跑丢了。"永久的统治权是真主赐给的。"他的一千名扈从中渡河生还的仅八人，其余的人全都淹死在河中。由此可以算出，总共损失了多少人马。到达阿格拉以后，我们片刻不停地直奔拉合尔而去，因为当时大家沮丧万分，其惨状不忍笔述。

在距离德里印度门不远的地方，有一座和红堡类似的城堡，人们习惯上称它为旧堡。在沙贾汗建立红堡之前，旧堡曾经是德里最后的行政中心。

胡马雍继承父亲的苏丹之位后，曾经想把首都从阿格拉迁回德里，于是规划了一座新的城堡。然而，他还没有来得及开始建设，就被舍尔·沙的军队赶出了印度。新苏丹并没有抛弃胡马雍的方案，而是根据计划继续建造了这座城堡。因此，这座城堡其实是胡马雍与舍尔·沙共同努力的结果。它也是德里的第六座城池。

舍尔·沙曾经效力于洛提王朝，胡马雍被赶走后，他开创了一个属于自己的短暂王朝。他统一了币值，进行了土地、经济和军队改革，使得印度从混乱走向了秩序。可以说，印度政局的稳定，很大程度上要归功于他。

然而，这位雄才大略的君主最后所做的一切只不过是为他人作嫁衣。他死后，胡马雍很快从他的后代手中夺回了印度，并继承了他所开创的一系列制度。

胡马雍还继承了舍尔·沙建成的旧堡，把自己的办公中心移到了这里。显然，他对于古都德里的喜爱超过了新都阿格拉。舍尔·沙建造的清真寺成了他礼拜的场所，舍尔·沙的宫殿被他当作了图书馆，喜爱图书的胡马雍每天要花不少的时间在图书馆读书。

回到德里不到六个月，一天，当侍者们呼喊他开始礼拜的时候，胡马雍从图书馆的楼梯向下跑去，不小心摔了一跤，从楼梯上滚下。也许是命运的作弄，他死了。

旧堡的东南面一座巨大的陵墓成了胡马雍最后的归宿。巴布尔虽然开创了王朝，但当他死去之后，却并没有把自己的陵墓建在印度，胡马雍成为第一个葬在印度土地上的莫卧儿皇帝。这件事本身就说明，这个起于中亚的家族已经印度化了。印度不再是他们的客居之地，而成了他们的祖国。

巨大的胡马雍陵墓也成了伊斯兰达官贵人们的风水宝地，他们死后，纷纷把自己的陵墓修建在胡马雍陵周围，使得这里成了庞大的墓葬群。一直到莫卧儿帝国灭亡，仍然象征着帝国的风水，最后一位皇帝为了逃避英国人的追捕，仍然选择来到这里，并目睹了帝国的倒塌。

继承胡马雍帝位的，是一个 12 岁的孩子。但是不要为莫卧儿帝国担心，它还处于上升时期，并有幸遇到了一位最伟大的帝王。

第二十章

阿克巴的种族融合

去往莫卧儿故都阿格拉的游人总是不忘到城市西部的一个小镇停留,这个小镇距离阿格拉不到一个小时的车程,在荒凉的沙地上,一座数百年的古堡高高耸立。这座古堡的规模与德里的红堡相当,堪称帝王级,然而却空空如也,是一座被废弃的城市。在现代旅游业找到这个地方,使之成为一个欣欣向荣的小镇之前,这里只有很少的居民。

这座城市叫法塔普尔西克里,曾经短暂地做过莫卧儿帝国的首都,其创始人就是胡马雍的儿子阿克巴大帝。

法塔普尔西克里建立在一片高台之上,如同德里的红堡、阿格拉的阿格拉堡一样,也是由红色的石块建成,或者说,德里和阿格拉的城堡都是这座城市的翻版,因为它比那两座城市更早。

在卡朱拉霍的时候,一位波兰的老者告诉我,如果我到阿格拉,一定要去法塔普尔西克里。这里有高耸的胜利门,其规模巨大到让人感到心颤,也有充满童话风格的宫殿群。

老者说的胜利门实际上是贾玛清真寺的大门。贾玛清真寺在官殿区的旁边,胜利门果然雄伟无比,皇帝的军队曾经从门下经过,庆祝大帝对印度的征服。在贾玛清真寺内,最吸引人的建筑是一座小型的白色大理石墓穴,这是一位伊斯兰苏菲派哲人之墓。带有浓郁波斯风格的小建筑在一片红色海洋里显得格外宁静。这里是当地人求子的地方,每当一个家庭想要孩子,都到这里祈求哲人的庇护。

根据传说,阿克巴为了得到儿子,也曾经向这位哲人请求,哲人预言他可以得到儿子。当他的预言实现后,欣喜的阿克巴开始建造这座新的首都,并在贾玛清真寺最核心的地方为哲人修建了陵墓。在哲人陵的四周，是一系列的皇家墓穴，林林总总不下百座，但都没有哲人陵的气派。

出了贾玛清真寺，距离皇宫区就不远了。由于城市长期空置，皇宫区的保存异常完整，但是，也是由于长期没有人居住，甚至人们连每座建筑是做什么用的都已经不知晓了。皇宫区内最著名的是一座五层台宫殿，样式奇特，小巧又不失质感，到底是戏台，还是展示厅，没有人知道。

不管是在这儿，还是在阿格拉堡、红堡，伊斯兰宫殿里往往有一个公众广场，广场的一端是庞大的公众大厅，皇帝在这里接见百姓、宣布重大决定，也可以看出，从古至今的帝王都将亲民作为一个统治者必不可少的修行，只是能否做到就是另外的问题了。

这座庞大的城市群在历史上只有短暂的荣光，在阿克巴大帝死前，就已经开始在阿格拉修建新宫，他死后更是立即遭到了废弃，成为一座死城。这座城市之所以死去，是因为一个致命的缺陷：它建在一个缺乏水源的地方，根本无法供庞大的首都人口生活。

庞大的建筑只是一座记录着阿克巴大帝时代的纪念碑而已。在他漫长的一生中，征服了古吉拉特、孟加拉、克什米尔、阿富汗等北印度广大地区。他还曾率领军队向南扩张，进入了中部的德干高原，他试图将从巴马尼苏丹国分裂出来的几个德干苏丹国收入囊中，不幸的是，此时，他的儿子发动了一场小型叛乱，使得他必须回到北部，将征服德干的任务留给了他的后代。

然而，所有这些征服中，人们记忆最深刻的还是他对于拉贾斯坦人的收服。在其他地方都已经是伊斯兰教的天下时，只有德里西面的沙漠地区，住着一群桀骜不驯的人，他们仍然信奉印度教。这里小国林立，内战频繁，但是当有外部威胁时，又能团结一致。他们的王公贵族勇猛无比，对于任何侵略者都毫不留情。在上战场之前，勇士们服用鸦片减少自己的畏惧和痛觉，对敌人不惜以死相搏。即便伊斯兰教的德里苏丹国已经存在了几百年，苏丹们始终无法征服的地方就是这里。他们就是拉贾斯坦的拉其普特人。开国皇帝巴布尔曾经把拉其普特人打得大败，却只能暂时把他们赶跑，无法将他们收服。

由于拉贾斯坦距离德里并不远，如果不驯服他们，对于年轻的莫卧儿王朝始终是个隐患。南征北战的阿克巴大帝如何才能让拉贾斯坦归顺呢？

即便现在的印度属于印度教的天下，可人们回忆起阿克巴仍然津津乐道。他们把阿克巴看成一个致力于种族和宗教融合的君王，甚至认为他对印度教和伊斯兰教一视同仁。在电影《阿克巴大帝》中，女主角是位拉其普特人的公主，她的邦国在现在斋仆儿北部的安梅尔（琥珀堡），是个虔诚的印度教徒，然而，她的父亲为了邦国的安危，将她嫁给了阿克巴大帝。

作为穆斯林，本来应该拒绝迎娶异教徒的女人，但阿克巴却接受了，甚至接受了公主的几个条件：允许公主保留自己的信仰，并允许她在卧室保留自己宗教的偶像。这样的让步使穆斯林和印度人通过血缘联合了起来，他们生下的后代已经无所谓异教徒，他们都是新印度人。

在新的理想下，阿克巴解决了拉其普特问题，将他们从最难缠的对手变成了强有力的同盟军，从而实现了莫卧儿的统一，以及拉贾斯坦的和平。

当然，这是电影里的演绎以及人们的理想，那么，在现实中阿克巴又是怎样的人，拉其普特人的历史又是怎么回事呢？我必须回到历史中去寻找线索。

从种族上来说，拉贾斯坦的拉其普特人认为自己有别于印度人，他们天生就是战士，向往自由。拉其普特人最初居住在旁遮普、古吉拉特和北方邦等地，在公元 5 世纪前后，一股白匈奴人突然进入了印度，将伟大的笈多帝国肢解，拉其普特人为了躲避战乱进入了拉贾斯坦这片高山和沙漠地带，并一直居住到现在。

在拉贾斯坦，拉其普特人建立了许多小邦国，如马尔瓦、梅瓦尔、安梅尔、绝色妹儿等。这些邦国留给现在最大的财富，就是那一座座美丽的城堡，世界上最美丽的城堡之一。

随着穆斯林的入侵，勇敢的拉其普特人进行了顽强的抵抗，有时候又以表面的妥协来换取事实的独立，既然他们表面上已经承认了宗主权，那么穆斯林人也满足于此，给他们留下了足够的空间。

当阿克巴掌握了莫卧儿的政权之后，首先决定用武力来解决拉其普特人的问题。他的目标是梅瓦尔的首都奇陶加尔。奇陶加尔古堡建立于公元 8 世纪，作为首都，人们以为这个巨大的堡垒是不可攻克的。

这个城堡建筑在一座平顶的小山之上，小山如同一条鱼的形状，绵延达数公里，梅瓦尔人用高大的城墙将小山顶部团团围住，墙外就是悬崖峭壁。要想进入城堡之内，只有从东边的城门进入，沿着长达几公里的山路慢慢地绕上城堡，在山路上修建有数道城门，每一道城门都足以让敌人命丧黄泉。

任何一个到达奇陶的人，都会为城堡的雄伟而感慨，仿佛这样的工事只应出现于神话之中。

然而，令人感到惊讶的是，雄伟的奇陶城堡却成了拉其普特人的城堡中被攻陷次数最多的，达到了三次。第一次是 1303 年被德里苏丹国的阿拉 - 乌德 - 丁攻陷，英勇的梅瓦尔人在城堡沦陷后，进行了顽强的抗争，男人披上藏红花色的袍子冲入火堆，而女人和孩子们也燃起熊熊的火葬堆，将自己烧死。这惊天的灾难让强大的苏丹都感到震惊，也意识到这个种族是无法驯服的。

奇陶的第二次失手，是被古吉拉特的苏丹巴哈杜尔·沙（也就是反叛胡马雍的第一位苏丹）攻陷，时间是 1535 年。

对于梅瓦尔人来说，死亡仿佛成了邦国命运的一部分。于是，男人和女人们再次把自己投入了火堆，悲剧第二次上演。侵略者来得快，去得也快，当胡马雍打败了古吉拉特的苏丹，梅瓦尔人也回到了自己的城堡。

可惜时间不长，他们的厄运又来了。1568 年，阿克巴挥兵包围了奇陶加尔，并再次攻陷了城堡。又免不了一场悲剧上演。

然而此刻，梅瓦尔君主突然意识到，一次次的殉火虽然壮观，但是，奇陶加尔即便建设得再雄伟，由于地理位置的不当，也注定了屡次遭受打击的命运。这次，他决定将首都从奇陶加尔搬出去，转往山中的乌黛仆儿，依靠高山和森林防卫首都的安全。

阿克巴征服了奇陶加尔，但由于他的残暴和杀戮受到了人们的谴责，与此同时，梅瓦尔人仍然存在，只是换了个战场而已。另外，除了梅瓦尔人之外，拉其普特人还包括了许多小邦国：马尔瓦、安梅尔、绝色妹儿等等，如果要一个个将其征服显然是不可能的。

这位君王意识到，仅仅靠杀戮是无法获得成功的。他试图通过联姻来获得拉其普特人的好感，甚至效忠。

为了赢得拉其普特人，他还刻意避免陷入伊斯兰激进组织之中，给非穆斯林，特别是印度教徒留出足够的空间，实行宗教宽容。

阿克巴对异教徒的宽容让那些伊斯兰激进分子恼火不已，他们纷纷指责他背弃了伊斯兰教的传统，在这些人看来，异教徒就是要被消灭的。他们甚至支持其他的王室成员反对阿克巴，不惜发动叛乱。

这些人的做法让阿克巴苦恼不已，也让他更接近了伊斯兰教的一个异端教派：苏菲派。在法塔普尔西克里巨大的清真寺里，最美丽的陵墓也是献给苏菲派哲人的。

阿克巴甚至想建立一种"大一统"的宗教，既包容伊斯兰教，又包容印度教，甚至包容基督教。他不仅迎娶了拉其普特人的女人，还迎娶了一位信仰基督教的女人。他的宗教和生活是从属于皇权这个核心的。他的思想很类似于英国的国教思想，即宗教是依附于国家政权的。只是他的改造在他死后就无疾而终了。

经过阿克巴的联合，拉其普特人被证明是莫卧儿帝国可靠的伙伴，他们骁勇的战斗精神成了莫卧儿王朝不可放弃的一股依靠力量。从这个角度讲，阿克巴的怀柔政策比起他的杀戮更加有效。

阿克巴的怀柔政策也让拉其普特人的宗教和社会传统没有被武力中断，至今仍然是印度社会多样化的一个组成部分。对于印度的游客而言，旅行的黄金地带除了德里和阿格拉之外，就是拉其普特的四座彩色城市：粉城、白城、蓝城和金城。

粉城斋仆儿是拉贾斯坦的首府，也是阿克巴迎娶的拉其普特王后的故乡。王后的故堡仍然耸立在城市的北部，只是后来由于缺水，他们把城市从安梅尔搬到了十公里之外的斋仆儿，从而有了现在的城市。

白城的所在地乌黛仆儿，就是梅瓦尔人从奇陶加尔逃走后建立的一座新城。这里的建筑大部分是白色的，加上城市旁边的一个美丽小湖，以及湖中心的一座岛上宫殿，构成一幅美丽的图景。

然而，最令人着迷的却是两座更加靠西部的城市：蓝城娇仆儿和金城绝色妹儿。娇仆儿在历史上属于马尔瓦邦国，这里的人们为了驱蚊，将房子都涂成蓝色，使得天空的颜色成了城市的主色调。

在娇仆儿，还有一座雄伟的城堡遗址。奇陶加尔曾经被攻陷过三次，但娇仆儿的梅兰加尔城堡却一次都没有沦陷过。梅兰加尔的邦主家族仍然存在，他们已经没有政治权力，但仍然是当地的名流。他们的城堡和宫殿也因此改成了博物馆。从梅兰加尔城堡上眺望整个蓝城，感受到的已经不是古代的腥风血雨，而是带有一丝浪漫的情怀。

娇仆儿以西六个小时的车程，是一座阿拉伯风格的金色城堡。这里已经处于沙漠地带，城堡是用金色的岩石建成的。一位苏格兰人向我感慨地说，这里的一切仿佛是中东，实际上却是印度的一部分。

第二十一章

普天下最幸福的女人

普天下最幸福的女人是一位波斯女人——蒙塔兹·马哈尔,她有一个最痴情的丈夫沙·贾汗,她还有一个世间最美丽的陵墓,叫泰姬·马哈尔(泰姬陵)。

这座最美的陵墓也代表了一个绝世情种的怀念,原来,只有在童话中才会出现这样的场面:痛苦的皇帝用天底下最美的艺术来悼念自己的妻子。但沙·贾汗的确做到了,为了建造泰姬陵,他在世界范围内寻找了许多建筑师,他们共同把建筑艺术发挥到了极致,才造出了泰姬陵这样伟大的建筑,即便到了现在,人们也想象不出有哪一个新的建筑能够比它更优雅。它仿佛一座东方美人,静静地伫立在亚穆纳河畔,端庄、秀美中带着一丝悲伤,如同一滴眼泪一样晶莹剔透。

莫卧儿的皇族血脉虽然来自中亚两个嗜血的家族,到了印度,他们却变成了最优雅的人群,有一种天生的多愁善感,并且个个是情种,到沙·贾汗时发展到了极致。这些情种们一面在金戈铁马,另一面在卿卿我我。甚至爱情取代了战争和征服,这成了莫卧儿王朝的第一大特征。

在沙·贾汗之前的另一个情种是他的父亲贾汉吉尔。阿克巴大帝死后,他37岁的儿子贾汉吉尔在1605年继承了王位。贾汉吉尔对他的父亲毫不客气,甚至发动过叛乱,被镇压后,阿克巴大帝原谅了自己的儿子。

贾汉吉尔是位瘾君子,喜欢酒精和鸦片,身体一直很差,即位后的他在文治武功上成就不大,只是一个过渡性的皇帝。他在位的二十多年,人们很少提及他的治国,反而总是提到一位叫作努尔·贾汗的皇后。

据传说,年轻的皇子在即位前曾经见到过一位美丽的姑娘弥尔-安-妮莎,姑娘动人的容颜让他怦然心动,然而,再一打听,发现姑娘已经订了婚,很快嫁给了一位贵族。皇子除了感到怅然之外，别无他法。

1607年，弥尔-安-妮莎的丈夫突然去世。四年后，已经成为皇帝的贾汉吉尔再次见到了她，这次他再也不想失去，立即决定和她结婚。于是，这个年轻的寡妇成了贾汉吉尔的第20位妻子。她就是努尔·贾汗。

努尔·贾汗的家族也充满了传奇色彩，她的父亲来自波斯，带着妻子孩子到印度做生意的途中遭遇了强盗，损失惨重，只剩下两头驴轮换着骑。到达如今阿富汗的坎大哈时，生下了女儿弥尔-安-妮莎。

当弥尔-安-妮莎嫁给贾汉吉尔之前，她的家族正好经历着困顿，父亲因为钱财惹上了官司，还有几位家庭成员因为参与了宫廷阴谋被处决。然而，随着她嫁给了皇帝，一切厄运过去了。

皇帝深深地爱着这位新妻子，他处处宠她、放纵她，甚至把她的头像印到了钱币上。而努尔·贾汗也证明自己是女中豪杰，她逐渐接手了管理帝国的责任，由于丈夫的懦弱，反而让妻子成了著名的政治家，大家都称颂她的智慧和美貌。

努尔·贾汗的哥哥阿沙夫·汗也被委以重任，成为帝国的宰相。阿沙夫·汗有一个女儿，叫阿朱曼·巴奴，嫁给了贾汉吉尔的儿子胡拉姆。胡拉姆即位后改名沙·贾汗，而阿朱曼就是蒙塔兹·马哈尔——泰姬陵的主人。

努尔·贾汗与蒙塔兹·马哈尔都是幸福的女人，但是，她们有一个最大的区别，蒙塔兹·马哈尔先于丈夫死去，于是丈夫为她建造了冠绝天下的泰姬陵。而努尔·贾汗却在丈夫死后，又活了17年，这就决定了她的命运。

当贾汉吉尔死后，她不可避免地卷入了宫廷争斗，她心仪的继承人失败，而她反对的继承人（即沙·贾汗）登上了皇帝的宝座。努尔·贾汗被软禁在一处宫殿里度过了余生。即便她已经丧失了政治权力，但她仍然可以在余生为父亲设计陵墓，这个陵墓也在阿格拉，被人们称为小泰姬陵，人们普遍认为，之所以泰姬陵如此伟大，是因为小泰姬陵已经做出了可贵的尝试，为设计师指出了一条可行的道路。

当权力从努尔·贾汗转移到沙·贾汗的时候，另一出伟大的爱情剧已经上演。

1607年，也就是努尔·贾汗第一任丈夫死去的那一年，作为王子的胡拉姆（沙·贾汗）与一位姑娘订婚了。这时的王子只有15岁，而姑娘只有14岁。

他们是在一个节日上认识的，阿克巴大帝设立了一个节日，每月的这个时候，各家的女眷们纷纷出门购置布料、妆粉和首饰，这个节日被称为"集市节"。

年轻的王子在集市上遇到了一位漂亮的姑娘，从此一生迷恋上了她。经过打听，他发现这位女孩叫阿朱曼·巴奴，是贵族阿沙夫·汗的女儿，于是就有了求婚和订婚。

然而，又经历了五年时光，直到青年满20岁，才与姑娘结婚。姑娘到此时才被青年称为蒙塔兹·马哈尔，意思是宫中最高尚的人。

他们结婚时沙·贾汗已经有了两位妻子，不过这两位妻子并未受宠，按照宫廷作家的说法，沙·贾汗除了让她们每人生了一个孩子，尽了做丈夫的责任之外，就再也没有亲近过她们。他用自己所有的时间陪伴着蒙塔兹。

更难得的是，蒙塔兹和她的姑姑不一样，她不醉心于政治，却总是能够为丈夫排解忧愁，在他最需要安慰的时候帮助他。甚至在他打仗的时候，都要带上她，这样他才有足够的勇气面对敌人。

在胡拉姆成为皇帝之前，曾经屡次因为争位问题被迫流亡到外地，蒙塔兹总是默默地跟随着丈夫，为他分忧，从不抱怨。她对政治的唯一干预，是在帮助穷人的时候，宁肯用更多的钱去资助他们，帮助他们摆脱贫穷。

他们的爱从不担心别人的议论，甚至还把享乐主义发展到了极致，莫卧儿的宫廷艺术家从不避讳利用皇帝和皇后作为主题，来创作那些充满色情意味的作品。

在古代，由于没有避孕手段，看夫妇之间关系是否密切，主要看他们的孩子有多少，在他们结婚的19年里，蒙塔兹一共为沙·贾汗生下了14个孩子。他们的婚姻中，蒙塔兹有一多半的时间是在怀孕中度过的。

这14个孩子中，只有一半活了下来，其余的都夭折了。即便是皇家，也必须承受生育所带来的风险。当蒙塔兹每次为孩子的死亡感到难过时，幸亏有她的丈夫沙·贾汗能够安慰她、宠爱她，度过人生最悲伤的时刻。

然而，承受风险的不仅仅是孩子，作为母亲也同样面临着风险。到最后，厄运落在了母亲的身上。

1631年，当沙·贾汗出征南方时，心爱的蒙塔兹也伴随着他，此时她正怀着他们的第 14 个孩子。她遇上了难产，在丈夫的注视下死去。

沙·贾汗悲痛欲绝，将妻子暂时葬在了伯翰普尔（Burhanpur）的河边。他不想见人，只想一个人待着默默地哀悼，足足悼念了一年。当他再次出现在人们面前的时候，须发尽白、弯腰驼背、脸上全是皱纹，40 岁的年纪仿佛已经步入了耄耋之年。

半年后，蒙塔兹的尸体被重新取出来，装入金棺回到了阿格拉，这时中年的皇帝正在阿格拉等待着妻子的棺椁，他已经下决心，要为妻子建一座世界上独一无二的陵墓。这个计划花了他 22 年。

他从世界各地找来了最好的设计师和工匠，从拉贾斯坦拉来了最洁白的大理石，用宫廷最美的珠宝来装饰。他动用了大笔的资金，耗空了帝国的国库。

当人们分析莫卧儿的兴衰时，把帝国的巅峰和衰落都定在了沙·贾汗时期。从某种程度上说，他就是印度的唐明皇。他的一生喜欢征战，并继续在西部和南部开疆拓土，用掉了大量的金钱。他还喜欢建设雄伟的建筑，除了泰姬陵之外，还建造了德里的红堡，并在阿格拉堡中增加了大量的建筑，最后，又在德里建造了一座雄伟的清真寺：贾玛清真寺。这些巨大的建筑同样消耗了帝国的财政。而泰姬陵作为艺术的巅峰之作，也是帝国辉煌的巅峰，之后，帝国已经没有钱再建造任何如此雄伟的工程了。

传说，22 年后，衰老的皇帝抚摸着妻子洁白的陵墓时，还想在河对岸为自己建造一座黑色大理石的陵墓，等他死后，可以日日对着妻子长相厮守。然而，帝国的财政已经不允许了。

更重要的是，他的儿子也没有给他留下时间。当年老的沙·贾汗沉浸在对过去的怀念中时，王子奥朗则布用武力将父亲赶下了台，关在了阿格拉堡的一座宫殿里。

阿格拉除了泰姬陵之外，还有一座宏伟的宫殿阿格拉堡。这座城堡是莫卧儿几代皇帝的结晶。当阿克巴大帝放弃了法塔普尔西克里的堡垒之后，在阿格拉开始建造另一座城堡。他死后，皇帝贾汉吉尔继续建造阿格拉堡的工作。到了沙·贾汗时代，又在堡垒上进行了大量的增建工作，使得阿格拉堡成了莫卧儿时期最雄伟的城堡。

  这座城堡距离泰姬陵只有几公里，也在亚穆纳河的河边。从城堡沿河的宫殿向外望去，亚穆纳河的景色尽收眼底。当年，沙·贾汗曾经与自己的妻子倚窗而坐，望着河流调情时，是多么幸福。也许从那时候开始，沙·贾汗就有了在河边兴建新建筑的打算。

  然而，当奥朗则布把父亲关进阿格拉堡之后，太上皇再也没有机会去泰姬陵看望他的妻子，只能在城堡的窗户里默默地望着远处的泰姬陵，怀念和妻子共度的时光。

  他就这样默默地守候着，直到死去。儿子将他与蒙塔兹葬在了一起，让他们再次相聚了。

  如今，人们悼念蒙塔兹·马哈尔的时候，总是想到阿格拉的泰姬陵，实际上，在德里也有一个地方以她的名字命名。

  德里的红堡是沙·贾汗时期建造的一座新城堡，也是德里的第七座城市。到了奥朗则布时代，把首都迁回到了德里父亲建造的堡垒之中，阿格拉也失去了往日的荣光，成了一座沉浸在昔日的城市。

  德里的红堡内有一座不起眼的小宫殿，这座宫殿叫蒙塔兹·马哈尔。

  这座宫殿在一个角落里，如今被当作一间博物馆。与阿格拉那座雄伟的陵墓相比，我更喜欢这座毫不起眼的建筑，它虽然简单，但显得那么宁静，或许，更能代表那位几百年前女士的性格。

第二十二章

吝啬皇帝的帝国黄昏

距离孟买六个小时的火车车程，有一个城市叫奥朗加巴德，在这里也有一座类似于泰姬陵的建筑。这是皇帝奥朗则布为妻子建的陵墓。新皇帝与父亲一样，同样为了女人而痴情。但两个女人的待遇又是不同的，沙·贾汗为妻子建立了世界上最美的陵墓，奥朗则布为妻子建的陵墓虽然模仿了泰姬陵，但却遭到了人们的嘲笑。与那座真的泰姬陵相比，这座陵墓虽然规模也不小，但显得非常粗糙，一看就是个复制品，就连当地人都嘲笑它是"穷人的泰姬陵"。

但如果认为奥朗则布不喜欢妻子，那就大错特错了。只要再看一下奥朗则布为自己建设的陵墓，就会明白他对妻子有多好。

距离奥朗加巴德二十公里的库尔达巴德有一座简陋的清真寺，寺里容纳着奥朗则布的墓穴。

与他的祖先们喜欢用雄伟的陵墓来埋葬自己不同，奥朗则布的清真寺简陋得让人感到心酸，若非人们的指点，我无论如何都找不到这里。我进了清真寺的院子后，四处张望怎么也看不到皇帝的墓穴在哪儿。经过人的指点，我穿过了一扇不大的门，才看到一个只有十几平方米的小院子，在小院子的一个角上，又隔出了一个只有两三平方米的小空间，皇帝奥朗则布的墓穴就在这个小空间里，简单得如同平民。

对自己的墓如此吝啬，还能为妻子建设一个大型陵墓，可见妻子在奥朗则布的眼中比自己重要得多。

在莫卧儿历史中，人们总是把奥朗则布当成一个节俭的皇帝，生活简单到不可理喻。

一位法国珠宝商让-巴蒂斯特·塔维尼埃写道：

自从奥朗则布篡夺了他父亲及兄弟们的王位，建立起目前的莫卧儿统治之后，他自己就开始了我所说的那种苦行赎罪的生活，他不吃任何有生命的活物。由于只吃蔬菜和果酱，他变得瘦骨嶙峋。保持斋戒的习惯又有何用？在那段时间里，当年的彗星对印度颇有影响，我当时正在印度，奥朗则布只喝一点水，吃一点小米做的面包，这严重地损害了他的健康，使他濒临死亡；除此之外，他还睡在地上，只盖着一张虎皮。

但人们在嘲笑奥朗则布的时候，却忽视了背后的经济原因。实际的情况是：当沙·贾汗死去的时候，莫卧儿帝国的巅峰已经过去了，再也没有能力去表现奢侈和豪华了。

在世界历史上有一个难题，我们可以叫作财政陷阱。每个稳定的集权式王朝一旦建立，都会有一个快速发展的时期，这个时期不仅经济上大大发展，政府财政上也会大大发展，同时官僚体系也会越来越庞大。

可是总有一天，经济发展的速度会降下来，政府的财政支出却由于惯性而无法减速，结果，民间经济会被官僚集团迅速抽空，出现急剧的衰落。

莫卧儿王朝也不例外。经过了阿克巴、贾汉吉尔、沙·贾汗时代，庞大的财政支出已经抽空了经济，奥朗则布时期的帝国已经疲惫到了临界点。在这样的背景下，帝国经济受到的破坏之大，已经不允许奥朗则布花更多的钱来发展艺术了。他的节俭与其说是因为性格的吝啬，毋宁说是因为对财政的精打细算。

不过，奥朗则布虽然注重节省开支，但有一个无可救药的性格缺陷：好大喜功，喜欢战争。甚至可以说，奥朗则布唯一的爱好就是征战。

实际上，他的征战与父亲沙·贾汗比起来，并不算过分，沙·贾汗最狂妄的时候，试图重新征服祖先巴布尔梦寐以求的撒马尔罕，并真的发动了一次进攻，却以失败告终。奥朗则布的目标则更加现实，放在了南印度上。正是在他的手中，南印度整个儿被划进了莫卧儿帝国的统治。

在南印度，庞大的维查耶纳加尔帝国已经不存在了，奥朗则布的对手是从巴马尼苏丹国分裂形成的五个伊斯兰王国，这五个王国也经过合并和征服，只剩下了两个有实力反对莫卧儿的，分别是高尔康达和比贾普尔。

为了征服这两个国家，奥朗则布学习以前德里苏丹国的穆罕默德·图格鲁克的做法，将帝国的首都重新移回了印度中部，就在图格鲁克选定的首都道拉塔巴德的旁边十几公里处，他建立了一个新的都城：奥郎加巴德。当然，这座新都也带着奥朗则布俭省的作风，在阿格拉处处是宏伟的宫殿，而奥郎加巴德虽然是都城，但谈不上雄伟，也谈不上美丽，它因为战争的需要建立了防御工事，但不会因为生活的需要建立大型的宫殿。如今奥郎加巴德破破烂烂的城墙也和阿格拉那童话般的堡垒形成了鲜明对比。

但就是实用主义的做法，让奥朗则布最终取得了祖先没有达到的成就，他不仅征服了比贾普尔，还征服了高尔康达，基本上完成了帝国对南印度的统一。

在高尔康达，有一座雄伟的石头城堡，这座城堡依托于一座小山，用城墙将小山团团围住，并用各种各样的防御工事铺满了整个小山头。

固特卜·沙希王朝苏丹们的陵墓就在城堡不远处，这个强大的家族习惯于将陵墓建在一起，形成庞大的陵墓群，至今仍然耸立在海得拉巴的城郊。

这座城堡经过苏丹们经营几百年，看上去是如此牢不可破，即便如今只剩下废墟，也让人们仰望时感到心惊胆战。

然而，这座城堡却有着致命的缺陷。在印度，一个地方适合不适合居住，只有一个因素最重要：水。高尔康达城堡虽然严密，但缺乏水的储备，到最后苏丹们不得不放弃城堡，甚至冒着被北方帝国征服的危险。

奥朗则布不会浪费机会，他征服了这个帝国最后的障碍，将次大陆统一在了一个政权之下。至此，由巴布尔开创的事业终于取得了最后的果实，这个来自中亚的家族统一了印度。

但奥朗则布的征服只不过是帝国的余晖罢了。奥朗则布的统一，是以对帝国财政最后的消耗为代价的。如果说，他的父亲沙·贾汗耗空了帝国财政，那么他的征战无异于雪上加霜，不得不靠榨干帝国的根基、向社会征集沉重的税负来进行，这些沉重的税负激起了全国性的反抗运动，在他成功控制次大陆的那一刻，已经决定了帝国的崩溃。

他真正的敌人也不是高尔康达和比贾普尔，而是距离德里更近的拉其普特人和马拉塔人。

拉其普特人在经过了几代皇帝的安静之后，终于在奥朗则布时期再次反抗。奥朗则布对待拉其普特人的策略也出现了失误。前几位皇帝对拉其普特人采取的是安抚手段，只要他们臣服，就给予最大的自主权。而奥朗则布则想彻底征服、吞并他们，结果造成了拉其普特人的敌视，他们不再把帝国当成盟友，而是当成敌人。

与此同时，在中部（今马哈拉施特拉邦境内）兴起了另一个印度教的反对势力。在经过了长期的宗教压抑之后，当奥朗则布向他们加税时，印度教徒也终于决定不再忍受伊斯兰教，开始反抗了。

在孟买的印度门广场上，有一座黑色的英雄骑马像，这位留胡子、穿着传统印度服装的人就是印度反抗穆斯林的英雄希瓦吉。正是这个人奠定了一个印度教联盟的根基，成为粉碎伊斯兰帝国的急先锋。

希瓦吉的父亲是个军人，长期在伊斯兰教的国家中服役，效忠过莫卧儿帝国，也效忠过比贾普尔苏丹和艾哈迈德纳加尔苏丹，后两者是从巴马尼苏丹国分裂出来的五个苏丹国中的两个。长期的效忠使他在一个叫作普纳的地方获得了一块封地，并传给了他的儿子。

希瓦吉以这块封地为基地，开始了反抗莫卧儿帝国的运动。他利用奥朗则布沉迷于南方战争的时机，对帝国的各个城池发起了掠夺性的攻击，并扩大了自己的影响力。从普纳开始，他的势力范围也逐渐扩展到马哈拉施特拉邦的全境。

奥朗则布注意到了希瓦吉的存在，挥师进军，并迫使希瓦吉投降了。希瓦吉成了莫卧儿麾下的一名官员。然而很快，这个印度人坐在筐子里逃出了德里，继续自己的反抗。他甚至称自己是马拉塔国王，从而将自己从一个叛乱者变成了敌对国家的领袖。奥朗则布这时才知道，敌人是消灭不完的，即便能够消灭掉老的敌人，新的敌人还会不断冒出来。

公元1707年，奥朗则布——帝国最后一个伟大的皇帝去世了。在他死时，他的对手希瓦吉也早已经去世，莫卧儿和马拉塔经过了数次变迁，权力最终掌握在了两个首相手中。

希瓦吉的后代仍然是马拉塔人的国王，但像日本明治之前的天皇一样已经失去了实权，真正的权力掌握在首相巴吉·拉奥手中。莫卧儿帝国也到了分崩离析的边缘，而实权落入了首相尼扎姆-乌尔-穆尔克手中。两位首相互相敬佩却又互相敌对，他们的战争让莫卧儿帝国更加衰弱，权力分散到了各个地方势力手中。更为重要的是，他们的战争让印度忽略了虎视眈眈的外来者。

给帝国带来致命一击的是阿富汗人。1739年，从阿富汗来的萨菲朝势力再次进军莫卧儿。两位首相仍然在开战，没有时间组织防卫。阿富汗人洗劫了德里，使得莫卧儿帝国的北部解体了。而莫卧儿帝国的中部也终于落入了马拉塔人的手中，不复存在。

至于帝国的南部，则更显荒唐。作为莫卧儿帝国首相的尼扎姆-乌尔-穆尔克索性自己占领了高尔康达（今海得拉巴），当上了世袭的统治者，把帝国的南部据为己有了。而在更南部，一个新的国家迈索尔从维查耶纳加尔帝国的废墟中诞生了。

于是，迈索尔、海得拉巴、马拉塔联盟取代了莫卧儿帝国成了印度最强大的政权。除了他们之外，在北方，孟加拉、旁遮普、克什米尔也都纷纷脱离了控制，在拉贾斯坦则是拉其普特人的天下。还有无数的地方势力也不再服从，印度出现了数百个政权。

而作为皇帝的莫卧儿皇族所控制的地盘，只不过在德里周围数公里而已。这时的印度已经彻底解体了。

更重要的是，雅利安人的另一个遥远分支——西欧人也早已经来到了印度的土地上，在莫卧儿皇权的废墟上，一个新的殖民帝国出现了。

第六部

公司、总督、女皇和甘地

——从殖民地到独立的印度

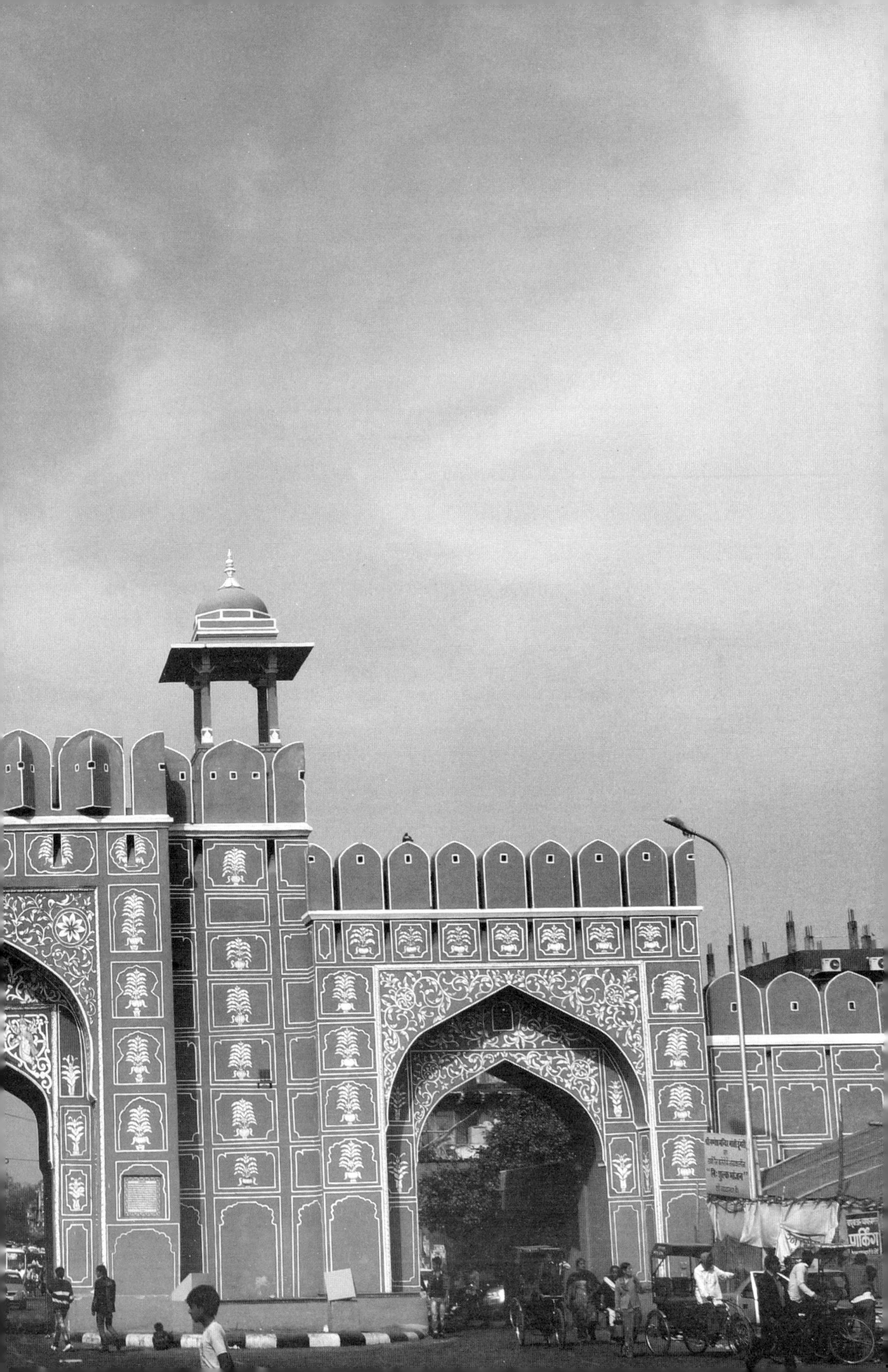
पार्किग

第二十三章

西方人来了

在巴布尔建立莫卧儿帝国之前,西方人已经踏上印度的土地。最早的西方商船在 1498 年到达印度的卡利卡特,而巴布尔在 1526 年才在帕尼帕特战役中打败了洛提苏丹。

他们占领印度的道路是和东西方贸易同步的。

15 世纪,虽然北方的蒙古人已经退潮,但突厥势力突然成为中亚草原的主角。一系列突厥政权的诞生,使得古老的丝绸之路几乎断绝,西方与东亚的贸易只能通过印度的海路来进行。

与此同时,东方的丝绸对西方的吸引力下降,此时西方最需要的是来自东南亚和印度的香料。孟加拉、马来半岛、苏门答腊、爪哇岛主要产胡椒,印度西南海岸和斯里兰卡产生姜、胡椒和肉桂。而最难寻找的香料是丁香和肉豆蔻。在印度尼西亚东端的马鲁古省,有一个叫摩鹿加的小群岛,那令西方人痴迷的丁香只生长在群岛的 5 个小岛上,小岛加起来一共只有几十平方英里,还笼罩在火山的阴影之下,如同造物主把最美妙的东西用最暴烈的地狱之火来看守。从摩鹿加向南航行一个星期,可以看到由 9 个小岛组成的班达群岛,面积加起来只有 17 平方英里,这里生长着肉豆蔻。

在香料贸易中,印度成为必不可少的一环,它或者是产地,或者是绕不过去的中转站,加上从中国运来的瓷器、茶叶也都要从印度中转,使得它早已经成为西方人眼中的应许之地。

可惜,通往应许之地的道路却控制在穆斯林的手中。从印度出发的货物无法直接到达西方,必须经过中东的阿拉伯人中转。1453 年,奥斯曼土耳其帝国占领了君士坦丁堡，灭亡了东罗马帝国，使得西方与印度的商路更加控制在穆斯林的手中，这些穆斯林天生是买卖人，了解欧洲人的需要，也知道如何通过垄断贸易提高价格，于是，从印度出发的香料经过波斯湾或者红海的转运，已经加价数倍甚至数十倍。

穆斯林往往把香料运送到黎凡特（土耳其的地中海海岸），卖到威尼斯和热那亚。特别是威尼斯，这个以贸易起家的帝国把它的竞争对手远远甩在身后，几乎垄断了地中海的贸易。

威尼斯的商船运载着大批的香料，通过地中海的港口供应给法国，并经过大西洋运往欧洲各处。欧洲的黄金则被威尼斯、土耳其、阿拉伯人层层盘剥，最终流向印度，使得印度的姑娘戴上了黄金。这一切都是靠小小的植物种子和树皮换来的。

最妒忌威尼斯、穆斯林的有两个国家：西班牙和葡萄牙。西班牙恰好处于欧洲大西洋和地中海的海角处，而葡萄牙则位于半岛的大西洋一侧。令它们感到郁闷的是，虽然都靠近海洋，但仅仅因为地理位置的不同，威尼斯人就赚得盆满钵满，而西班牙、葡萄牙连一点儿残渣都分不到。

如果要打破威尼斯人的垄断，显然，在地中海之内争斗是没有效果的，必须到地中海之外去寻找办法。

最先做准备的是葡萄牙人，从 15 世纪前半期开始，葡萄牙雄才大略的亨利王子（又被称为航海家亨利）就在国内开办了航海学校，研究航海技术，制造更加适于航海的船只。亨利王子的学校里走出了第一批航海家，迪亚士、达·伽马都出自这个学校。

亨利王子死后，葡萄牙人进入了一个收获期。当时的人们一直希望非洲南端有通往印度的新航线。1488 年，航海家迪亚士终于绕过了非洲好望角。迪亚士想继续驶往印度，然而这时他的船员迫使他返航。葡萄牙人通往印度的步伐因此被拖后了近十年。

接下来，轮到西班牙人有新的发现了。一位来自热那亚（现在在意大利境内）的水手哥伦布相信地球是圆的，他先去游说葡萄牙国王，希望向相反的西方航行，环绕地球一圈后到达印度。葡萄牙国王拒绝了，哥伦布转向西班牙国王寻求资助。

刚刚经历了统一的西班牙国王决定帮助他。1492年，坚持向西航行的哥伦布发现了西方的陆地，他把那儿称作印度（实际上是美洲的加勒比群岛）。

哥伦布的发现让葡萄牙人感受到时间的紧迫，1497年，达·伽马出发了。他绕过9年前发现的好望角，到达东非海岸，又在阿拉伯水手的带领下，到达印度的卡利卡特海岸。通往印度的道路终于打通了。

但达·伽马到达印度并不意味着他的任务完成。实际上，这时候的欧洲人看上去更像是乞丐而不是商人，他们拜见卡利卡特国王，却受尽了朝臣们的嘲笑，因为他们带来的礼物是一些布匹、一打外套、六顶帽子、一些煤炭、六只盆、一包糖、一桶臭黄油和一桶蜂蜜。如果是在太平洋的某个小岛靠岸，葡萄牙人的东西或许会让当地土著兴奋异常，但这里是富裕的印度。当葡萄牙水手走在大街上，望着这个繁华的城市，他们意识到这里的富庶远超过西欧，达·伽马的礼物又怎么能够拿得出手？

当达·伽马提出要垄断贸易权时，卡利卡特的邦主或许以为他是一个有妄想狂的疯子，郁郁的葡萄牙人离开了港口。

不过，在卡利卡特没有得到的利益却在南方的科钦找到了。那儿的邦主为发展贸易同其他的贸易港口抗衡，同意给予葡萄牙人特权。之后，葡萄牙人占领果阿，将那儿变成了自己的大本营。

香料的价格很快降了下来，威尼斯人的垄断贸易即将结束。

然而，威尼斯人并不想就此告别世界中心的地位，在1560年前后，威尼斯曾经依靠加大供应试图重新控制市场，恰好此时由于大西洋航线的风险性，经过好望角航线的成本大增，葡萄牙人突然发现，他们手中香料的成本价比从威尼斯人手中买的市场价都高，有的葡萄牙商人甚至放弃了航海，改从威尼斯进口香料销售。看上去，地中海航线似乎有起死回生的兆头。

但这只不过是旧航线的回光返照罢了。已经有太多国家选择了新航线，随着英国、法国、荷兰的加入，以及对航线的熟悉，在大西洋航行的危险性得到了控制，成本急剧下降。在葡萄牙人、西班牙人、荷兰人、英国人、法国人的共同冲击下，人类社会进入了大西洋时代，地中海时代永久地成为过去。威尼斯在称雄欧洲数百年后，又慢慢地退缩成那个小小的渔港，不再受人重视。这也表明，人类的努力有时候的确比不上运气。

大西洋时代的到来对印度而言却是一个噩梦的开始，那些富裕的小王国不得不和带着坚船利炮的基督徒打交道。这些基督徒表面上笃信宗教，实际上却是为了贸易。与东方人为贸易而贸易不同，西方人是为贸易而战争，当他们调转船头的大炮攻击海岸的时候，丝毫不会因为耶稣的怜悯而放下屠刀。

这场对世界的瓜分，在教皇的安排下，先是西班牙获得美洲，葡萄牙获得印度和巴西；之后，英国、荷兰加入了战团，英国人夺得了北美洲，荷兰夺得了印度尼西亚、中国台湾，法国夺得了印度支那（中南半岛）和加拿大；而作为列强争夺最激烈的印度，则变成上述所有国家争夺的焦点，他们都在印度获得了立足点。

葡萄牙人占领了果阿，荷兰人占领了斯里兰卡，法国人占领了本地治里，英国人则从东、西、北三个方向占领了马德拉斯、孟买和加尔各答。

当莫卧儿王朝的统治者在德里和阿格拉享受着歌舞升平的时候，他们也许并没有把这一个个西方列强占领的小城市当回事儿。这些城市都在海边，远离帝国的统治中心，西方人在开始的时候对于染指政治表现出的兴趣并不大，况且，莫卧儿还处于强盛时期，列强们也不敢过于放肆。加上印度本身就小国林立，即便莫卧儿最强盛的时期，在南方也有一些分立的国君不曾被帝国吞并，这增加了西方列强周旋的余地。

莫卧儿王朝是一个典型的陆上王朝，其税收主要依靠土地税，贸易税在财政中的比重不高，这使莫卧儿忽略贸易的重要性，进而错过了与西方人对抗的机会。

西方各国唯一担心的，是他们自己内部实力的此消彼长。西班牙和葡萄牙最终证明自己的实力无法建立庞大的世界帝国。为了维持帝国的运营，需要大量的舰船和军队，而葡萄牙国王不愿承担高昂的舰船损失。

英国国王授权的海盗们纷纷袭击西班牙各地的殖民地以及它们的船只，西班牙强迫美洲人挖掘的黄金和白银，纷纷被英国人抢走。葡萄牙在印度的殖民地最终也萎缩了，它无力维护从印度到葡萄牙航线的安全。最后，它们不得不采取另外的办法：在船只经过的路上修建要塞，通过勒索过路费来获得"聪明钱"。由于赚钱太容易，他们更加忽略船队的建设，从而丧失了海上的竞争力。一旦没有船队，那些要塞失去后勤补给，也就变成了一个个死亡据点，到最后"聪明钱"也没有了。

最后，葡萄牙人在印度的影响力局限在几个口岸之内，无法超出这些狭小的范围。在口岸之内，葡萄牙人却可以为所欲为，甚至将在欧洲的宗教审判也引入到印度。在果阿，葡萄牙人几乎拆毁了所有印度教寺庙，强迫所有的婆罗门卖掉财产离开，留下来的印度教徒必须参加天主教的宗教仪式，到最后，果阿的印度教徒不甘忍受折磨，离开了当地。

如今的果阿虽然已经回归印度，但仍然留有强烈的葡萄牙人特色。在那儿，天主教的影响力仍然是巨大的，甚至乡间的小路边都会出现一个个小型的天主教堂。在那儿，耶稣像仍然满怀慈悲地望着芸芸众生，只是教堂的旅游作用已经大于它的宗教意义了。出乎意料的是，在我居住的小村子里竟然有一座风格特殊的印度教小庙，小庙正对着我的房间，到早上，还会响起一阵阵的歌声，印度教又回来了。

在旧果阿还有一个教堂与中国密切相关。一位叫作方济各·沙勿略的葡萄牙教士曾经在印度、中国和日本都传过教，他信仰虔诚、不怕吃苦，在距离出生地数万公里之外辛勤地工作，最终在中国澳门附近死去。

方济各死后，他的遗体被装在一口中国棺材里经过海路运送到了果阿。当人们打开棺材时，惊讶地发现尸体并没有腐烂，仍然保存完好。这个奇迹让教廷知道后，将方济各封为圣徒，并将他的遗体保存在一座砖造教堂内。如今，他的遗体仍然在教堂里，只是不再供人瞻仰，而是放进一间特殊的地下室里，每十年打开查看一下遗体的保存状况。

果阿虽然回归了印度，却仍然保留着不少飞地的特征。在印度其他地方，政府为了限制酗酒，都对酒类征收高昂的税收，唯有果阿的酒税非常低，酒的价格比别处便宜不少，印度及世界各地爱酒的人们，都把这里当作天堂。

除了葡萄牙慢慢退出了对印度的控制外，荷兰人也不愿涉入印度过深，它们获取了整个印度尼西亚群岛，打造了一个庞大的海岛帝国，这个海岛帝国一直到第二次世界大战被日军占领才崩溃。

到最后，真正有决心、也有实力留在印度的，只剩下英国和法国。当莫卧儿帝国逐渐衰落、各地的诸侯纷纷独立并寻找西方国家作为靠山的时候，英法势力不可避免地撞到了一起。

第二十四章

两个东印度公司的战争

在距离帕拉瓦人海岸城市玛玛拉普拉姆各南北两三个小时车程的地方，分别有两座建在海岸的城市——本地治里和金奈。这两座城市虽然相距不远，但风格迥异：金奈显得气派却很混乱，本地治里虽然朴实无华，但显示出良好的街头秩序，拥有干净的街道和静谧的氛围是这座城市的特点。按照一位法国游客的观点，本地治里不像是一座印度城市，反而像是法国本土城市。

两座城市都是殖民城市，它们的差异来自于殖民者的特征。本地治里由法国人统治了几百年，而金奈就是大名鼎鼎的马德拉斯——英国人在印度设立的三个总督辖区首府之一。英国人占据着城市里一个叫作圣乔治堡的堡垒，控制着整个西南印度一直到中央高原。

去之前，我以为圣乔治堡是一座高高耸立的城堡式建筑，如同德里的红堡、道拉塔巴德高耸的山头堡垒一样，但实际上，圣乔治堡只是平地上一个高度设防的建筑群，呈五边形，建在海边却看不见海的踪影，由一圈人工水系加以保护。这里是一个英国人的社区，包括兵营、居住区，甚至有一个小小的教堂。在如今的陈列馆里，还展览着许多门加农炮，以及各种火器。

圣乔治堡的大部分区域已经被印度军队占据，马德拉斯也改成了更加印度化的金奈，但英国人对于这里的影响随处可见，街头处处是英式建筑。这里还是西南印度的中心，即便印度人对于英国人的统治并不乐意，却不得不承认，英国建立的几座城市金奈、孟买、加尔各答就是印度的经济中心。再加上英国人最后建立的德里，这四座城市各居一方，成了印度经济发展的几大引擎。最近印度的金边四角高速公路计划，就是要把这四座城市用高速公路连接起来，为印度的交通升级，谋求更快的发展。

而在金奈南面的本地治里却失去了往日的荣耀，大片的法式建筑让这里成为旅游和休闲城市，许多法国人会到这里住上一段时间，寻找昔日帝国的荣光，就像他们去西贡和河内一样。但这座干净的城市却再也无法找到自己在印度经济中的定位，显得有些迷失。

这两座城市或许也代表了英国和法国在印度的命运。它们都带着极大的期望而来，最终的结果却又如此不同，一个获得了日不落帝国的头衔，而另一个却默默地盘踞在最后的据点之中，无所作为、望洋兴叹。

与葡萄牙人相比，英国和荷兰代表了另一种新的贸易势力。葡萄牙人乐于收取保护费赚取"聪明钱"，而英国人和荷兰人却从来没有忽视海上力量的建设。它们建立了庞大的船队，这些船队既帮助英国人运输，也帮助印度人、阿拉伯人运输，它们发展出一种现代运输业，将贸易和运输分离，促进了专业分工。这种分工需要更加庞大的船队，这些船队既可以作为商船，也可以作为临时的战舰，从而构建了英国和荷兰的海上霸权。荷兰人的势力主要在荷属东印度（印度尼西亚），而英国人在亚洲的历史则主要和印度相关联。

公元 1600 年，一家叫作英国东印度公司的企业成立了。公司，这种新兴的贸易形态在当时才刚刚起步，以前的商人大多是利用自己的资本进行投资，一旦投资破产，债务都要压到他本人身上，使得商业本身成为一种风险极大的冒险活动。然而，公司制出现后，一个人的损失最多是他的出资额，他不会因为公司的欠债而承担更多的债务。而且，一个人可以投资许多公司，分散风险。

英国和荷兰的东印度公司之所以获得巨大的发展，和公司制度优势是有极大关系的。

另外，与现在的公司制不同，英国的东印度公司还获得了女王和（以后的）议会的垄断授权，只有它这一家公司能够合法地与印度做生意。这种排他性限制最终变成了武力胁迫，使得东印度公司还拥有军队。公司为了维持独占权，必须控制当地人，这又要成立相应的民政机关和司法机关，变成了集商业、司法、民政、军事于一体的庞然大物。

不过，英国东印度公司的扩张要在其成立 100 年后，才进入加速发展阶段，在这之前，英国东印度公司的规模和贸易额都要小于荷兰。在前 100 年里，英国人所做到的，就是寻找到三个位置极佳的立足点，建立了三座城市：孟买、加尔各答和马德拉斯。建立这三座城市，也并非一帆风顺。

最顺利的一座是马德拉斯，1639 年，一位当地的邦主将印度东南海岸上一小块狭长地带卖给英国人，同意他们在这里建造市场和仓库。一年后，圣乔治堡出现在印度海岸上，成为英国控制南方的基地。而剩下两座城市的建立，却颇为曲折。在北方孟加拉地区，英国人出现在恒河下游孟加拉古老的首都胡格利，从这里顺着恒河可以到达大海。英国人获准在这里建立商栈，开展贸易。

孟加拉是印度与缅甸地区贸易的窗口，也是东南亚贸易的一个集散地，自古就有着重要的战略意义。英国人到来后，很快与印度本土势力发生冲突，1686 年，英国人甚至为此发动了一场海上封锁，这次封锁甚至查扣了莫卧儿皇室成员和高级官吏的船只，让莫卧儿王朝第一次意识到英国人的强悍。

然而，英国人在陆上的实力却很有限，莫卧儿还处于其强盛的晚期，奥朗则布皇帝仍然在位。这次贸然行动的结果，是印度人暂时放弃了直接的海上贸易，选择荷兰人帮助他们进行运输，同时将英国人驱赶出胡格利的货栈，英国人失去了孟加拉的立足点。

英国人不得不选择胡格利南面的一片沼泽地带作为基地。这片沼泽地带位于恒河的河口附近，有几个小村庄点缀在河口的淤泥和小岛之间，其中一个村庄叫加尔各答。谁也没有想到这个小地方在未来能够成为印度令人羡慕的大都市、英属印度的首都。在 17 世纪的最后一年，一个叫作威廉堡的堡垒伫立在恒河三角洲上，英国人未来的统治基地出现了。

在西部，英国人的进展同样不顺利。他们事先选择了古吉拉特半岛一个叫作苏拉特的港口城市。这座城市自古就有着繁荣的贸易，甚至在史前时代，苏拉特附近的海岸就有码头的痕迹，丰饶的古吉拉特半岛是苏拉特贸易的源泉。

英国人在苏拉特的活动比在马德拉斯和加尔各答都要早，1608 年就建立了贸易点。可惜的是，随着莫卧儿王朝的解体和马拉塔人的兴起，古吉拉特这个印度曾经的黄金地带变成了双方争夺的焦点。1664 年，印度英雄希瓦吉（马拉塔帝国的建立者）挥兵洗劫了这座城市，苏拉特的商人们纷纷逃离了城市。由于政治的动荡，它的商业和贸易衰落了。

英国人不得不找寻一个安全的落脚点，来规避政治动荡的风险。就在这时，大西洋岸边一场政治联姻让孟买进入了英国人的视野。孟买这个起源于海中七座小岛的城市，最初被葡萄牙人得到，1661 年，葡萄牙公主凯瑟琳嫁给了英国国王查理二世，孟买作为嫁妆被送给英国王室。当东印度公司在寻找新的落脚点时，国王将孟买租给了东印度公司，价格很便宜，每年只要 10 英镑。

1687 年，英国人终于下决心将西海岸的总部从苏拉特迁到孟买，苏拉特丧失了成为超级大都市的可能。

孟买、马德拉斯和加尔各答，成为英国人控制印度的三大城市，他们以此为基地建立了三个总督辖区，分别负责印度西部、东南部和东北部。

虽然比葡萄牙、英国都动手晚，但法国人终于明白，它们必须占领印度的天空，来为太阳王路易十四的王冠增光添彩。英国人在印度的真正对手出现了。

1664 年，路易十四的法国正处于鼎盛时期，他的军队正用武力威胁着欧洲的安全，他的财政大臣科尔贝尔利用娴熟的财政技巧为他筹措着庞大的宫廷开支，以支持他的奢华和挥霍。他的宫殿令欧洲所有的君王羡慕不已，被当成是世界的中心。此时的法国很像当年的明王朝，一切为了炫耀，至于商业利益，和国王的权威相比，是可有可无的东西。

当各国都大力发展海外贸易的时候，科尔贝尔认为法国有必要跟随英国和荷兰的脚步。他奏请国王成立了法国东印度公司。但是，法国东印度公司的扩张，与英国不同，英国靠贸易，而法国主要靠政治。这或许也注定了两者在印度不同的结局。法国东印度公司与英国走上了不同的道路，英国的政府官员基本上不干预公司的运营和决策，而法国由于没有商业传统，如果不借助政治的力量，甚至连公司的股本都凑不齐。最后，在国王的强迫下，达官贵人们虽然不知道入股意味着什么，但都掏钱成了股东。为向国王和大臣们证明他们的投资是值得的，筹建的船队也带上了王室的做派和显摆的姿态。这不像是一支贸易船队，反而像是郑和下西洋的船队,要宾服四夷、以振国威。

法国的船队到印度,也并没有遵循只谈贸易、不谈政治的金律,很快卷入了与荷兰人的战争中,结果全军覆没,法国派来的总督被荷兰人作为俘虏送回了欧洲。

之后的法属东印度公司也一直没有成为赚钱机器,在破产的边缘苦苦挣扎。路易十四一生挥霍,让法国基本上破产,国内的疲敝进一步影响了其海外业务。

令法国感到庆幸的是,虽然它的东印度公司赚钱能力不行,但遇到几位有才华的管理者。其中第一位是弗朗索瓦·马丁,这位最终死在印度的法国总督创建了印度第一个法国殖民地——本地治里,给法国留下了落脚点。也正是因为有他,才有了后来杜普莱克斯、波尔多内和比西的舞台。

法国人在孟加拉的金德纳格尔也设立了基地,与距离不远的加尔各答形成了竞争关系。英国逐渐感受到法国的威胁,他们争夺着印度东北部的贸易资源,并拉拢当地势力,排挤对方。一场历时百年的争夺战开始了。

英法在印度的争夺进入白热化的时候,也正是它们争夺全球霸权的时候。以前的战争大多是在欧洲内部,但这时的战争已经具有了全球性质,一旦欧洲本土开战,各自的殖民地也立即开始打仗。不管是在茫茫海洋,还是在美洲、亚洲,都能听到枪炮声。

英法战争在印度的第一个高潮,是随着奥地利王位继承战的到来而出现的,并以法国获得局部胜利结束。

多年来,欧洲的神圣罗马帝国一直是一个复杂的混合体,它的地位超过英国、法国等主权国家,号称罗马帝国的继承人,但它实际上又由数百个小国家(包括公爵、伯爵以及主教领地,甚至自由城市)组成。神圣罗马帝国的皇帝也是由选举产生的,有权选举的是 7 个(后来是 8 个)选帝侯,也是数百个小国家中最有影响力的几位。

到了后来,虽然仍然保持着选举的名义,但数百年来神圣罗马帝国的皇位却成哈布斯堡家族的囊中之物,变成了名义上选举、实际上继承的情况。哈布斯堡家族同时还拥有奥地利公国,所以,神圣罗马帝国皇帝和奥地利大公往往是同一个人。

1740 年,神圣罗马帝国皇帝(兼奥地利大公)查理六世逝世,他留下了一个女儿叫玛利亚·特蕾莎，没有男性后裔。查理六世死前留下遗嘱，希望女儿继承奥地利大公的位置，同时让她的丈夫担任神圣罗马帝国的皇帝（神圣罗马帝国规定女人不得担任皇帝）。法国认为这是削弱哈布斯堡皇权的好时机。法国国王没有资格担任神圣罗马帝国皇帝，就选择了自己的代理人，试图将其推向皇帝宝座。

于是，围绕着神圣罗马帝国皇位的归属，欧洲分成两派，并开始了一场战争。英国、奥地利、荷兰、俄罗斯支持玛利亚的继承权，而法国、西班牙、普鲁士反对。双方的冲突很快变成一场全面战争，战场除了在欧洲，还在印度、北美洲、加勒比群岛各个地方展开。

在印度，英国和法国的军队也加入战团。法国军队此刻拥有两位值得称赞的将领。一位是杜普莱克斯，另一位是拉·波尔多内。

1742 年，足智多谋的杜普莱克斯担任法国总督。杜普莱克斯长期在印度工作，熟悉印度的局势，既能够震慑当地人，又善于利用他们，动用一切力量打击英国人。为了弥补法国士兵的不足，他招募了许多印度雇佣兵，将这些善于骑马和冲锋的土著改造成纪律严明的步兵，排队列阵射击样样精通。之后，英国人也开始招募土著士兵。

不过，战争中起到更大作用的却是波尔多内元帅。当英国人派遣了一支皇家海军舰队袭击法国的殖民地时，法国人也派出了一支实力相当的舰队，指挥官就是波尔多内。

两支舰队在印度的东南海域相遇并展开激战。双方都没有遭受太大损失就结束了这次接触。波尔多内带着自己的舰队来到法国人的基地本地治里，英国舰队却没有退向距离本地治里不远的马德拉斯，而是退避到斯里兰卡岛。这次退避使得英国人在气势上输给法国人一筹。后来，英国舰队随后又退到了孟加拉海岸，更加远离马德拉斯，使得马德拉斯的英国人完全被法国人孤立起来。

在本地治里发号施令的杜普莱克斯趁机决定发动一场对马德拉斯的袭击。作为英国在印度最重要的三个立足点之一，如果法国能够占领它，象征性和实质性意义都是巨大的。

1746 年 9 月 7 日，法国人的舰队出现在马德拉斯海岸，开始对乔治堡进行炮击。当天的炮击由于不够精准，使得英国人反而放松了警惕。然而，第二天法国人已经占领了海岸，通过海上和陆上的双重炮击击垮了英国人的士气，经过几天短暂的抵抗后，英国人试图与波尔多内讲和。

作为军人的波尔多内开出了大方的条件，只占领乔治堡和商栈，而将马德拉斯城区留给英国人。作为军人，波尔多内的战争观仍然是中世纪的，即军人必须互相尊重，打仗是为了决定胜负，而不是摧毁对方。

然而，波尔多内的战争观与杜普莱克斯的战争观并不一致。杜普莱克斯更了解印度，知道这是战胜英国人的最佳时机，如果要战胜，就必须摧毁。所以，当波尔多内的和谈协议送到本地治里等待批准时，杜普莱克斯否决了协议，将英国人尽数下狱，并决定彻底占领马德拉斯。两位天才的争吵以波尔多内的负气出走而结束。然而，杜普莱克斯缺少了海军的支持，在接下来的几场战役中屡屡遇挫，并没有取得太大的进展。

1748 年，欧洲的战争结束了，印度战场也随之偃旗息鼓。马德拉斯还给了英国人，作为交换，远在加拿大的路易斯堡归还了法国人。法国人以为这只是一种对等交换，却没有意识到，加拿大他们终究是要失去的，但归还马德拉斯却意味着英国人在印度重新恢复了优势地位。

波尔多内回到法国后被捕，关进了巴士底狱，虽然两年后的审判证明他是清白的，但这位功臣的遭遇也许预示了法国在印度的结局。

更重要的是，在马德拉斯围攻中，英国虽然失败，但一个天才出现了。一位叫作克莱武的东印度公司职员带领一小拨人从马德拉斯的监狱中逃了出来，乔装改扮，躲过充满敌意的当地人，到了距离马德拉斯 50 英里的圣大卫堡——一处未被法国人占领的英军要塞，将马德拉斯的消息传递了出来。这是年轻的克莱武第一次获得人们的关注。之后，他将在英法争霸的舞台上成为主角。

波尔多内走后，法军中涌现出另一位军事家德·比西。

此刻，随着莫卧儿王朝的衰落，印度南部的各个邦国纷纷独立，最大的一个邦国是海得拉巴。1748 年，海得拉巴的老邦主去世，他的两个儿子开始争夺君位，与此同时，另一个邦国，也是海得拉巴的附属国卡纳提克（首都在阿尔科特），也因为君主去世出现两个王子争位的情况。法国和英国立即看到机会，他们分别选择了代理人。结果，一位海得拉巴王子联合一位阿尔科特王子选择了法国，另一对王子选择了英国。

邦国王位的争位演变成了英国和法国的战争。年轻的克莱武抓住机会，带领英军攻占了阿尔科特，并在敌人的优势兵力下保住了城市，从而名声大振。而德·比西则帮助法国支持的海得拉巴王子登上了王位。从数量上看，英法各下一城，然而，从质量上看，法国人支持的海得拉巴在南印的地位更高，并且还与南印第二大邦国迈索尔结成了联盟。这时候，法国人仍然占据着上风。

但决定双方成败的因素并不在军事，甚至不在印度，而在万里之外的法国。当杜普莱克斯和德·比西帮助法国取得优势地位时，法属东印度公司却对他们非常不满，他们没有意识到自己的优势，反而认为杜普莱克斯在军事上耗费了大量财力，没有在商业上带来太多回报。他们召回了杜普莱克斯，让英雄在贫困潦倒中死去；他们还放弃了大部分的优势地位，清除领地，放弃结盟。

这些短视的措施使得法国人丧失了与英国人对抗的能力，如果在和平时期，还情有可原，但更令法国人没有想到的是，和平是短暂的，法国放弃印度领地两年后，欧洲又爆发了七年战争，印度再一次成为战场。

和神圣罗马帝国皇位继承战一样，这场战争的参与国也是全欧性质的，只是这次的同盟关系变了，上次战争中对立的奥地利和法国已经结成同盟，玛利亚·特蕾莎女大公和法国、俄罗斯、西班牙一同对抗曾经的同盟国英国；而英国则和曾经的敌人普鲁士结盟参战。

欧洲变幻莫测的外交和军事关系对印度的影响，就是英法两国再次兵戎相见。除这两个国家，还有一个重要的印度土邦孟加拉参战。

在印度的北方，当莫卧儿帝国衰落之后，地方长官逐渐取得几乎完全独立的地位，只是在名义上尊崇莫卧儿的皇帝，实际上已经拥有完整的财政、行政、军事权力。印度北方有三个邦国值得注意，一个是东边的孟加拉，一个是中间的奥德（现在的北方邦），一个是西边的旁遮普。

孟加拉由于地处恒河三角洲地区，是印度最富庶、贸易最繁荣的地区之一，也是和东南亚联系最紧密的地区，这里就成为英国和法国的必争之地。法国人在孟加拉取得金德纳格尔，英国人则占据加尔各答。

由于与当地人关系更加紧密，法国的金德纳格尔发展得比英国人更繁荣，成为主要的贸易港口。而对于孟加拉的邦主而言，他们也对英国人充满了戒心，只是没能力把他们赶走，不得不暂时容忍罢了。

当老邦主阿里瓦迪·汗去世后，他的孙子希拉杰-乌德-道拉继承了邦主的位置。这位年轻人是位莽撞、对英国人没有好感的邦主，当他上台时，恰逢七年战争即将开始，英国人担心不远处金德纳格尔的法国人会袭击自己，正在对加尔各答的威廉堡实施加固工程。

对于希拉杰-乌德-道拉来讲，英国人加固威廉堡更像是对自己的示威，他担心未来的英国人会更加强大、难以对付，于是提出抗议，要求英国人停止加固工程。法国人乘机渔利，支持这位年轻的邦主。

英国人拒绝了邦主的命令，他们没有想到，这位年轻的邦主与他的祖父完全不是一类人，他的祖父虽然拥有更大的权势，但知道震慑和怀柔必须同时进行，才能限制住英国人，否则会将矛盾迅速激化，将双方都逼入对抗的道路。

见英国人不听话，希拉杰断然派兵夺取了加尔各答，一部分法国的炮兵支援了他，使得占领进行得特别顺利。几十位英国人加上一部分参加英军的印度人成了俘虏，这些人到底有多少，历史已将具体数目隐藏在重重迷雾中。更没有人统计过多少人在攻防战中死去，也没有人统计过多少人逃离，这些人也被算在了俘虏的数目之中。我们现在能够得到的，只是一位英国人单独的证言。

由于天色已晚，邦主要第二天才能处理这上百位俘虏，他们被押送进一个 25 平方米左右的屋子里，铁门在他们背后关闭。房间里密度很高，人们只能站着，找不到休息的地方。到了夜间，有的人开始呼唤喝水，但没有人理他们。后来，一位士兵从窗外递进去水，室内的人们开始哄抢，大部分宝贵的水都洒在了地上。哄抢引起的拥挤进一步激起了人们的恐惧，窒息、癔症、哀号充斥着房间，声音越来越小，变成了呻吟，直至停止。

第二天，当士兵们打开牢房，他们见到了满屋堆叠的人体，在 146 人中，一共 123 人死亡。邦主对这一晚上的变故感到惊讶，但没有别的表示。

这就是著名的加尔各答黑洞事件。这件事激起了英国人的愤恨，并成为英国人进攻孟加拉的借口。然而，事情的真相却已经消失在迷雾之中，虽然有 23 个人活着，但只有一个人提供了证言，英国人所有的行动都是以这一份证言为基础的。事后，人们常常思索，这样小的房间真的装得下 146 个人吗？这个房间甚至有窗户，又只关了一个晚上，会不会引起窒息和踩踏？当英国人攻下加尔各答的时候，为什么没有找到足够的证据？但不管怎样，英国人开始进攻了。他们的指挥官就是已经升任了上校的英雄克莱武。克莱武从马德拉斯出发，很快攻占了加尔各答，一直到 20 世纪印度独立，才离开这座城市。

克莱武并不想以攻占加尔各答作为结束。拥有战略眼光的他认识到，还有两个目标没有完成：第一，把法国人赶出金德纳格尔，只要这座城市存在，加尔各答就不能成为真正的贸易中心；第二，让孟加拉的邦主屈服，从而控制这里的贸易和市场。

为实现第一个目标，他甚至和希拉杰 - 乌德 - 道拉达成谅解协议，表示一旦攻占法国人的城市，就结束战争。急于让英国人离开的希拉杰 - 乌德 - 道拉同意采取不干涉政策，在远处观望英军占领了法国人的城市。金德纳格尔陷落了，虽然后来又根据条约还给了法国人，但那是在英国人控制了整个孟加拉之后。这座城市再也没有恢复往日的辉煌，逐渐变成了一座河边的小镇，最后又成了不断扩大的加尔各答的郊区。

攻占金德纳格尔之后，克莱武迅速撕毁了与印度人的谅解协议。这时，年轻的邦主才知道自己碰到了一个什么样的敌人，他开始认真地准备战争。

此刻，英国人的部队只有 3000 人左右，其中 2/3 还是印度土兵。而孟加拉的武装骑兵和步兵加起来超过了 5 万人。胜利的天平似乎在向着孟加拉人倾斜。

然而克莱武却并没有因此而退缩，当两方部队在普拉西相遇时，奇怪的事情发生了：希拉杰 - 乌德 - 道拉的部队虽然人数众多，但有许多队伍并没有加入战斗，只是观战。原来，这些人已经被英国人买通了，为首的就是邦主的得力战将米尔·贾法尔。

当英国人更加接近胜利的时候，这些观战的队伍反水了。这决定了孟加拉人的命运，也决定了印度的命运。这是英国人在印度最为关键的一场战役，也是英国人第一次在印度寻求堡垒据点之外的土地。当希拉杰-乌德-道拉被消灭后，英国人占据了整个孟加拉地区，相当于印度北方1/3的领土归了东印度公司。

作为背叛的奖赏，米尔·贾法尔得到了孟加拉邦主的职位，但这个职位只是傀儡性的。英国人甚至得到了莫卧儿帝国的帮助，莫卧儿皇帝最担心的是下属的独立倾向。此刻，他把英国人当成了盟友，认为赋予英国人更多的权力能够削弱孟加拉的独立倾向，于是将孟加拉的民政权赠与英国人，这是英国人管理印度的开始。

莫卧儿皇帝没有想到，他的慷慨和无知为印度带来了一个最大的敌人，这个敌人会在未来的几十年里将印度吞噬殆尽，并将在100年后彻底废除莫卧儿的帝位。

这场战争法国损失尤为惨重。法国在印度的两个主要据点是本地治里和金德纳格尔，英国人通过战争直接拔掉了其中一个。而法国东印度公司在战争前放弃太多，也没有足够的实力与英国人对抗。

此刻指挥法军的已经不是足智多谋的杜普莱克斯，也不是英勇的拉·波尔多内和德·比西，一位叫拉利的莽撞将领成为法国在印度的最高指挥官。这最终决定了法国人的命运。

1760年，本地治里与马德拉斯直接对决，拉利被英国人打败。

愤怒的法国人将拉利处以死刑，然后放弃了在印度的扩张政策。法属殖民地从此蜷缩在东南海岸以本地治里为中心的一小片地方，再也没有向外扩张过。拉利只不过是一个替罪羊，却意味着在中央集权的官僚模式下，海外的殖民地不可能得到很好的管理。它们败给更加灵活的英国人并不令人意外。

到这时，整个印度只留下了一个征服者，再也没有西方势力能够阻挠它的扩张了。

第二十五章

南印度沦陷

卡纳塔克邦的首府班加罗尔已成一座著名的城市。美国人写的一本书《世界是平的》让这座城市风靡全球，成为新兴的信息革命的代表。这里遍布软件公司，那些拥有着发财梦想的年轻人纷纷到达这里，加入各种各样的本土软件公司或者来自美国和欧洲的跨国公司，成为令人羡慕的知识精英。

这就是班加罗尔给人们留下的印象。然而，很少有人知道，班加罗尔也是一座传统的印度城市。这里的老城区遍布狭窄的街道、走乡串户的买卖人，以及古老的建筑。老城区的几座建筑都与印度历史上的一位名人有关，他叫提普苏丹，领导过抗英斗争，是印度著名的抗英英雄。

甚至有人说，提普苏丹的死亡意味着印度一个时代的结束，在这之前印度属于印度人，在这之后，印度属于英国人。在印度反抗英国人的斗争中，只有提普苏丹和他的父亲海德尔·阿里曾经让英国人心惊胆战。

班加罗尔至今仍然保留着一座城堡的遗迹，提普苏丹曾经在这里设防对抗英国人，城堡的旁边还保留着提普的宫殿。班加罗尔的南部有一座巨大的花园——拉鲁巴赫，这座花园被称为"城市的绿肺"，每到周末，花园满是谈情说爱的青年、拖家带口的夫妇以及外地的游客。这座花园如同北京的颐和园一样赫赫有名。这座花园最初是提普的父亲海德尔·阿里的私人狩猎场，到了20世纪初被改成巨大的公园，造福着班加罗尔的人们。

不仅仅是班加罗尔，实际上，卡纳塔克邦南部的城市似乎都保留着海德尔和提普父子的影子。在迈索尔城西北一个叫作塞林伽巴丹（Srirangapatnam）的小镇上，还有一座巨大的城池废墟，那儿曾经是提普苏丹的都城，在都城的四周，还有提普的夏宫，以及父子俩的陵墓。在城池里，还有一个专门的地方立着碑，写着"提普战死之地"。

"提普死后，这座城市就变成了如今的小村庄，可是，没有人会忘记他做过的一切，就算到现在，我们还享受着他的恩惠。"一位老人在碑旁默默地站着，看见我抬起头来说，"他是印度的骄傲。"

关于印度的骄傲，英国人送给他另一个名字：迈索尔之虎，提普是一只阻拦了英国人征服全印度的猛虎，也是一位具有世界眼光的战略家。在提普战死之地，老人慢慢地向我讲述着提普的故事，他大概讲了三十分钟，由于口音，我只能听懂一部分，却满怀崇敬……

普拉西战役之后，英国人摧枯拉朽般横扫了北印度。接受英国人贿赂而反水的米尔·贾法尔被英国人扶上了孟加拉邦主的位置。不过，后来的事情证明，英国人就像古罗马的禁卫军一样，立一位新的皇帝只不过是为了榨干他，然后再换一个。当米尔·贾法尔散尽钱财，没了油水之后，英国人就把他赶下了台，让他的一位更有钱的亲戚米尔·卡西姆担任邦主。

新邦主再次被榨干后，选择了逃往内地的奥德邦，寻求奥德邦主舒贾-乌德-道拉的帮助。在整个北印度，奥德是莫卧儿帝国最大的邦，由于莫卧儿皇室已经衰落不堪，奥德的邦主就成为北印度最大的势力。特别是当孟加拉已经被英国人占领之后，奥德成为能够抵御英国人唯一的屏障。

然而，这次奥德反抗又失败了。奥德战败后，舒贾-乌德-道拉成为英国的俘虏，他在后半生不得不充当傀儡的角色。奥德战败也表明整个北印度除西北角上的旁遮普之外，已经全部成为英国人的天下。旁遮普的锡克人地区是一个相对独立的区域，它们只关心自己，对于区域之外的事情不闻不问。英国人暂时没有触动锡克人，直到将整个印度收入囊中之后，在19世纪40年代才对锡克人的王国动手，失去屏障的锡克人王国很快沦陷。

当北印度除了旁遮普之外的广大地区都被收入英国囊中，真正的抵抗发生在南印度。

海德尔·阿里（Hyder Ali）和他的儿子提普苏丹（Tipu Sultan）都是虔诚的

穆斯林，然而他们却是所有印度人心目中的英雄。在对抗英国人的战争中，他们父子给英国人造成了最多的麻烦并屡次取得胜利，他们是南印度的中流砥柱。

可以说，海德尔父子对英国人的反抗是第一次有意识地要将英国人赶出整个印度。在他们之前，各个邦国虽然也和英国人打仗，但更重要的目的是不让英国人进入自己的疆界，一旦英国人撤离自己的小国，那么在印度的其他土地上，他们想怎么干都和自己无关。

海德尔出身于印度南部的一个穆斯林家庭，位于现在的卡纳塔克邦境内。他的父亲是一位武将，曾经指挥过炮兵部队。年幼的海德尔耳濡目染，生发出对于炮兵作战的终生兴趣。在他的巅峰时期，他的炮兵战术和制造火炮的技术在全世界都是领先的，甚至西方人也承认海德尔炮兵部队的优势。

这个家族对于炮兵的擅长也被海德尔的儿子提普继承，若非同盟的背叛，他们与英国人谁胜谁负将很难说。

随着海德尔进入青年时代，他也像父亲一样，加入了迈索尔王国的部队，并屡立奇功，逐渐升任王国的军队指挥官。最后，他取代迈索尔的伍德叶家族，当上了迈索尔的君主。

这个青年长相俊美，信仰虔诚，虽然不识字，但有着一流的判断力，他的终生对手英国人也承认他善于把握时势，总是能够做出最有利的选择。比如，第一次英迈（索尔）战争之后，他与英国人签署的协议让英国人都赞叹不已，称他为政治家。只是这个协议并不能防止英国人背信弃义不去遵守。

那时的南印度正好是热血青年发挥力量的地方，那儿战国林立、谁也不服谁，一个青年军官只要有足够的智慧和勇气，就能够受到重用。

让我们看一下南印度的国家吧，在莫卧儿王朝统治北方的时候，南印度一开始属于强大的印度教王国维查耶纳加尔，然而，在与北部分裂的几个伊斯兰国家对抗的过程中，维查耶纳加尔解体了，它的地方官员和将领们各自划地为营，纷纷做起了一方霸主。随着这些小国的合纵连横，迈索尔国王成了一方霸主，其余国家的实力都无法与之抗衡。

在这些小国的北面，莫卧儿王朝曾经短暂的统治退潮后，莫卧儿首相尼扎姆-

乌尔-穆尔克乘机夺取海得拉巴独立了,并成为一方霸主。

海得拉巴的西面,则是马拉塔人的地盘。这个由希瓦吉领导的反抗莫卧儿的运动建立了一系列国家,并组成了国家联盟——马拉塔联盟,强大的马拉塔联盟不停地与北面的莫卧儿和南方诸国维持着战争状态。

所以,南印度基本上形成了三分天下的形势,分别是:北方的马拉塔联盟、中部的海得拉巴、西方的迈索尔。对中国三国时代有了解的人都知道,三分天下是一种较为稳定的状况,一方强大总会导致另两方的联合,因此容易形成一种平衡。

然而,在三分天下之外,一个势力却不容小觑,那就是马德拉斯(金奈)的英国人。英国人控制了马德拉斯,以及东海岸的卡纳塔克邦国,当马拉塔、海得拉巴、迈索尔"三国演义"的时候,英国人坐收渔翁之利,时而挑起事端,时而联合其中一两家,其余的由于没有统一的策略,往往成为失败者。

当海德尔刚开始成为迈索尔的军事领袖时,也没有看到英国人的策略是多么阴险。他仍然以扩大迈索尔的直接疆域为目标,对周围的邦国发动了一系列战争。在他上任之初,迈索尔基本上还是一个内陆国家,缺乏海岸线。他上任后,首先向西方的海岸发起进攻,将海岸线上的诸小国收归麾下。然后,借助海得拉巴老君主死去、后代争位的局面,他和法国人联合在海得拉巴拥立依附于自己的君主。由于与马拉塔联盟之间有领土冲突,海德尔还发动了第一次迈索尔-马拉塔战争。

马拉塔恰好处于一个衰弱的时期,1761年,阿富汗人从北方的开伯尔山口进来,入侵印度,莫卧儿王朝请求马拉塔人帮助,然而,在传统的战场帕尼帕特,马拉塔人却被阿富汗人打得元气大伤,从而给了海德尔入侵的机会。

而在迈索尔与马拉塔人打仗的时候,英国人借机与马拉塔、海得拉巴结成了联盟,派遣部队进军迈索尔,这使得海德尔·阿里立即决定与马拉塔人讲和。

与此同时,海得拉巴也无法忍受英国人各种小的入侵行为,与迈索尔签订了一份协议,决定入侵英国人的附属国卡纳提克作为报复。这一系列的合纵连横引发了第一次英迈战争。

然而,第一次英迈战争的开局却并不顺利,虽然迈索尔-海得拉巴联盟拥有优势兵力,但初战告败。海得拉巴不得不退出联盟,并向英国人割让一部分沿海领土。英国人得以放开手脚，与迈索尔单独作战。

与此同时，英国孟买辖区也派出部队进攻迈索尔拥有的印度西海岸，并攻占了海德尔的城市。

形势对海德尔明显不利，他面临的是世界上最强大的帝国，这个帝国让法兰西、德意志都感到胆寒，生长在印度山区里的将领在失去同盟之后，真的能够战胜强大的对手吗？

困境中的海德尔展现出极高的军事天赋。他首先挥师西岸，从英国人手中夺回城市，惩罚了叛徒，接着东进迎击英国人，胜利、失败、胜利、失败……

当英国人以为已经将战争引入了迈索尔本土时，海德尔突然兵分两路，跨越高止山，进入了卡纳提克。当英国人反应过来时，他已经到达距离马德拉斯只有200公里的地方，直指兵力空虚的马德拉斯。此时的英国知道，除了求和没有其他路可走，否则，自己辖区的总部都难以保全了。

第一次英迈战争以一份有利于海德尔的协议结束，英国人甚至答应海德尔，一旦迈索尔发生战争，英国人必须作为联盟出兵相助。

此时的海德尔仍然把马拉塔人当作首要的对手，签署协议也是为了尽早与马拉塔人作战。他还没有超越其他的君主，仍然在纷纭的战争中迷失，没有看到最大的威胁。

然而，英国人注定是不可靠的盟友。在与英国人打交道的过程中，海德尔父子用君主制的方式与英国人打交道，即一个君王不轻易许诺，一旦做出承诺后，就必须信守诺言，至死不变。而英国人在印度却并不遵守这种规矩，他们的总督是经常换人的，后任总督不对前任总督的话负责，虽然订立了和平协议，但屡屡遭到打破。

随着迈索尔与马拉塔人的第二次战争，作为盟友的英国人完全没有提供帮助。这让海德尔认识到，东印度公司是一个不同于传统政权的组织，它的目的也不像传统君主那样，以获得一两片土地为目的，而是要控制整个印度次大陆。

在迈索尔打击马拉塔人的时候，英国的孟买管区也发动了对马拉塔人的攻击（不是作为联盟），并试图从马拉塔人手中夺得土地。

我们无法猜测，到底在什么时候，海德尔突然意识到自己终生的敌人。很可能这一系列的事件使得这位优秀的将领明白，印度内部各国的每一次互相征战，最后都会导致作为整体的印度损失领土，唯一持续得利的只有英国人。

他向自己的对手们抛出了橄榄枝，决定停止与马拉塔人的战争，也不再与海得拉巴为敌。他知道，三大势力必须拧成一股绳，才能抗击共同的敌人。

他在马拉塔人面前痛陈自己的发现，印度教徒、穆斯林要成为一家人，他们共同的敌人是英国人。

甚至对于基督教，他也不是一味排斥，实际上，在印度西岸还有不少基督徒，他们来自葡萄牙、法国等地，这些人都受到了海德尔的善待。

他还派出使团前往阿拉伯和波斯，试图与外界建立直接的贸易和外交联系，以取代英国人。海德尔也因此成为印度最早拥有世界眼光的政治家。

在海德尔的努力下，马拉塔、海得拉巴、迈索尔的联盟终于形成。此时，第二次英迈战争也拉开了序幕。

这一次的尝试甚至与世界形势也有关系。英国和法国此刻正在进行争夺殖民地和贸易的七年战争，这场战争从北美延伸到海上，再到印度。法国出于需要，寻求与海德尔联合，共同抗击英国人。这是英国殖民地史上少有的危机时刻，他们即便再强大，也抵挡不了四方的攻击。

然而，这次战争以宏大的联盟开场，却以分崩离析作为结束。也许真正认识到英国人野心的只有海德尔一个人，他最坚决地抗击英国人，却得不到其他人的理解。

开战时，马拉塔人向西部的孟买、北部的加尔各答进军，海得拉巴为了夺回失去的土地，进军东岸，而迈索尔仍然选择了进军马德拉斯。

可是很快英国人找到了联盟的软肋：海得拉巴只不过想要回以前的领土，对于其他的事务并不关心，于是英国人利用一小块土地换得了海得拉巴的退出。

马拉塔人的攻击方向最广，从加尔各答直到孟买，然而，马拉塔人始终不是一个国家，而是许多国家的联盟，这样的联盟容易出现复杂的争吵。于是，在英国人的攻势下，马拉塔人也退了出来。

法国人也退出了。对于法国人而言，印度只不过是它庞大布局的一小部分，一旦七年战争结束，也就是它退出的时候。最终，与英国人作战的，仍然只剩下了海德尔。

在迈索尔人面前，英国人并没有占到便宜，他们连吃了几个败仗，依靠从孟加拉派来的援军暂时站稳脚跟。即便到这时，胜负仍然是未定之数，英国人的营地里充满混乱和争吵。海德尔甚至没有撤回到自己的大本营，仍然驻扎在西部的土地上。雨季一过去，新的征战开始，英国人扛得住进一步的打击吗？

命运总是在这时插进来，改变历史的进程。当雄心勃勃的海德尔对着《古兰经》发誓要将英国人赶走时，命运却没有给他留下足够的时间。1782 年 12 月，他病逝于营帐之中。他的儿子提普苏丹被从远方召来，继承了他的职位。48 小时后，英国人听说了他的死讯，指挥官詹姆士·史都华沉吟良久，得出结论：英国人无法把他的死亡利用在军事上。

一代名将出师未捷身先死，也为第二次英迈战争画上了句号。这次战争仍然以一个对迈索尔有利的协议结束，但没有实现将英国人赶出辖区的目标。

在印度，海德尔的儿子提普比他的父亲还要出名。提普在性格、学问上都是一个比他父亲更加强大的人物。

海德尔本人不识字，所以，他要求自己的儿子必须接受最好的教育，于是请来法国人做他的教师。父亲的心血得到了回报，提普成为学识渊博的学者型军事家，他会多种语言，精于文学，对于世界的政治形势有着独到的见解，同时又继承了父亲的勇敢无畏和足智多谋。

从各种方面来看，提普都有可能成为另一个阿育王、旃陀罗笈多或者阿克巴大帝。然而，他却有一个最不利之处：天时。

此时的印度面对的是一个正处于上升期的世界帝国，当传统的印度遭遇到资本主义世界，当传统的社会模式遇到无限创造力的新社会模式，能否取得胜利，是值得讨论的。

海德尔可以改变儿子，提普可以改变自己，却无法改变整个印度社会，更无法改变他的邻国。马拉塔和海得拉巴这两个强大的邻国缺乏远大的志向和独到的眼光，苟苟于蝇头小利，却看不到真正的危险，这种情况下，即便提普本人再优秀，也无法动摇整个印度被吞并的命运。

英国人意识到提普和迈索尔才是自己的心头大患，暂时松开了扼紧马拉塔和海得拉巴人的双手，开始寻求与它们的联合。这次的诱惑是巨大的，英国人承诺一旦征服了迈索尔，将和两国共同瓜分迈索尔的领土。这是一次俄、德、奥瓜分波兰式的战争，马拉塔人和海得拉巴为了利益全力向迈索尔进军。

第三次英迈战争以三方势力将提普围困在首都塞林伽帕坦告终，提普为换取撤军，付出了一半的国土。海得拉巴与马拉塔人为新获得的领地喜笑颜开、心满意足，在胜利者狂欢的时候，失败者却拿着签字的笔，冷静地说出了一句话：你们应当明白，我不是你们的敌人，你们的敌人是英国人，你们要防范他们……

这是一位领袖最悲切的忠告，可是没有人去理会。

为继续抵抗英国人，提普开始重新扩充军队，革新内政，他不甘心就此失败。另外，他在外交领域宽阔的视野也让他开始在世界范围内寻找盟友。他找到了法国人，希望法国人能够占领埃及，切断英国人的补给线。当时的法国正处于革命的狂潮中，革命者们无不拥有着解放世界的情怀，为迎合法国人，提普甚至在自己的首都建立了革命者俱乐部，并派人频频在巴黎展开外交攻势。

提普的努力得到了法国人的支持。法国人果然出兵埃及，并计划从中东出发与迈索尔之虎取得联系，两面夹击英国人。拿破仑率领着大军挥师非洲，与英国人展开战斗。迈索尔之虎的名声在西方广为传播，甚至比在国内更加响亮。然而，法国人的战略却并没有奏效。拿破仑进军埃及以失败告终，从而使得法国打通印度道路的想法成为空谈。为抢占皇位，拿破仑甚至扔下埃及的部队，独自逃回了国内。

提普与法国联合反而引起了英国人的警觉，他们认为，要防止法国和迈索尔再次联合，唯一有效的方法，就是消灭提普苏丹。

1799年，18世纪的最后一年，英国人再次联合海得拉巴和马拉塔，开展第四次，也是最后一次英迈战争。

提普苏丹进行了顽强的抵抗，然而，迈索尔的城池却一座接着一座地丢失，最后，只有他的首都塞林伽帕坦还掌握在手中。塞林伽帕坦三面环水，另一面建有厚重的城墙，海德尔父子苦心经营了几十年，使得这里成为一片难得的乐土。在这里，清真寺与印度教神庙遥遥相望，作为穆斯林君主的他们并没有限制臣民的信教自由。这里的土地肥沃富庶，河边长满椰子树，地里种植着水稻。在城市里，提普的宫殿只是很小的一个区域，他没有像其他君王那样构建宏伟的建筑，充分掌握了用之有度的原则。

在这里，提普和他的士兵做好了战争的准备，他们准备通过顽强的抵抗把英国人赶走。然而命运已成定数。随着部队的叛逃、内奸的出现，塞林伽帕坦陷落了。在城堡内一个城门附近，英国人发现了提普苏丹的尸体。他们把他安葬在提普为父亲建设的陵墓里，与父亲比邻而眠。

塞林伽帕坦的一切都被英国人占领。提普的夏宫成为战胜者威尔斯利勋爵的别墅。这位威尔斯利勋爵后来被册封为威灵顿公爵，十几年后，在比利时的滑铁卢，公爵击溃了另一个帝国，那个帝国的皇帝叫拿破仑。

提普死后，南印度的抵抗力量消失大半。马拉塔人很快屈服，海得拉巴也屈服了。当失去迈索尔的庇护之后，他们发现自己完全不是英国人的对手，这时候再也没有盟友能够让他们摆脱英国人了。历史总是在嘲笑那些目光短浅又贪婪的人，却又总是在用最优秀的人做祭品。

迈索尔仍然存在，命运仿佛继续开着玩笑，海德尔·阿里篡夺了伍德叶家族的王国，他的儿子死后，英国人从原来的世系中找了一位代言人当上了迈索尔的大王公。

伍德叶家族一直到印度独立都在统治着迈索尔。然而，迈索尔又与其他的王国不同，海德尔和提普的影响力仍然处处可见。海德尔和提普并不排斥西方文明，而是想利用它，他们虽然抵抗英国人，却没有让迈索尔成为民族主义和保守主义的大本营，反而让迈索尔成为全印科技和新思潮的中心之一。

他们的继任者保持了这样的传统，迈索尔成为印度的科学技术中心，在这里，诞生了印度第一个城市电力照明系统，并建立了最先进的大学，这里还诞生了班加罗尔这座印度的明星城市。可以说，如果没有海德尔父子的努力，如果没有后来统治者的开明和继承，也就没有今天的班加罗尔。

从这些角度去理解这对英雄父子，会让我们更加惊叹他们的视野和眼光。

海德尔父子失败后，我们再回顾印度，发现英国人已经在不知不觉间建立起一个庞大的政治怪物。让我们再回顾一下英国人征服的次序：

1757年普拉西战役让它获得了孟加拉，并在1764年击败莫卧儿皇帝，获得了孟加拉、奥德（现在的北方邦）和奥利萨的许多权益。之后，英国人通过英迈（迈索尔）战争（1766—1799）和英马（马拉塔）战争（1772—1818）获得了印度南方的大片区域。19世纪初，总督威尔斯利更是加快了扩张的步伐，通过合并或者要求土邦附属的方式，获得了大量邦国的控制权。1849年，第二次英锡（锡克）战争中，英国合并了旁遮普、西北边境省和克什米尔（克什米尔后来卖给了查谟君王）。1856年，英国废除了奥德的傀儡君主，彻底吞并了奥德。英国还通过同尼泊尔的战争控制了尼泊尔的廓尔喀王朝。经过了这一系列的合并，英国成了印度的主人。

然而，之所以说这是一个政治怪物，是因为此时统治印度的并非是一个国家，而是一个公司，这就是所谓的"公司政权"，它建有自己的军队，设有自己的法庭和行政长官。

在历史上，从来没有过一个这样的"政权"。这样的一套机构是不会有任何公平性可言的，只要利益和行政权权力不分家，不管是什么样的制度都无法制衡利益冲动。

英国的公司政权本身也是一家公司，这家公司的首要目标是获得利润。其次，这家公司还要治理一方领土，这方领土上有几亿的居民。结果公司为了自己的利润来压榨这些居民。所以，一方面，英国人宣称给印度带来了自由精神、启蒙思想和宪政架构；另一方面，却是对印度残酷的剥削。

农民们被迫养活公司的军队，他们还被要求种植鸦片，以低廉的价格卖给公司，再由公司运到中国，以高出数十倍的价格卖掉。如果有农民试图把自己种植的鸦片私自卖给别人，就会受到惩罚，会被从祖祖辈辈居住的土地上赶走，因为公司从英国王室获得了特许状，鸦片是垄断经营的。当然，到了广州，他们又宣称贸易是自由的，当中国试图闭关时，英国以贸易自由为名发动了鸦片战争。

东印度公司从降生的一刻就是垄断的产物，它获得英女王伊丽莎白一世的特许状，垄断了英国的对印贸易。之后，每隔20年，议会就要批准特许状延期一次。而东印度公司利用商人的精明创建了军队，将欧洲其他势力逐渐从印度赶走，并建立行政统治。针对那些试图染指印度贸易的人，东印度公司会以一切合法和非法的手段对付他。

公司政权对印度的控制，是通过一套行政和军事结构来完成的。在这个结构的顶端，是公司的董事会，也就是出资人。董事会之下是印度总督。印度总督是从1773年开始任命的，对于英国扩张极有贡献的黑斯廷斯成为第一任印度总督。但是，总督的任命不是由英国议会或者英国王室这样的合法行政机构任命，而是由公司董事会任命的，所以，所谓的印度总督实际上只是公司的一个附庸，其公正性更是值得怀疑。直到1858年印度起义后，印度总督才改为由英王室任命。

总督常驻在加尔各答的威廉堡。在总督之下，是三个总督辖区加尔各答、孟买和马德拉斯，分别对应印度的北部、西南部和东南部。各个辖区都拥有自己的军队。英国人在军队中的比例并不大，只有五到六分之一，其余的大都是印度籍的士兵。

到后来，东印度公司日益膨胀，英国的议会也意识到这个怪物与自由贸易、人权是完全冲突的，是英国的耻辱，可是，它已经尾大不掉、无法处理了。议会每次批准特许状延期时，在无数的争吵之后，都不得不满足于从公司收取每年40万英镑的贡金，而装作看不到公司的破坏性。

有一次，总督克莱武建议把印度从公司统治中剥离出来，交给议会管辖，但当时的首相皮特评估风险之后，认为议会管辖的风险很大，而且会增加国王的特权，议会有义务防止国王的权力太大，所以不敢接受克莱武的提议。

1813年，英国议会终于下决心废除公司的垄断贸易权，对所有的公司开放对印贸易，走出了贸易自由化的第一步。然而，这一步的效果却并不大。它保留了两项最重要贸易的垄断权：茶叶和对华贸易，也就是鸦片贸易。这两项利益最大的生意使得公司并没有损失什么，公司仍然是一个政企不分的混合体，对于印度人的压迫有增无减。

1757年到1857年这一百年，是公司政权的黄金时间。印度充斥着各种各样英国的商人、投机分子和冒险家，他们在国内也许只是个骗子或流氓，在印度却穿着笔挺的西装和燕尾服，端着酒杯出入于各种高档的场合，他们每个人都拥有印度籍的仆人，以炫耀拥有印度情妇为风流。他们喝着茶，打着马球，猎杀着老虎、大象，住着城堡一般的房子，过在世界上其他地方不敢想象的奢华生活。

　　然而，这样的日子终究不会长远。当英国人刚刚完全控制印度全境，一次大规模的起义就爆发了。

第二十六章

在自己国土上叛乱的皇帝和女王

1857年5月9日，在德里以北70公里的密鲁特镇军营里，正进行着一次无言的抗争。

这里驻扎着2357名东印度公司的印度籍士兵，以及2038名英国士兵。这里是全印度驻扎英国士兵最多的军营。

在之前的4月24日，第三孟加拉轻骑兵团的乔治·卡迈克尔-史密斯上校想组织一次演习，在演习上准备使用的是更加先进的恩菲尔德1853型来福枪，也是从这年开始，这种枪才在英国的印度部队中推广使用。史密斯上校命令90名士兵领取新枪和子弹开始演习。这种枪的火药在包装时是用纸封好的。射击前，根据军队的操作规程，需要士兵一手持枪，另一手拿着火药，用牙齿把外面的封皮撕开，倒入枪膛，然后装弹射击。

然而只有5名士兵接受新的弹药，其余的85人全部拒绝了。拒绝的原因现在看来显得很荒谬，他们认为外面的纸皮是经过油浸的，而这种油可能使用了牛油或者猪油。印度籍士兵中，大部分是印度教徒和穆斯林，对于印度教徒来说，吃牛油是一种亵渎，会直接失去种姓权利，而穆斯林则坚决反对吃猪肉。在他们看来，用牛油或者猪油涂抹弹药是一种刻意的侮辱。

然而上校却并不这么看，他认为，印度士兵风传的关于牛油或者猪油的谣言并不符合事实，包装外面并没有牛油或者猪油，最初设计时，为了隔绝空气，的确在包装上涂了油。但很快东印度公司当局就认识到了设计失误，不再要求涂油，而是由军队自己解决弹药的保护问题（主要是为了隔绝空气）。另外，作为军人，他认为军人应以服从命令为天职，这些士兵既然公然违抗命令，就必须受到严厉的惩罚。

5月9日，军事法庭对这85名违抗命令的士兵做出判决，几个年轻人被判5年的监禁，其余的人大多判10年的苦役。这样的惩罚对于印度士兵来说过于严厉，但上校却认为是必要的，甚至还不够。为达到杀鸡儆猴的目的，他命令所有的士兵集合起来，当着所有士兵的面，把85名违抗命令者的军装剥去，戴上刑具，从士兵们面前走过。士兵们一言不发望着自己的战友，而被判刑的人则咒骂着他们不能同甘共苦，袖手旁观。他们被押往监狱。

上校以为这件事了结了，安然地解散部队，回到住处。他想不通，印度人为什么这么迷信和轻信谣言。他不知道，自己的粗暴使得一件震惊世界的事情正在酝酿。

第二天，密鲁特的士兵终于决定反叛，他们的第一目的是要把战友们救出来。在一片混乱中，这个目标实现了。但接下来，这些闯了大祸的士兵知道已经没有回头路可走，决定与英国人开战。他们开始向德里进军。

这场哗变很快席卷半个印度，扩展到北方邦、比哈尔邦、中央邦、旁遮普、德里等地，成就了第一次印度民族主义的浪潮。

直到现在人们还在争论，到底这是一次哗变、叛乱，还是一场起义、革命。

历史学家们发现，参与反叛的人并不见得多么高尚。甚至说，他们中有太多的乌合之众，包括失势的王公、乡间的地主，以及各种各样迷信的群体。叛乱也充满了暴虐的因素，有的地方以攻击英国人为乐，即便手无寸铁者也遭到杀害。当然，英国的报复更加可怕，甚至在局部演变成屠城之势，让人感到公司政权暴戾的一面。

可是，另一方面，印度的民族主义者又认为，这是一场争取独立的斗争，他们把这次事件无限地拔高，特别是印度独立之后，反叛者们都被戴上了耀眼的光环，成为民族英雄。

到底哪一面才是真实的历史呢？

也许各有各的道理，但至少，没有人能够否认，公司政权的一系列政策是造成这件事的主因。我们能够从这个事件中获取的经验是：当一个外来政权控制了国家，并拒绝当地人民的代表权时，即便它想实施更好的法律，也会由于脱离实际，难以推行。另外，一个政权必须脱离开利益，像公司政权这样的组织，一方面为了挣钱，另一方面又代表着本来应该公正无私的公权力，就会陷入无休无止的利益纠葛中。

公司指定的总督们不了解印度的国情，制定的法律在印度民众看来是武断专横的。总督推出一系列被认为是进步的法律，比如，禁止寡妇的殉葬，并试图改革土地制度。然而，由于缺乏民众的理解，加上土地制度最终更有利于公司政权征税，于是这些法律不仅没有得到广大穷人的支持，反而激起社会各界的反抗。

在戴贺旭总督时代，为进一步扩张公司的统治权，他又推出一种令印度王公们深恶痛绝的政策，规定一旦王公死后没有直系的男性后代，他的邦国就会被收归公司所有。以前，王公们一旦绝嗣，会立即从亲戚中收养一位继子来继承王位。现在，这种制度在英国人的新规定面前失效了。在之后的反英战争中，抵抗最坚决的两位是绝嗣的占西女王和坎普尔的王公纳纳。

英国人甚至对莫卧儿帝国的皇帝都不放过，总督戴贺旭要求皇帝巴哈杜尔·沙搬出他们的祖产：德里的红堡。之后，总督坎宁则坚持巴哈杜尔的继承人不能有"国王"的称号（在英国人眼中，莫卧儿皇帝只是个国王）。

另外，由于英国人控制的地盘越来越多，他们的军事管理也失控了。

英国人在印度招兵的时候，发现成本是高昂的。一方面，军队中既有穆斯林也有印度教徒。印度教徒中又分成了各种种姓，有婆罗门、刹蒂利，甚至还有低种姓。

英国在印度的军队共有20万印度人和5万英国人。军队分别驻扎在孟买、马德拉斯和加尔各答三个辖区，各自负责。其中加尔各答辖区的士兵最多，也最难管理，获得了最多特权。这里的士兵大部分出自婆罗门和刹蒂利等高种姓，为迁就他们，英国人允许他们保留各种宗教特权和便利，这让部队更加难于管理。更何况，他们晋升受到限制，而无所事事的英国军官住着大房子、拥有着印度仆人，这种种不公导致怨气的累积，只差一个爆发点。

这时，引爆的火花出现了：印度籍士兵中开始盛传英国人发放的子弹是涂过猪油和牛油的，目的是要改变印度人的信仰。这样的传言让印度人咬牙切齿，发誓要报复英国人。

公司当局调查发现，这件事情可能是生产时的失误。在没有石化产品的年代，为防锈或者隔绝空气，往往会在工业品外涂抹动物油脂。生产弹药的厂商出于惯例也可能使用了这个方法。当局决定暂停发放新的武器，并开始采用没有涂动物油脂的弹药。然而，由于民怨已经积累很深，公司政权的妥协行为反而像是证实了谣言的真实性。

这时，又一个火花冒了出来：印度籍士兵们开始纷纷传言，公司当局为了分化他们，要把他们派到中国和缅甸去。异国服役意味着远离故乡，没有人愿意去。这个传言使得公司当局很是苦恼：随着英国殖民地越来越多，从印度抽调士兵不可避免，但印度士兵的传闻使得任何抽调都可能引起新的冲突。不管怎样，印度这个巨大的火药桶已经不可避免要引爆了。

1857年3月29日，一个叫曼戈·潘迪（Mangal Pandey）的士兵引爆了这个火药桶。这位士兵在孟加拉第34本地步兵团服役，他显然对英国人不满。当天，他服用了一定量的大麻和鸦片。服用自然毒品，特别是大麻，在当时印度人中是很常见的现象。然而，潘迪服用后，由于抑制不住的兴奋，开始宣称要推翻英国的统治。第34步兵团副官鲍（Baugh）中尉闻讯后赶往现场，遭到了潘迪的枪击，鲍的马被打死了。这件事引起一场小冲突，以三名英国人死亡、潘迪被制服结束了。在被制服前，潘迪用枪顶住自己的身体，用脚趾扣动扳机企图自杀，但仅仅受了伤。

4月8日，潘迪被处以绞刑。另一位印度籍军官也因为拒绝逮捕潘迪，在4月22日被处以绞刑。

潘迪在印度历史中被称为反英起义第一人。关于他的故事一直存在争议，他到底是一位真正有理想的反抗者，还是一位服用毒品后发泄不满的普通人？也许这一切都不再重要，重要的是他反抗了。

2005年，印度著名影星阿米尔·汗拍摄了电影：《抗暴英雄》（Mangal Pandey The Rising），讲述了士兵潘迪的一生。不过，在电影里，经过艺术加工，潘迪显得更加高大，并且多了一份自觉。电影还加入了这样的剧情设计：潘迪与一位英国军官戈登的友谊——潘迪在阿富汗战争（1853）中救过一位英国军官戈登，两人成为好朋友。戈登对东印度公司的统治深恶痛绝，更讨厌同行对印度人的歧视和压迫。他既认同潘迪的反抗，又要协助上司镇压，最终，他目睹潘迪被绞死。

这样的剧情设计反映了印度人对英国统治时期的态度。他们知道，印度的现代政体托生于英国的统治，他们试图不把公司统治恶劣的一面怪罪到每一个英国人身上，可又按捺不住对英国统治本身的否定。

虽然，潘迪煽动叛乱的时候没有人响应，但步兵团还是被强行解散，士兵们不得不回家。

这件事如同燎原之火传往北印度各地，引起士兵们普遍的不满，士兵们即便没有决心叛乱，但只要有人发动，也会很快加入发泄的行列。

与此同时，新型来福枪和子弹的使用也在向下推广，并遭遇更多人的抵制。关于逼迫士兵食用牛油和猪油的谣言满天飞，而公司当局显然没有想出很好澄清谣言的办法。在阿格拉、阿拉哈巴德等地甚至出现了纵火等反抗行为。

正是在这样的背景下，密鲁特 5 月 10 日爆发的反叛就不难理解了。

反叛很快席卷北印度。密鲁特的叛乱者进军德里，并攻占了这座莫卧儿的首都。叛军发现，他们的叛乱缺乏一位能够号召全国的领袖，于是来到莫卧儿末代皇帝巴哈杜尔·沙二世的住所，呼喊着他的名字，请他领导这次起义。从本性上来说，巴哈杜尔·沙二世是一位柔弱善良的诗人，与中国南唐的后主李煜很相似，他们都是成就非凡的诗人，却都在国运的衰落中无能为力，成了末代国君。甚至他们诗风都很相似，前期耽于风花雪月，晚年变得悲壮无比。老皇帝躲在屋子里不敢答应，他知道英国人的强大以及莫卧儿的软弱，如果答应下来，意味着以卵击石。人们围着他的住宅不肯离去，请求他的帮助。两天后，软弱无力的老皇帝在众人的劝说下，接受了自己的命运，他答应成为起义者名义上的领袖。

到这时，起义者除拥有武装，还拥有领导者。靠着老皇帝的号召力，整个北印度的士兵纷纷加入了反叛的行列。

在占西，一位叫拉克西米的女王也发动了起义。这位女王后来被尊为印度的贞德，而对她更熟悉的称谓是占西女王。不过，法国的贞德帮助王太子抗击英国人，看不出有什么明显的利益动机，更多的是一种信仰产生的勇敢。而占西女王却有着明显的理由反抗英国人。她的丈夫是当地王公，死后没有子嗣。女王收养了一位养子，指望他继承王位，但是英国人剥夺了养子的继承权，以王公没有子嗣为由将占西收归公司管理。

起义后，女王迅速占领占西，夺回了属于自己的领地。仓皇的英国人逃入占西城堡，负隅顽抗。占西城堡曾经是女王和丈夫的宫殿，至今仍雄伟地挺立在城边的小山上。经过进攻和反攻，势单力薄的英国人寻求与女王谈判，他们让出了占西城堡，获得了女王的承诺——允许他们安全离开。然而，这时局面已经失控，英国人撤离时发生了屠杀，没有人能够制止。当群众运动变成一种狂欢，女王只能望着英国人被杀死。

更大的屠杀发生在坎普尔，那展示了战争中最残酷的一面。

坎普尔居住着一个叫纳纳的王公，他的家族曾经是马拉塔人的贵族，同样被英国人剥夺了继承权。当起义掀起，纳纳也加入叛军的队伍，试图利用叛军争夺自己的权益。

在坎普尔还驻扎着一支英国军队，指挥官是锡克战争中的英雄休·惠勒将军。惠勒在印度几十年，甚至娶了一位印度老婆，自认为是印度人的朋友，与纳纳王公也维持着友好关系。

然而，当惠勒将自己的士兵主力派往各地之后，纳纳围攻了自己的英国朋友。开始时，双方都坚持着绅士风度，6月5日，纳纳在围攻前，提前向惠勒下了战书，使得英国人有所准备，并坚持了3个星期。在围攻中，2/3的英国人被杀害。即便如此，惠勒仍然可以通过谈判，让纳纳同意他离开，前往阿拉哈巴德。惠勒和他的军队甚至被允许保留枪械。

6月27日，纳纳为惠勒准备了将近40艘船，并派出士兵帮助不便行走的老弱病残转移到恒河边。在一个叫作Satichaura Ghat的洗浴码头前，惠勒带着他的人马上了船。然而，就在上船的那一刻，岸上突然有一个人吹响号子，听到号子后，印度的船夫纷纷跳进水里逃生。与此同时，不知是谁先开的枪，双方发生了激烈的枪战。

一直到现在，人们还在争论，到底这场屠杀是计划好的，还是一次偶然事件。也许由于双方的神经紧张，一旦出现风吹草动立即展开军事行动，因此原本一次带着绅士风度的撤离变成了一场屠杀。枪战过后，印度士兵冲到岸边将活着的英国士兵处决，甚至冲到水里将还在挣扎的士兵直接刺死。只有四名英国士兵得以逃生。

在双方的屠杀和血色恐怖下，印度人缺乏组织和军事训练的弊病逐渐暴露了出来。起义本身由无数小的叛乱组成，缺乏统一的协调，这注定了起义最终失败的结局。当英国人将原本调往中国的英国部队，以及在克里米亚参加对俄战争的军队送往印度的时候，起义者开始节节败退。德里陷落，勒克瑙陷落，到最后，只剩下占西女王和纳纳王公的队伍还在苦苦地支撑。

女王坚守到第二年的3月。英国围攻了占西堡。根据当地人的传说，女王知道占西堡已经无法守住的时候，骑上马带着自己的养子从城墙上一跃而下，顺着山坡冲开一条血路，逃出了英国人的包围圈。在占西堡，至今人们仍然能够说出女王跳下去的地点。

然而，占西堡的城墙高达十几米，城墙之外是四十五度以上的山坡，女王跃马逃走是不太可能的。更现实的方式或许是，她通过一条秘密地道从城堡里逃了出来，踏上了去往瓜廖尔（Gwalior）的道路。

在瓜廖尔，她和纳纳王公会合了。纳纳王公也失去了根据地，带领军队来这里。两股义军合流，使得他们壮大了一些，可以面对英军做最后的一搏了。

瓜廖尔是一座雄伟的城堡，但它太大了。它的面积也许是印度所有城堡中最大的，虽然它处于悬崖峭壁之上，也需要数万名守军才能够照顾得过来。起义军据守这么大的城堡，无法做到处处有兵把守，当英军选择一个位置进攻时，守军反应过来并派兵防卫，甚至需要几个小时才能做到。

英军大炮猛烈地轰击着山顶，开始进攻。6月17日，女王死在了她的战斗位置上。三天后，瓜廖尔陷落。纳纳王公不知所终，有人说他去了尼泊尔，有人说他已经死去，再没有人见过他。两位抗英英雄的结局，为印度的起义画上了悲壮的句号。

起义的名义领袖，莫卧儿的诗人皇帝，最后被英国人流放到缅甸仰光。这位不幸的皇帝对起义的参与，给衰落中的莫卧儿王朝留下最后一丝悲壮的亮色，让印度人至今还在怀念他。1862年，他在流放之地孤独死去。

印度的反叛被平定之后，一切再也不可能恢复原状。如果说，在叛乱之前，所谓的民族主义只不过是偶发的、不成熟的，经过这次血与火的洗礼，已经有一批印度人开始自觉地追求独立。他们意识到，一个公司的统治即便来自更先进的文明，也不能产生更好的结果。只有一个民族里的精英自觉地学习并建立自己的政权，才有可能让社会更加稳定、更加富强。

幸运的是，这次起义让英国人认识到，他们以前的统治到了变革的时候了。

印度的反英起义对英国国内的影响，除对屠杀的过分渲染，就是精英阶层对于统治权的反思。他们逐渐认识到，利用一个公司去治理一个国家，最终是无法维持下去的。公司就是公司，代表商业利益，而政府则意味着需要维持公共秩序。经过权衡后，他们剥夺了东印度公司的统治权，从此，这个曾经在东方横行的怪物消失了。它打赢了与印度人的战争，然而作为胜利者，它必须消失，否则，也许下一次它就会成为失败者。

英国女王决定自己兼任印度的女皇，从而将印度的统治权收归王室，再通过王室授权，实际上将印度的统治权逐渐转移到议会。如果说以前印度总督是由东印度公司的董事会选举的，现在则由议会讨论，并建议女王来任命。在任命总督时，还充分考虑到印度王公的尊严，因为总督只是一个级别较低的官员，如果要和印度王公打交道，必须拥有更高的地位，所以，在女王任命总督的时候，还会给他加一个头衔叫"副王"，也就是仅次于王，代替王来统治的人。

这是英国历史上最为荣光的时刻。在欧洲历史上，国王和皇帝是两个不同的概念，国王统治的是一个国家，而皇帝统治的却是一系列的国家的集合体，或者说一个帝国。在欧洲历史上，统治者能够称皇帝的，只有罗马帝国、拜占庭（东罗马帝国）、神圣罗马帝国，另外还有两个僭越的"皇帝"：拿破仑时期的法国和沙皇俄国。英国虽然早已经成为欧洲超一流的强权，统治者的头衔却只是国王。此刻，拥有了印度的维多利亚终于成为印度女皇。

印度各处充斥着这个年老女皇的雕像，各地以维多利亚命名的建筑也屡见不鲜。最为著名的，是加尔各答的维多利亚堡，这座足以和泰姬陵媲美的建筑。1901 年，为纪念女王的统治，加尔各答开始建造这座雄伟的建筑，到 1921 年维多利亚堡最后建成，女皇已经死去了 20 年。在城堡的顶上，一位女神在吹着胜利的号角。在建筑的正前方，有一座高高的石头宝座，年老的女皇如同斯芬克斯一般端坐在宝座之上，用她的双眼俯视着这片尊她为女皇的土地。

自从印度归属英国王室后，英国人在官僚机构里大量使用印度人，逐渐造就了一个精英阶级。印度人的身份，使他们在学习国家治理中，有着深深的使命感。这个群体知道印度传统的缺点，他们在接受英式教育的同时，开始摸索印度的独立之路。他们的出现，在印度逐渐脱离殖民统治过程中起到了关键性的作用。

第二十七章

甘地与印度独立

1915年，甘地从南非回国，使国大党和印度政治进入了新纪元。

莫汉达斯·甘地出生于古吉拉特邦一个吠舍种姓的家庭。吠舍作为印度的第三级种姓，是商人的种姓。然而甘地的父亲却已经开始从政，是一个小邦国的首相。甘地的母亲是个虔诚的印度教徒，又带着很深的耆那教苦修思想，这些思想传给了儿子，使得他从年轻时就有着很强的苦修色彩，到老年更是发展到极致，只穿一件长衫、身体消瘦、摒弃一切享乐。

甘地13岁时，结了婚；19岁选择去英国留学。在留学期间，他坚持素食，并与一群灵修主义者过往甚密，互相影响着阅读印度教经典，这使得他神秘主义、原始主义、反对暴力等倾向都得以加强。

甘地毕业后，回印度待了一段时间，就去南非工作。南非与印度一样，都是英国的殖民地，如今，在南非的印度人仍然是一个很大的群体。然而，在甘地时代，印度人在南非虽然很多，却是一个受歧视的群体。一次甘地买到一等车票，却因为给白人让座，要被强行赶到三等座，甘地拒绝了。结果，他被强行赶下车。他认识到，印度人必须联合起来，才有可能争取到权利。在他的组织下，南非的印度人开始有意识地反抗歧视，并取得不小的成果。当然，他也为此坐过英国人的牢。

不过总的来说甘地是一个温和派，希望与英国人合作而不是对抗。在南非他萌生出非暴力思想，并且坚持终生。但有时候他的温和也有例外，比如，在南非的祖鲁战争时期，甘地主动提出让印度人参加战争，以此换取更多的利益。对于坚持不杀生的他来说，又怎么会坚持让印度人参与战争？这的确有些意外。

1915年，甘地回到了印度，在国大党领导人郭克雷的帮助下，开始他的政治生涯，并很快进入领导层。他继续了在南非的政策，大力呼吁印度人参加第一次世界大战，成为英国的同盟。印度人响应他的号召，许多人被送往欧洲的战场。1918 年底，战争结束了，当疲惫的印度士兵从欧洲回来的时候，他们的政治权利是否有所改善？

表面上，他们获得一座纪念碑。在德里的正中心，一座高大的印度门修建了起来，以纪念在一战中死去的印度籍士兵。然而，印英当局制定的一系列法案却做出了相反的回答：

1919 年 2 月，印英当局通过了一项臭名昭著的法案，规定警察只要怀疑某人有罪，就可以不经过审判而逮捕他，并长期监禁他。这个法案实际上将一切合法程序搁置，授予警察以莫须有原因剥夺人民合法权利的权力。

在任何一个正常的社会中，没有审判或者法院的许可，警察都不得长期扣押嫌犯，这是一项基本的原则，一旦这项原则失效，哪怕把这个恶行用法律的形式固定下来，也必然会导致社会的反抗。这项恶法带来的后果很快就显现出来。4 月 10 日，在旁遮普的阿姆利则市，两名活动家被警察逮捕，人们走上街头，占领了火车站和广场，开始示威活动。印英政府对此的反应，是调遣一支部队进入城区，宣布宵禁。然而这并没有让反抗减弱，反而激起更大规模的游行。

4 月 13 日，注定是改变印度历史的一天，贾连瓦拉广场上的事件震惊世界，指挥部队的戴尔将军因此成为历史的罪人。当天，约 5 万人在市内的贾连瓦拉广场参加抗议的示威。这只是一场和平的示威，虽然参加人数众多，但所有人都抱着和平的心态，谁也不相信会出现大规模暴力，有的甚至带着孩子一同前来，毫无戒心。下午 4 点，戴尔将军带着 100 多名士兵突然来到现场，封锁了出口。此刻太阳正在落山，四处喧嚣的人声突然安静下来，仿佛把将军的出现当成是政府准备表态的前奏。不料，戴尔将军一声令下，士兵们举起手中的枪，开始射击。聚集的人们开始四散奔逃，然而，由于出口已经封锁，加上庞大的人流，人群中出现了拥挤和踩踏。指挥官的命令声、军人的射击声、人们的嘈杂声、孩子的哭声混合着，久久地回荡在广场四周。

事后，到底有多少人死亡一直是个谜。戴尔将军认为有 200 多人被打死，英国官方统计是379人死亡，当地流传的人数则更多。这件事驱散了阿姆利则的反抗，却让整个印度陷入绝望的情绪之中。

诗人泰戈尔得知消息，放弃了三年前英女王授予他的爵士称号。他试图发动各界名流组织抗议活动，却没有得到响应，他写诗表达自己悲愤的心情：

可怜可悲，
所有人害怕得不敢张嘴，扭头站立。
噢，孤独的人，
你就向自己心灵诉说，打开生命，撇开喉咙！

此刻的甘地突然醒悟：与英国人打交道，仅仅靠合作是没有用的。哪怕在战争中提供更多的士兵，也无法改变印度人是二等公民的现实。即便英国人中会有许多同情印度的人，但一个戴尔将军就足以破坏此前所有的努力。当英国人作为整体出现的时候，永远不要指望他们的仁慈，如果要保证印度人的权益，只有赶走英国人这一条路。

甘地的不合作思想最终形成，国大党也从一个改良党变成了要求独立的政党。1920年，甘地正式提出了他的不合作运动，并在印度社会引起强烈的反响。他善于利用象征性的手段来彰显自己的立场，比如，为表现不合作，他曾经选择了一个看似最微不足道的突破口：盐税。印度的盐税垄断在英国人控制的政府手中，几乎每个人都要交盐税，印度人在没有缴税的情况下获得食盐是非法的。甘地偏偏利用这一点，号召人们走向海滩捡几粒没有缴税的盐巴。许多人跟随着甘地开始"食盐进军"，并因为捡盐巴而被捕，这种象征性的事件使得人们更能看到英国统治的荒谬。

持续十几年的斗争让英国人逐渐明白，印度已经觉醒，维持它的成本已经高于获得的利益。与此同时，甘地支持的尼赫鲁当选国大党主席，尼赫鲁比起甘地来，是个更加坚决的独立派，这使得英国政府更难以招架。

在欧洲和亚洲发生的战争也帮了印度人的忙。第二次世界大战结束，印度的参战士兵回到故乡，英国人突然意识到，他们在印度的日子结束了。这些士兵都经过严格的军事训练，对于武器和战术运用娴熟，一旦这些士兵决心加入独立的队伍，那么英国将很难与之抗衡。

印度彻底独立的日子到来了。1947年印度宣告独立，告别了英国人两百多年的殖民统治。

最后，让我们再回到印度的科技之都班加罗尔。

近些年，随着印度民族自豪感的增强，人们把班加罗尔这个名字也进行了修改，从更加西方化的 Bangalore 改成了更加符合本地发音的 Bengaluru（本加鲁鲁），但这并无损于该城市在印度国际化中的地位：这里是印度的科技之都，也是世界的科技中心之一。

提普苏丹已经成为过去，却给迈索尔留下无数优秀的品质。他虽然强烈排斥英国人，却对世界充满好奇心，对于英国人的先进技术从不排斥，这种明智而开放的态度成为迈索尔邦国发展的前提。

继任的伍德叶家族由英国人指定，少了一分对抗的情绪，但对于提普的开放态度却全盘照收。他们对于自己和英国人的差距有着深刻的认识，历代的大王公都特别注重发展教育和科技。他们任命的官员也大都有着开阔的视野，工程师维斯卫斯瓦拉贾（Visweswarajah）在1910年前后被任命为邦国的首相，在他的努力下，迈索尔创建了自己的大学，并成为全国第一个拥有电力系统的邦国。那时，迈索尔是全印度最令人羡慕的地方。经过历代王公的经营，迈索尔邦的财富仅次于海得拉巴邦，而它的土地也仅次于海得拉巴和克什米尔。

20世纪30年代，甘地来到迈索尔，发现在印度竟然存在着一个由印度人治理、保持着印度传统，但又如此现代化的邦国，就将之称为罗摩之国。罗摩作为史诗《罗摩衍那》的主人公，一直被认为是国王的典范。

与此同时，迈索尔的大王公在对待传统方面，往往都是保守分子，遵循着印度社会的礼仪。他们又开明地调和着印度教与伊斯兰教的关系，使得这个邦国没有出现严重的族群对立。这种既保守又开明的统治，使得班加罗尔具备科技发展的社会条件，当印度独立之后，班加罗尔抓住机会，成为印度的科技之都。从这里也可以看出，一个地方的成功，很大程度上来自对传统的继承和改进。迈索尔之虎提普苏丹代表了印度的骄傲，那么他的继任者则代表了印度的未来，从这个角度说，提普苏丹可以瞑目了。

独立后的印度，仿佛始终是一个问题国度，在经济、宗教、分裂中挣扎了几十年。我在印度游历时，恰逢印度通货膨胀时期，通胀率达到 10% 以上。印度仿佛陷入新的泥潭，正试图寻找新的方法上岸。不过，印度取得的成就，已经开始让世人看到——仿佛在折腾到累了的时候，偶尔发展一下经济，它就取得了现在的成就。

如今，已经没有人再预言这个国家会失败，也没有人相信它会分裂，印度只是在用自己的方法进行着渐进的变革。而要看印度的成就，也许不可能在 10 年、20 年内看到全貌，也许 100 年后，印度会震撼世界。

图书在版编目（CIP）数据

印度，漂浮的次大陆 / 郭建龙著 . -- 北京：当代世界出版社 , 2024.1（2025.3重印）

ISBN 978-7-5090-1538-4

Ⅰ.①印… Ⅱ.①郭… Ⅲ.①文化史－印度 Ⅳ.① K351.03

中国国家版本馆 CIP 数据核字 (2022) 第 225448 号

书　　名：	印度，漂浮的次大陆
出版发行：	当代世界出版社
地　　址：	北京市东城区地安门东大街 70-9 号
邮　　箱：	ddsjchubanshe@163.com
编务电话：	（010）83907528
发行电话：	（010）83908410
经　　销：	新华书店
印　　刷：	北京新华印刷有限公司
开　　本：	710 毫米 ×1000 毫米 1/16
印　　张：	15.5
字　　数：	240 千字
版　　次：	2024 年 1 月第 1 版
印　　次：	2025 年 3 月第 2 次
书　　号：	978-7-5090-1538-4
定　　价：	79.00 元

如发现印装质量问题，请与承印厂联系调换。
版权所有，翻印必究；未经许可，不得转载！